COMPOSER AU XXIe SIÈCLE

PRATIQUES, PHILOSOPHIES, LANGAGES ET ANALYSES

Dans la même collection

Lettres de Franz Liszt à la princesse Marie de Hohenlohe-Schillingsfürst, née de Sayn-Wittgenstein, présentées et annotées par Pauline POCKNELL, Malou HAINE et Nicolas DUFETEL, 2010, 464 pages.

Charles Koechlin, Compositeur et humaniste, sous la direction de Philippe CATHÉ, Sylvie DOUCHE et Michel DUCHESNEAU, 2010, 624 pages.

À paraître :

Le Conservatoire de Paris 1901-1930 : documents historiques et administratifs, par Anne Bongrain.
Le style de Claude Debussy, par Sylveline Bourion.
Serge Diaghilev : danse, musique, beaux-arts. Lettres, écrits et entretiens, présentés et annotés par Jean-Michel Nectoux.
La symphonie dans la Cité : Lille au XIXe siècle, par Guy Gosselin.
Journal d'Anton Schindler à Paris 1841-1842, suivi de *La Musique de Beethoven*, traduits, présentés et annotés par Martin Kaltenecker.
La Revue musicale 1920-1940, par Michel Duchesneau avec la collaboration de Justine Comtois.
Écrits de Saint-Saëns sur la musique, par Marie-Gabrielle Soret.
Variations op. 27 d'Anton Webern : essais d'analyse sémiologique, par Luiz Paulo de Oliveira Sampaio.

COMPOSER AU XXIe SIÈCLE

PRATIQUES, PHILOSOPHIES, LANGAGES ET ANALYSES

sous la direction de
Sophie Stévance

*Ouvrage publié avec le concours
de l'Observatoire Interdisciplinaire de Création
et de Recherche en Musique (Université de Montréal)*

VRIN

MusicologieS

La collection *MusicologieS* présente des ouvrages qui répondent aux attentes des mélomanes, des musiciens, des musicologues mais aussi à celles de toutes les personnes qui s'intéressent à la musique et qui souhaitent découvrir et explorer son histoire, son langage, sa place et son rôle au cœur des sociétés occidentales et non occidentales.
La musicologie contemporaine possède de multiples orientations disciplinaires: histoire, histoire de l'art, philosophie, psychologie, psychanalyse, esthétique, sociologie ou anthropologie pour ne citer qu'elles. Les ouvrages de la collection puiseront à ces univers et contribueront à la connaissance et la compréhension des musiques savantes et populaires de toutes les époques.

MusicologieS
collection dirigée par
Malou Haine et Michel Duchesneau

imprimé en Belgique
ISBN 978-2-7116-2314-3
www.vrin.fr

LISTE DES ABRÉVIATIONS

Association pour la gestion de la sécurité sociale des auteurs (Agessa)
Centre de Documentation de la Musique Contemporaine (Cdmc)
Centre de Musique Canadienne (CMC)
Conservatoire National de Région (CNR)
Conservatoire National Supérieur de musique et de danse de Paris (CNSMDP)
Département des études, de la prospective et des statistiques (DEPS)
ECM+ (Ensemble contemporain de Montréal)
Fédération des associations de musiciens éducateurs du *Québec* (FAMEQ)
Institut de recherches et d'études féministes (IREF)
Ligue Canadienne des Compositeurs (LCC)
NEM (Nouvel ensemble moderne)
Société des Auteurs Compositeurs et Éditeurs de Musique (Sacem)
Société canadienne des auteurs, compositeurs et éditeurs de musique (SOCAN)
Société de Musique des Universités Canadiennes (SMUC)
Société Professionnelle des Auteurs Compositeurs du Québec (SPACQ)
SMCQ (Société de musique contemporaine du Québec)
Université du Québec À Montréal (UQAM)

INTRODUCTION

Sophie STÉVANCE

Qu'on se le dise, même en temps de crise, le métier de compositeur est loin d'être une activité sur la pente déclinante. Les limites étroites de la discipline, établies parallèlement à l'essor des avant-gardes artistiques depuis les années 1950, semblent aujourd'hui s'ouvrir sur des perspectives de carrière aussi nombreuses que nouvelles à travers notamment le concert, les bandes-son (incluant les films, la télévision, la vidéo, l'Internet, les terrains de sports ou les jeux vidéo), les musiques de scène (le théâtre, la danse, les performances interdisciplinaires) ou encore les installations sonores (galeries, musées). Le son n'a donc jamais été aussi présent, ce qui justifie la nécessité, pour celui qui compose, de s'adapter aux nouveaux besoins et aux réalités de son époque.

Le compositeur d'aujourd'hui s'implique de plus en plus dans son siècle. Il échange avec les interprètes de ses œuvres, témoigne généralement d'un intérêt plus ou moins marqué pour l'interdisciplinarité, l'expérimentation de nouveaux moyens de diffusion de sa musique dans de nouveaux lieux, et manifeste une volonté croissante de rencontrer de nouveaux publics par un formidable dynamisme qui se traduit par la publication d'entretiens, d'écrits et des activités de nature pédagogique. Le constat de cette vitalité amène à s'interroger sur l'influence de ces nouveaux phénomènes médiatiques en jeu au sein de l'activité du compositeur. Qu'apportent-ils au développement esthétique des musiques d'aujourd'hui ainsi qu'aux langages musicaux et à la place des compositeurs dans la société ?

L'ouvrage *Composer au XXI*e *siècle* s'ouvre ainsi sur un état de la situation de *ce que fait* le compositeur de « musique contemporaine » et les multiples directions empruntées par la création actuelle. Une première réflexion, menée et généreusement documentée par Pierre Albert Castanet, suscite plusieurs questions entourant le milieu de la création (et pas que musicale), comme cette éternelle crise de l'avant-garde délaissée du grand public, ou encore les conditions de vie des créateurs, qui demeurent précaires pour la plupart. Si la contribution du compositeur-musicologue n'adopte aucun parti pris particulier, des positions s'affirmeront davantage dans les chapitres subséquents.

Après une étude définitoire de la notion de compositeur en ce début de XXIe siècle, Hyacinthe Ravet interroge la situation de celui-ci dans la société d'aujourd'hui. Cette contribution tente ainsi de définir la « profession compositeur » en en cernant les différents enjeux sociaux qui sont au cœur de la reconnaissance de ce « métier » par le sujet lui-même et le monde musical. Observant la diversité d'une fonction couvrant des réalités multiples, la sociologue effleure également la situation des compositrices dans la société d'aujourd'hui, que la musicologue Sophie Stévance analyse plus avant en dégageant des indices (statistiques, culturels et historiques) témoignant tout à la fois d'une certaine « inertie » des institutions et d'un changement progressif des mentalités grâce à des initiatives menées de front par des musiciennes. À travers ces différentes études émergent de nouveaux problèmes, notamment le poids des traditions, mais aussi celui de la différence et du rapprochement des cultures. Ces thèmes ont interpellé Marie-Hélène Bernard qui revient sur des revendications exprimées par des compositeurs chinois en vertu d'un retour à des conceptions esthétiques très anciennes. Leur objectif? Se démarquer de la musique contemporaine « savante » de tradition occidentale. Et pour cause : l'héritage culturel peut considérablement limiter les faits et gestes du compositeur. Celui-ci se sent alors contraint de s'exprimer à travers un langage musical spécifique, mais surtout reconnu par l'auditeur lambda dans son besoin de catégoriser l'esthétique de tel ou tel musicien (histoire aussi de s'y retrouver lui-même...). Cette situation peut tendre à ajourner les tentatives d'ouverture – pour ne pas dire : d'audace – du compositeur dans ses œuvres. Néanmoins, le compositeur n'est pas en dehors du monde : il est confronté à d'autres cultures musicales. Comment les perçoit-il?

À travers cette pluralité de genres et de possibilités que notre époque semble offrir, de nouveaux courants esthétiques apparaissent. René Bricault s'intéresse à l'un d'eux à partir de l'étude de l'œuvre d'un jeune compositeur québécois, Laurent Aglat. Selon l'analyste, ce compositeur s'inscrirait dans une tendance dont les assises sont à rechercher du côté de la musique concrète de Pierre Schaeffer (par les manipulations de motifs instrumentaux préenregistrés via l'ordinateur), mais également du côté de la cohérence formelle et syntaxique héritée de Pierre Boulez. La deuxième partie de l'ouvrage met ainsi en exergue la façon dont certains compositeurs d'aujourd'hui s'approprient ladite tradition. Il est aussi question d'interroger l'infécondité de la séparation des cultures et la dé-hiérarchisation des pratiques musicales. Dans cette perspective, les compositeurs Stéphane Altier et Jérôme Blais nous font profiter des stratégies à l'œuvre dans l'organisation discursive de leurs styles et techniques respectives. Le premier questionne un possible déplacement de la distinction entre écriture et improvisation en montrant que cette dernière, même si elle n'est pas sans texte, donc sans mémoire, demeure inadaptée à sa propre écriture. Il dégage alors deux notions autour de la conception du *texte musical* qui pourraient légitimer ce déplacement – sinon ce resserrement : d'une part, l'œuvre en tant qu'objet de représentation et de reconnaissance; d'autre part, la machine textuelle, *pré-texte* de création. Quant à Jérôme Blais, il s'attèle à la création d'un nouveau « type de partition » constitué de données écrites, sonores et visuelles. Cette partition serait susceptible de pouvoir dépasser les clivages entre la composition strictement écrite et l'improvisation, tout en conservant le dynamisme de l'exécution instantanée et la profondeur de codes prédéterminés. Si la démonstration semble convaincante, elle n'interdit pas – tant s'en faut – d'autres recherches en ce sens. Ainsi, c'est ce même désir de découvrir de nouvelles méthodes de composition qui motive Georges Dimitrov dans ses recherches d'un nouveau système d'organisation des hauteurs dans un cadre tonal, mais détaché de tout pôle d'attraction. S'appuyant sur un passage d'un prélude pour piano, il s'agit, pour le compositeur, d'isoler des enchaînements d'accords particuliers afin de recréer un contexte auditif nouveau, libéré des principes habituels pour l'organisation des hauteurs.

Ce livre est donc l'occasion de se pencher sur les différentes activités et centres de recherches des compositeurs d'aujourd'hui, tant sur le plan des processus créatifs et des intentions esthétiques que sur celui de leur environnement institutionnel et social et du rôle qu'ils y jouent. Nous proposons également d'ouvrir le débat sur les fondements du métier de compositeur qui, bien qu'établis sous les préceptes d'une longue tradition, évoluent de plus en plus vite tout en exprimant des modalités et des compétences nouvelles. Il faut dire que le développement des communications et des technologies ainsi que la mise sur pieds des programmes de soutien à la création par l'État, l'essor puis le déclin des avant-gardes, la fin des métarécits ou encore l'évolution du savoir, des techniques et des langages musicaux, voire un certain « progressisme » des politiques en matière d'éducation, sont autant de paramètres qui ont constamment pesé sur la pratique du métier de compositeur.

De fait, Hugues Dufourt, dont la contribution ouvre la troisième partie de l'ouvrage, intitulée « Pluralité et nouvelles technologies », retrace l'étroite relation de l'art et de la science du timbre depuis ces cinquante dernières années. Le chercheur met en exergue l'impact de l'Art/Science sur l'évolution de la pensée musicale, plus particulièrement sur le paramètre du timbre que Bruno Bossis envisage comme étant au cœur des préoccupa tions du compositeur d'aujourd'hui. Celui-ci s'entoure, en effet, de dispositifs électroniques, tels l'enregistreur, le synthétiseur et l'ordinateur qui, en raison de leur perfectionnement continu, imposent en retour au compositeur de posséder de nouvelles compétences. Mais cette nouvelle situation n'est pas sans poser – encore – de réelles difficultés au compositeur, comme celles liées à la lisibilité (donc à la notation) de la partition. Or l'opéra *Wagner Dream* de Jonathan Harvey (2007) constitue, selon Bruno Bossis, un cas exemplaire d'une application réussie de l'écriture des dispositifs électroniques (réalisés à l'Ircam) à la composition, le tout mis au service de la dramaturgie. Il s'agit donc, pour Harvey, d'assimiler les nouvelles technologies à la création de nouveaux genres. C'est aussi le cas du compositeur québécois Jean Piché, pionnier en matière de vidéomusique. À partir d'une analyse de son œuvre *eXpress* (2001-2002), la musicologue Ariane Couture démontre que, étant donné les possibilités offertes par la mixité les images et le son, ce genre dit « hybride » est susceptible de participer au renouvellement de la musique électroacoustique. Mais si les nouvelles techniques, leur assimilation et leur application dans le champ de la composition musicale d'aujourd'hui méritent commentaires, qu'en est-il *effectivement* du « travail » du compositeur? Comment celui-ci compose-t-il? Comment se pense-t-il et comment se positionne-t-il théoriquement, méthodologiquement et empiriquement par rapport aux modalités stylistiques, pratiques, pédagogiques et médiatiques (instrumentation, écriture, notation, communication) du métier? Quel regard porte-t-il sur les œuvres de ses contemporains?

Ces thématiques sont au cœur de l'étude de Jonathan Goldman consacrée à Pierre Boulez. Dans ce chapitre, le musicologue explore la singularité du compositeur français dans sa conception de l'analyse musicale, tant sur la discipline que sur sa propre production. Pour Boulez, l'analyse reste une activité de création au sens noble du terme : elle doit être élaborée à partir d'une découverte des motivations du compositeur dans son œuvre étudiée, menant à ses objectifs finaux. Ce texte montre toute la complexité de l'analyse, qui reste un domaine de recherche de la construction et de la communication du savoir musical remettant constamment en question les modèles classiques de la discipline. Mais en même temps, elle est celle qui permet de lever le voile sur le parcours, parfois labyrinthique, qui relie l'idée à la réalisation de l'œuvre. Peut-être avons-nous ici la clef de la compréhension de l'œuvre du compositeur ?

Il nous a ainsi semblé intéressant, et même essentiel, de nous entretenir avec des compositeurs autour des problématiques qui ont motivé les écritures de ce livre. La quatrième et dernière partie de cet ouvrage est donc consacrée à un premier entretien avec le compositeur Philippe Leroux, puis un second avec la compositrice Isabelle Panneton. Tous deux sont des pédagogues reconnus et des créateurs expérimentés. Ces entretiens avaient ainsi pour objectif de revenir sur leur parcours et leur pensée de créateurs en leur proposant de nous livrer leur sentiment sur ces points de réalité qui entourent la composition musicale aujourd'hui. Ces entretiens insistent donc sur quatre états : la situation de la composition et du compositeur aujourd'hui, le rapport à la technologie et l'enseignement de la composition. De ces dialogues avec deux compositeurs au cœur de la création musicale actuelle, tant par leur pratique que par leur engagement en tant que pédagogues, nous obtenons finalement de précieuses et utiles réponses.

Ce livre a pour origine un colloque, « Composer au XXIe siècle : processus et philosophies » (28 février-3 mars 2007), et deux Journées d'études, « L'Improvisation dans tous ses états » (20-21 septembre 2007), organisés par l'Oiccm (Observatoire international de la création et des cultures musicales, aujourd'hui Oicrm – Observatoire interdisciplinaire de la création et de la recherche en musique) à la Faculté de musique de l'Université de Montréal. Les organisateurs – Stéphane Altier, Michel Duchesneau, Sophie Stévance, Isabelle Panneton et Caroline Traube – proposaient une réflexion effective et prospective sur les faits et gestes du compositeur – qu'il compose en temps réel ou non – par rapport à l'histoire, l'histoire de l'art, la philosophie, l'esthétique, la sociologie, la psychologie, mais également l'acoustique ou l'informatique. Il s'agissait alors de mieux cerner les différents enjeux et les caractéristiques contemporaines de ce « métier », ses évolutions les plus significatives, mais également de constater ce qu'il est et ce qu'il fait dans la société d'aujourd'hui afin d'imaginer ce qu'il pourrait devenir.

Le comité scientifique du Colloque – lieu de rencontre et d'échange de large empan – souhaiterait participer au débat et apporter des réponses concrètes que chacun pourra intégrer dans son expérimentation individuelle et collective. Car ce dont il s'agit ici, c'est bien de rendre compte de l'activité du compositeur en tant qu'activité artistique et pratique au même titre que toute autre activité sociale. Nos auteurs mettent au défi les arcanes de la création en proposant des voies de réflexion et des analyses de corpus qui montrent un incontestable dépassement de l'idée selon laquelle il y aurait encore, dans la pratique du compositeur, un insaisissable qui en interdirait l'analyse. Parmi cette complexité, quels sont les processus de création qu'il est possible de dégager ?

PREMIÈRE PARTIE

LE COMPOSITEUR DANS LA SOCIÉTÉ D'AUJOURD'HUI

REGARDS SUR LA PREMIÈRE DÉCENNIE DU XXIe SIÈCLE : POUR UNE « SONODOULIE » COMPLEXE AUX ALLURES DÉCOMPLEXÉES

Pierre Albert CASTANET

> « Être un "jeune compositeur" n'a donc rien d'exceptionnel »[1].
>
> Wolfgang Rihm
>
> « Tout bon art, selon les critères de l'avant-gardisme, est donc iconodoule»[2].
>
> Didier Ottinger

« L'idée, le concept, "musique contemporaine", est en quelque sorte un dépôt sédimentaire composite, s'étoffant de constructions sociales et individuelles, des élaborations de la mémoire collective, mais aussi de la rationalisation historique, bien entendu des créations musicales, mais encore de leurs sauvetages ou dénonciations tant théoriques que polémiques »[3]. Lambinant plus ou moins crânement dans les traces de l'histoire à suivre, la musique du XXIe siècle naissant semble vouloir retrouver un ordre apparent dans la folle sagesse de sa représentation. Ayant assumé l'impondérable hasard, convoqué l'incohérence du matériau et jubilé avec l'idée de sacrilège comme doux « attentat aux valeurs »[4], l'art savant renoue en filigrane avec des accents de formalisme – parfois sournois – et avec des processus pertinents issus des domaines bien gardés de l'« art-science »[5]. S'il s'amuse avec l'idée plutôt archaïque du développement

1. Wolfgang Rihm, « Manifeste de la Nouvelle Simplicité », dans Nicolas Darbon, *Wolfgang Rihm et la Nouvelle Simplicité*, Notre-Dame de Bliquetuit, Millénaire III, 2007, p. 231.

2. Didier Ottinger, « Libido et Saint-Esprit », *Les Iconodules – La question de l'image*, Paris, La Différence, 1992, p. 185.

3. Jean-Marc Warszawski, « Musique contemporaine », *Nunc*, n°14, Clichy, Edition Corlevour, 2006, p. 29.

4. Jacques Monod, *Le Hasard et la nécessité – Essai sur la philosophie naturelle de la biologie moderne*, Paris, Seuil, 1970, p. 216.

5. *Cf.* Pierre Albert Castanet, « Derniers échos de l'Harmonie des Mondes » (préface), dans L. Pottier (dir.), *Le Calcul de la musique – Composition, modèles & outils*, Saint-Étienne, Publications de l'Université de Saint-Étienne, 2009, p. 7-22.

thématique et avec des velléités de textures polyphoniques plus ou moins lâches, il flirte aussi avec les notions hautes en couleur de fresques multimédiatiques dans lesquelles trône l'aura de la confondante et incontournable fée Technologie[6]. Petits enfants (et plus) de Duchamp[7] comme de Satie, de Schoenberg comme de Scelsi, de Cage comme de Ligeti, de Debussy comme de Boulez, de Varèse comme de Xenakis, les compositeurs d'aujourd'hui[8] évacuent volontiers les préjugés sectaires pour puiser à foison et sans scrupules dans la pluralité de l'ouverture stylistique (ou a-stylistique)[9] mondiale.

En quoi consiste « le bonheur du compositeur ? Certainement dans le fait d'être entendu et compris »[10], relate, en 1953, le compositeur allemand Bernd Alois Zimmermann. Face à une telle question somme toute banale, nous pouvons dire que, dans le domaine de l'art, la réponse est substantiellement positive ; même si la musique – qui n'est pas une science exacte – captive toujours par son mystérieux réseau de non-dit poétique (*in situ*), même si les informations du sonore instruisent par le geste ostentatoire de l'évocation, de la représentation, voire de l'exhibition (*ex situ*), même si finalement, comme le remarque Jacques Rancière, l'art suspend parfois « l'adhésion à un donné en proposant une question plus qu'un programme »[11]. Dans l'ordre des mutations comportementales et des évolutions idéologiques, si 1945 figure « l'année zéro de la musique moderne »[12], 1989 – date de la chute symbolique du « mur de Berlin » – montre alors l'avènement de la musique postmoderne[13]. En effet, force est de constater que – métaphoriquement – depuis cette brèche plus que symbolique (ultra médiatisée), les barrières de l'avant-garde artistique se sont passablement levées ou effondrées, rendant les chapelles (plus ou moins sectaires) et les cercles d'influence (en réseaux) proprement inefficaces. À l'image du mode de régie socio-politique de la planète, les règlements (incluant les principes de loi d'exception, mais aussi les décrets de loi martiale) se sont assouplis. De même, dans le vif espoir d'un possible changement, les règles de l'art se sont une fois de plus distendues (mais cette fois non radicalisées) afin de générer amalgames et consensus, laissant transparaître des accumulations sédimentaires comme des hybridités identitaires les plus diverses (incluant des produits d'art parfois volontairement avortés)[14].

---

6. Désormais, l'étude des nouvelles technologies appliquées à la composition est obligatoire dans le cursus des étudiants compositeurs des conservatoires nationaux supérieurs de musique de Paris et de Lyon.

7. *Cf.* Sophie Stévance, *Duchamp, compositeur*, Paris, L'Harmattan, 2009.

8. Dans cet article, que l'on nous pardonne de n'épingler les compositeurs cités que par un très bref trait de leurs « biographèmes », à l'évidence beaucoup plus complexes que la simple étiquette relevée pour la présente problématique (au niveau du « biographème », voir Roland Barthes, *Sade, Fourier, Loyola*, Paris, Seuil, 1971, p. 12).

9. Car nivelée par la phénoménologie de la globalisation de plus en plus prégnante des propositions artistiques sonores.

10. Bernd Alois Zimmermann, « Musicien d'aujourd'hui », *Contrechamps* n°3, Lausanne, L'Âge d'homme, 1985, p. 30.

11. Jacques Rancière, « Sens et usage de l'utopie », *L'Utopie en questions*, Saint-Denis, Presses Universitaires de Vincennes, 2001, p. 66.

12. *Cf.* Ulrich Dibelius, *Moderne Musik (I) : 1945-1965*, « Serie Piper », München / Zürich, Piper, 1966 (3e éd., 1984), p. 15-18.

13. Cette date coïncide avec la publication du premier numéro de la revue *Circuit* intitulé « Postmodernisme », vol. 1, n°1, Montréal, Presses de l'Université de Montréal, 1990.

14. Néanmoins, dans le contexte des corpus hybridés ou revisités, notons qu'Elie During pense que le mix, le remix et le sampling ont pu cristalliser une œuvre « plutôt contournée ou court-circuitée qu'abolie. » (Elie

Avec une arrière-pensée d'ordre négatif et non prospectif, d'autres commentateurs ont questionné le rapport ambigu à la « musique contemporaine »[15] en abordant plus précisément la problématique spécifiquement marginale de l'art savant, encore et toujours dirigé pour et par l'élite. « La marginalité est la forme socialisée de la singularité, sa forme asociale, par l'un des paradoxes inhérents au régime de singularité »[16], a ainsi expliqué Nathalie Heinich. Néanmoins, au travers de cette idée d'*adventura sonora* pour laquelle la fatale thématique de la mondialisation[17] paraît de plus en plus étouffante (car uniformisant les données à consommer de concert, multi-dimensionnellement, multi-sensuellement), les constituants de la musique « sérieuse » d'aujourd'hui ne cessent de s'affecter (voire de s'infecter) en dénaturant de plus en plus systématiquement l'*Opus bellus*, c'est-à-dire le chef-d'œuvre à magnifier[18], « l'œuvre à faire »[19], comme l'allègue Umberto Eco. Évoquant les indices iconologiques de la société postmoderne, Michel Maffesoli écrit que « ce processus de contamination est immaîtrisable. Car c'est bien en terme de viralité qu'il convient de décrire l'impact des moteurs de recherche, celui des sites de rencontres, des forums de discussion et autres diffusions d'informations »[20]. Alors, parce que le libre échange socio-politique des grandes puissances mondiales s'opère en catimini, le dialogue des cultures[21] savantes montre un code ludique pipé, même si la recherche d'un faux langage commun véhicule les termes d'une improbable transaction négociatrice[22]. Au niveau populaire, tout semble opposé en se passant dans ces « entre-lieux »[23] communautaires *underground* qui aident autant la pensée métisse[24] à accoucher que l'art total à régner, et qui améliorent autant la proposition ouverte et l'improvisation que la geste multimédiatique.

En dehors du rapport au politique (consultez les opus de Aron Jay Kernis, Mark André, Colin Roche) ou au religieux (Vincent Paulet, Nicolas Bacri), à l'écoute de « la musique de l'autre »[25], d'aucuns verseront dans le babélisme des sources venues du jazz (Mark Anthony Turnage, Steve Martland), du rock (Fausto Romitelli, David Lang), du rap (Andrea Liberovici), de la musique répétitive (Robert Moran), voire des « nouvelles

---

During, « Flux et opérations : prolégomènes à une métaphysique électronique », *Philosophie des musiques électriques*, *Rue Descartes*, n°60, Paris, Collège International de Philosophie / Presses Universitaires de France, 2008, p. 61).

15. *Cf.* Danielle Cohen-Levinas (dir.), *La Création après la musique contemporaine*, Paris, L'Harmattan, 1999.

16. Nathalie Heinich, *L'Élite artiste – Excellence et singularité en régime démocratique*, Paris, Gallimard, 2005, p. 303.

17. *Cf.* Anne Laffanour (dir.), *Territoires de musiques et cultures urbaines – Rock, rap, techno... l'émergence de la création musicale à l'heure de la mondialisation*, Paris, L'Harmattan, 2003.

18. *Cf.* Pierre Albert Castanet, « Le chef-d'œuvre : une âme qui s'envole », *Fauteuil d'Orchestre*, n°30, Lyon, Auditorium / Orchestre National de Lyon, octobre / novembre / décembre 2009, p. 16-17.

19. Umberto Eco, *L'Œuvre ouverte*, Paris, Seuil, 1965, p. 10.

20. Michel Maffesoli, *Iconologies – Nos idol@ tries postmodernes*, Paris, Albin Michel, 2008, p. 78.

21. *Cf.* François Julien, *De l'universel, de l'uniforme, du commun et du dialogue des cultures*, Paris, Fayard, 2008.

22. *Cf.* Pierre Albert Castanet, *Tout est bruit pour qui a peur – Pour une histoire sociale du son sale*, Paris, Michel de Maule, 1999, (2e éd., 2007), p. 15.

23. *Cf.* Laurier Turgeon (dir.), *Les Entre-lieux de la culture*, Paris, L'Harmattan, 1998.

24. *Cf.* Serge Grudzinski, *La Pensée métisse*, Paris, Fayard, 1999. Pour plus de renseignements, lire également : Alexis Nouss, *Plaidoyer pour un monde métis*, Paris, La Discorde, Textuel, 2005.

25. *Cf.* Laurent Aubert, *La Musique de l'autre*, Chêne-Bourg / Genève, Georg Editeur, 2001.

communautés festives »[26]... Michel Serres observe avec justesse que « vie et musique se déploient dans l'espace qu'elles occupent et s'avancent dans le temps qu'elles suscitent, symboles prenant le contrôle de l'univers environnant »[27]. Pourtant, cette *World music*[28] ambiante n'empêche aux compositeurs ni de regarder obliquement vers le passé (Thierry Pécou, *Le Tombeau de Marc-Antoine Charpentier*, 1995; Régis Campo, *L'Apothéose de Couperin*, 2001; Jonathan Pontier, *Maquette pour la Rhéserection, OratoriocontemPora*, 2001[29]; Oscar Strasnoy, *Hochzeitvorbereitungen (mit B und K)*, 2005[30]), ni de tirer profit des atouts de la technologie électronique de pointe.

En effet, à parcourir la première décennie du XXIe siècle, l'amateur va se rendre compte assez vite que l'ordinateur et l'informatique musicale font bon ménage. En dehors d'opus purement électroacoustique (Sue-Hye Kim, Sylvain Griotto, Mathew Adkins, David Berezan, Théodore Lotis...), voyez par exemple cette liste non exhaustive représentative des dernières trouvailles dans le genre de la mixité sonore : Mark André, ... *als ... II*, 2001; Geoffroy Drouin, *Entre-deux*, 2001; Javier Alvarez, *Cylinder clouds*, 2002; Franck Bedrossian, *Digital*, 2003; Jan Krejcik, *Usine à absolu*, 2003; Sébastien Béranger, *Triptyque [3]*, 2003; Javier Torres Maldonado, *De Ignoto Cantu*, 2004; Ondrej Adamek, *Rapid Eye Movements*; 2005, Marco Suarez-Cifuentes, *Crisalida*, 2005; Pawel Hendrich, *Le Phonaricum I et II*, 2006-2007[31]; Pierre Jodlowski, *Collapsed*, 2007; Dobromica Jaskot, *Hannah*, 2007; David Hudry, *Impromptu pour un monodrame*, 2007; Mauro Lanza, *Vesperbild*, 2007[32]; Florence Baschet, *Streicherkreis*, 2007-2008; Mark André, *Üg*, 2008; Pascale Criton, *On ne vit pas dans un espace neutre et blanc*, 2009; Jesper Nordin, *Pendants*, 2009; Clara Maïda, *Shel(l)ter – später... () ...Winter*, 2009; Jean-François Laporte, *N*, 2009; Malika Kishino, *Qualia*, 2009[33]; Marie-Hélène Bernard, *Les Ailes du phénix*, 2009[34]...

Dissertant sur le problème du rapport « musique/médium » technologique, Sébastien Béranger rapporte que :

> La révolution numérique a engendré une production de masse dans le domaine audio et a imposé une écoute acousmatique qui s'est peu à peu muée en une nouvelle normalité. Autrement dit, le concert est devenu « exceptionnel » dans le sens où il fait exception[35].

---

26. *Cf.* Lionel Pourtau, *Techno – Voyage au cœur des nouvelles communautés festives*, Paris, CNRS Éditions, 2009.

27. Michel Serres, *Hominescences*, Paris, Le Pommier, 2001, p. 83.

28. *Cf.* Philip V. Bohlman, *World Music. A Very Short Introduction*, New York, Oxford University Press Inc., 2002.

29. Préfiguration d'un spectacle qui se veut être une « transcription contemporaine de la parole du Christ, quelque part entre Wedekind, Desproges, Notre-Dame-de-Paris, Stravinsky, Wu-Tang-Clan et Heiner Goebbels ».

30. Cantate profane sur des fragments du *Journal* de Franz Kafka en dialogue avec la *Cantate de Mariage* (BWV 2002) de Johann Sebastian Bach.

31. Installation interactive.

32. Pour ensemble instrumental, instruments jouets et électronique.

33. Pour koto basse et électronique.

34. Pour sheng et électronique.

35. Sébastien Béranger, « Des traditions permissives ou la réappropriation des langages », *Nunc*, n°14, p. 40.

Telle est la conclusion quelque peu extrémiste du compositeur. Toutefois, il ne faut sans doute pas donner à la technologie tout le pouvoir qu'on lui prête : elle ne présente qu'un segment du mécanisme causal qui n'influence aucunement les prodromes de la sensibilité esthétique et ne figure qu'un des médiums possibles de la pratique artistique et de l'expression connexe. La potentialité médiatique, médiologique, de la présente suroffre de production enjolive pour un temps un environnement artistique qui paraît aujourd'hui nouveau (mais qui ne le sera déjà plus demain matin). Car nous savons que la création joue (et se joue de) ce déterminisme technologique, au profit d'un résultat parfois malheureusement simpliste, lié le plus souvent à un ersatz de plaisir immédiat, sans grande conséquence pour la longue marche du monde à venir. Néanmoins, tous ces chiasmes stylistiques, tous ces croisements cosmopolites jouent un rôle important dans la diffusion que l'on sait difficile de la « musique contemporaine » (allant même jusqu'à présenter de véritables « marchés de la création »[36]). Il est clair que l'étude socio-dynamique de l'art repose sur une technique généralisée de l'analyse de contenu induisant des objets venus des industries artistiques et des substrats matériels de la culture – ce qu'Abraham Moles nommait en son temps des « atomes de culture », voire des « culturèmes »[37]. Or dans les sphères de la consommation, de la distribution et de la perception[38] où « la musique même devient objet social, la question de la médiation de la musique et de la société suscite aussi peu de difficultés que de plaisir »[39], remarquait jadis Theodor Adorno. Car il appert qu'il existe un parc industriel des biens culturels[40] dont le marché impérieux laisse une place relativement indigente au versant musical « savant » des années 2000. Appelé à prendre des allures de « circumnavigation »[41] selon Stéphane Hugon, le réseau d'Internet sauve quelque peu la distribution des disques et des DVD spécialisés (il n'en demeure pas moins que le marché se veut toujours aussi cher pour la captation d'images et l'enregistrement de sons à l'aube du XXIe siècle).

Chroniqueur sociétal à ses moments perdus, Igor Stravinsky écrivait que « le phénomène de la musique nous est donné à seule fin d'instituer un ordre entre l'homme et le temps. Pour être réalisé, il exige donc nécessairement et uniquement une construction. La construction faite, l'ordre atteint, tout est dit. Il serait vain d'y chercher ou d'en attendre autre chose. C'est précisément cette construction, cet ordre qui produit en nous une émotion d'un caractère tout à fait spécial, qui n'a rien de commun avec nos sensations courantes et nos réactions dues à des impressions de la vie quotidienne »[42]. Une rencontre avec la « musique contemporaine » reste donc foncièrement à vivre *hic et nunc*, c'est-à-dire « ici et maintenant », rejoignant les concepts participatifs d'*events* ou de *happenings*

36. *Cf.* Pierre-Michel Menger, *Le Paradoxe du musicien – Le compositeur, le mélomane et l'État dans la société contemporaine*, Paris, L'Harmattan, 2001, chap. 3.

37. *Cf.* Abraham A. Moles, *Sociodynamique de la culture*, Paris, Mouton, 1967.

38. Pierre-Michel Menger, « L'oreille spéculative, consommation et perception de la musique contemporaine », *Revue française de sociologie*, Vol. XXVII-3, 1986, p. 445-478.

39. Theodor W. Adorno, « Médiation », *Introduction à la sociologie de la musique*, Genève, Contrechamps, 1994, p. 204.

40. *Cf.* Max Horkheimer, Theodor W. Adorno, « La production industrielle des biens culturels », *Dialectique de la raison*, Paris, Gallimard, 1983.

41. *Cf.* Stéphane Hugon, *Circumnavigations – La construction sociale de l'identité*, URL www.ceaq-sorbonne.org, consulté le 15 décembre 2009.

42. Igor Stravinsky, *Chronique de ma vie*, Paris, Denoël, 1962, p. 87.

prônés notamment par les fluxistes du siècle dernier. Dans ce cadre, les improvisateurs deviennent de plus en plus légion[43]. En effet, ces « nouvelles allures »[44] de la musique se répandent aisément dans la décomplexion des formes figées, avantageant des aires de jeu pluri-disciplinaires qui incluent naturellement les technologies les plus avancées : reportez-vous par exemple aux spectacles récents de Javier Alvarez, *Le Repas du Serpent & Retour à la Raison*, 2002[45]; Fausto Romitelli, *An Index of Metal*, 2003[46]; Claire-Mélanie Sinnhuber / Emilie Aussel, *Blade Affection*, 2006[47] ; Jérôme Combier, *Noir gris*, 2006[48]; Bernd Schultheis, *For What They Are*, 2007[49]; Denis Dufour / Thomas Brando, *La Chasse à l'ombilic*, 2009[50]; Alberto Posadas / Richard Siegal, *Glossopœia*, 2009[51]; Eryck Abecassis / Michel Kelemenis, *Disgrâce*, 2009[52]; Hèctor Parra / Lisa Randall, *Hypermusic Prolog*, 2009; Pierre Jodlowski, *Sculpteurs de sons*, 2009[53]; Francis Faber, *Falling Symbols*, 2009[54]; Kaija Saariaho / Jean-Baptiste Barrière, *Voix, Espace...*, 2010[55]; Jonathan Pontier, *Territoires de l'âme*, 2010[56]... pour vous en convaincre.

Dans le flot aventurier des festivals et des forums spécialisés qui laissent (en tant que principe fondateur ou que lieu commun difficile à annihiler) rayonner la « puissance du

---

43. Pour la seule année 2009 et sans souci d'exhaustivité, notons ces pièces où l'improvisation est reine : *Musique pour un film absent* pour piano et clavier électronique de Jean-Philippe Collard-Neven, *Le Lièvre de Vatanen*, concert-performance de Christophe Ruetsch, Pierre Jodlowski, Marc Demereau, Jérémie Siot à partir des scènes du livre d'Arto Paasilinna proposées de manière aléatoire et choisies par le public, *Sculpteurs de sons* de Pierre Jodlowski, spectacle multimédia, *Iride* pour instruments colorés de Nicola Cisternino, *Improvisation* (d'après *In memoriam F. Romitelli*) de Cédric Dambrain, *Le Malheur de Job* de Jean-Luc Therminarias pour voix, musique, SMS et nuée de sacs en plastique, *Improvisations sur John Cage* de Benny Sluchin, Eric-Maria Couturier, Fabian Fiorini, Guillaume Orti, *Dans la mangeoire des astres* de Benat Achiary, Michel Queuille, Julen Axiary, *Ivresses* (sous la dir. de Andy Emler) par le MegaOctet (déambulation, signes et sons, participation du public), *Improvisations sur Messiaen* par Alain Billard, Sébastien Vichard, Médéric Collignon, François Verly, *Marcel Duchamp, Adam, Ève et la pomme*, lecture-performance avec roue sur tabouret, bidet de faïence, verres et pailles, participation interactive du public de Daniel Mayar et Pierre Albert Castanet, *Improvisation* pour dispositif électronique, ordinateur, échantillonneur, clavier, CD de Nicolas Vérin ...

44. Gilles Deleuze, Félix Guattari, *Capitalisme et schizophrénie – Mille plateaux*, Paris, Minuit, 1980, p. 625.

45. Pour violoncelle, vidéo et sons électroniques.

46. Opéra vidéo avec images électroniques de Paolo Pachini (DVD Cyprès CYP5622 – 2005). Considéré par le compositeur comme un « rituel laïque », ce spectacle embrasse une entité virtuelle « où l'espace, solidifié par le volume sonore et la saturation visuelle, semble se tordre en mille anamorphoses », dans Alessandro Arbo (dir.), *Le Corps électrique – Voyage dans le son de Fausto Romitelli*, Paris, L'Harmattan, 2005, p. 139.

47. Pour trois sopranos, dispositif électronique et multi-écrans.

48. Pour trio à cordes intervenant pour une installation sonore et visuelle.

49. Pour percussions, danse, lumière, dispositif audiovisuel en direct et participation du public.

50. Pour récitant, trio à cordes et support audio.

51. Spectacle réunissant musique acoustique (clarinette basse, alto, violoncelle, percussion), musique électroacoustique, lumières, danse (avec dispositif de captation gestuelle) et vidéo (réalisation informatique Ircam, Paris).

52. Pour violoncelle, électronique *live* et cinq danseurs.

53. Spectacle multimédia (champs gestuels, percussions, impacts numériques, écriture vidéographique, danse interactive, *live electronic*).

54. Installation interactive multimédia, commande de l'Institut National des Sciences Appliquées.

55. Spectacle multimédia pour huit chanteurs et électronique.

56. Ce spectacle est sous-titré : « Rituel multimédia pour 12307 amis, un comédien vivant et sa Wii ».

nouveau»[57], certains ont bien sûr évoqué l'époque des «concerts excessifs» ou des «mirages décevants»[58], alors que d'autres ont apprécié la part extraordinaire de l'acte unique, de l'opération unitaire, ouverte béatement sur le monde. Si Jean-Luc Hervé rêve encore d'«entendre de l'inouï» en tentant de proposer à l'auditeur des objets sonores détachés des «chaînes de causalité»[59] d'antan, Pascale Criton pense que «l'enjeu *contemporain* qui jalonne l'histoire est celui d'une subjectivité toujours en question, la possibilité toujours renouvelée de concevoir des outils et de façonner du sensible»[60]. Néanmoins, dans cet univers où globalisation rime avec neutralisation, il est intéressant de reconnaître ici ou là des liens de parenté plus ou moins avoués, et de trouver sporadiquement le caractère singulier de mixité techniciste testée en amont par les aînés. Par exemple, parmi moult pistes de filiation, Jan Topolski a montré dernièrement que « le fantôme du spectralisme » circule toujours en Europe sous les plumes de Georg Friedrich Haas, de Pawel Mykietyn ou d'Andrzej Kwiecinski[61].

De même, à Donaueschingen, Harry Halbreich a traité noblement François Sahran, Raphaël Cendo[62] et Franck Bedrossian[63] de « nouveaux brutalistes » : « Maniant avec un maximum de violence tant une rythmique subjuguante (*sic*) qu'une amplification sonore visant expressément à la saturation et à la distorsion des fréquences, ils abolissent la frontière entre "son" et "bruit"»[64], remarque tout de go le musicologue belge. Il est vrai qu'après les expériences émancipatrices d'un Edgard Varèse puis d'un Iannis Xenakis, après les tendances aventuristes de la musique concrète instrumentale d'un Helmut Lachenmann et les expériences débridées autour de la parasitose sonore d'un Michael Levinas, ce groupe de jeunes compositeurs français[65], «militants de l'hybridité»[66], a retissé des liens avec les apories du son sale[67]. Dans ce sillage, si l'axiome de Colin Roche consiste à considérer le matériau initial de la composition «comme un bruit»[68], le credo de Claire-Mélanie Sinnhuber préconise de «prendre les

57. *Cf.* Gilles Lipovetsky, *L'Empire de l'éphémère*, Paris, Gallimard, 1987, p. 213-217.

58. *Cf.* Gustave Kahn, *Les Palais nomades*, Paris, Tresse et Stock, 1987.

59. Jean-Luc Hervé, «Pourquoi écrire de la musique aujourd'hui?», dans Cohen-Levinas (dir.), *La Création après la musique contemporaine*, p. 42.

60. Pascale Criton, « Pour un monde toujours à construire », *Nunc*, n° 14, p. 75.

61. Jan Topolski, « Le fantôme du spectralisme circule en Europe », *Dissonance*, n° 107, septembre 2009, p. 22-28.

62. Raphaël Cendo, «Les paramètres de la saturation», dans Franck Bedrossian, *De l'excès de son*, Champigny, 2 e2m, 2008, p. 31-38.

63. Franck Bedrossian, « La monstruosité, de l'œil à l'oreille », *De l'excès de son*, p. 15-20.

64. Harry Halbreich, «Cédric Dambrain – Une violence euphorique», *Beyond – Essais et documents*, Bruxelles, Ars Musica, 2009, p. 10.

65. Il faudrait y inclure également Claire-Mélanie Sinnhuber, Colin Roche, Valerio Murat, Dmitri Kourlianski, Vassos Nicolaou, Sébastien Gaxie, Yann Robin et même le regretté Fausto Romitelli qui est sans doute à la base de ce renouveau bruitiste... En exergue de sa partition intitulée *Professeur Bad Trip*, ce dernier a placé cette phrase de Michaux qui pourrait bien devenir les maîtres mots d'un manifeste pour une esthétique nouvelle : « Une vaste redistribution de la sensibilité se fait, qui rend tout bizarre, une complexe, continuelle redistribution de la sensibilité » (*cf.* Henri Michaux, *Connaissance par les gouffres*, Paris, Gallimard, 1967).

66. Nicolas Donin, «Écrire, programmer, transcoder les sons», *L'Art des sons, Art Press 2*, n°15, novembre / décembre / janvier 2010, p. 52.

67. *Cf.* Castanet, *Tout est bruit pour qui a peur – Pour une histoire sociale du son sale*, p. 38-104.

68. Pierre Albert Castanet, *Quand le sonore cherche noise – Pour une philosophie du bruit*, Paris, Michel de Maule, 2008, p. 254.

instruments *de biais* pour ne pas les faire sonner dans l'éclat que les luthiers ont mis des centaines d'années à mettre au point »[69]. Il s'agit là d'une position intermédiaire entre l'emploi d'un instrumentarium classico-romantique et l'usage de « sources sonores » brutes (genre « ready-made ») prôné par John Cage et ses complices de l'École de New York.

En somme, comme le note Michel de Certeau, la « création » peut être associée à « une prolifération disséminée »[70]. Il faut dire qu'aux confins de la joute spectaculaire organisée, la « musique contemporaine » favorise également des conduites projectives tout en aiguisant de nouvelles stratégies d'écoute[71]. Sinnhuber avoue par exemple que « la situation traditionnelle du concert – où le son arrive d'une manière frontale, très évidente – conduit à une certaine passivité de l'écoute – bien sûr moindre que devant la télévision »[72] (les lieux communs de la globalisation atteignent désormais le discours des créateurs savants).

Désormais, construisant l'histoire[73] incognito tout en conditionnant l'auditorat anonymement (mais peut-on « devenir contemporain » se demande Christian Bury ?[74]), l'art savant se manifeste la plupart du temps d'une façon ostensible, acousmatique, imposant des sensations plurielles, envoyant des données de messagerie singulièrement multiculturelle, à la fois transmissible et non imitable, personnifiée et universelle. Considéré comme stimulus vindicatif global, comme les flux décibéliques déversés dans les « Rave parties » populaires, le nouveau matériau sonore multidiffusé est alors choisi en fonction des réactions physiologiques (sans doute plus qu'esthétiques) qu'il provoque. Selon Eco, il faudra, à terme, analyser ces intentions du point de vue du destinataire comme de l'émetteur[75]. Au cœur de l'échange aveugle (du marché de la surdité), on prie en secret pour que l'art musical puisse encore jouir du potentiel du choc, de la surprise, de l'éphémère, de l'ineffable, de l'instable, de l'hypothétique prise de risque[76] sans cesse menée sur ce fil d'Ariane qui s'affranchit de tout et qui ne devrait rien pardonner.

« On comprend pourquoi, dans une société d'individus voués à l'autonomie privée, l'attrait du neuf est si vif : il est ressenti comme instrument de "libération" personnelle, comme expérience à tenter et vivre, petite aventure du Moi »[77], analyse à sa manière Gilles Lipovetsky. Au même titre que la prise de parole du rap ou que le graph du hip hop

---

69. Pierre Albert Castanet, « Bad trip, good trip – une esthétique du son "sale" », *Accents*, n°35, avril/juillet 2008, p. 28.

70. Michel De Certeau, *La Culture au pluriel*, Paris, Seuil, 1993, p. 213.

71. *Cf.* Jonathan D. Kramer, *The Time of Music, New Meanings, New Temporalities, New Listening Strategies*, New York, Schirmer, 1988.

72. *Cf.* « Le souffle du corps » - entretien avec Claire-Mélanie Sinnhuber, *Carnet de bord*, Paris, Ensemble Aleph / Cdmc, 2002, p. 93.

73. *Cf.* Paul Veyne, *Comment construire l'histoire ?*, Paris, Seuil, 1971.

74. *Cf.* Christian Bury, *Devenir contemporain ? La couleur du temps au prisme de l'art*, Paris, Edition du Félin, 2007.

75. Umberto Eco, *La Structure absente*, Paris, Mercure de France, 1972, p. 161.

76. « Vérifier que le public voudra bien courir le risque avec nous est notre plus cher désir », écrit le dramaturge François Regnault, à propos de l'opéra de Bruno Mantovani intitulé *L'Autre côté* (François Regnault, « *L'Autre côté*, un opéra fantastique », *Prétentaine*, n°20-21, *Opéra – Mises en scènes et représentations théâtrales*, Montpellier, Université Paul Valéry – Montpellier III, 2007, p. 166).

77. Gilles Lipovetsky, *L'Empire de l'éphémère*, p. 217.

désormais légendaires[78], la musique, et surtout celle d'expression « contemporaine », devrait ainsi exister, respirer, douter, oser, surprendre, revendiquer, choquer, questionner, déchirer, s'extérioriser... et non ronronner, se normaliser, se confondre avec la muzak de bas étage. Les feux de l'avant-garde n'éclairant plus que d'une faible lueur, cet objectif de création artistique n'est donc plus systématiquement de mise. Si les signes héraldiques dépendent des armoiries de la « création » et de la « sélection », nous sommes également en droit d'œuvrer corollairement aux enjeux de la « réception » singulière d'un art avancé (se voulant certes de moins en moins sectaire, de plus en plus libertaire). À ce sujet, Mikel Dufrenne croit que la relation aux spectateurs est incluse dans le concept même de l'opus : « L'œuvre étant cet objet commun qui joint l'auteur au public comme leur commune entreprise, et qui unit aussi entre eux les membres du public, l'art est communication »[79]. Cependant, paradoxale dans sa signature audible, désirant allier « recherche musicale »[80] isolée et réception de masse, « idéologie »[81] et marginalisme, la programmation de la « musique contemporaine » ne privilégie plus vraiment la découverte essentielle de la *terra incognita*.

Nous assistons à présent plutôt à une invite de voyages répertoriés dans des contrées rassurantes, attendues ou reconnues. Évidemment, laissant à nouveau entendre refrains, consonances, modes anciens, rythmes binaires et autres données morphogènes du passé... les tenants de la « Nouvelle musique » (assimilée à la « musique tonale » par Stéphane Lelong[82]) ne cessent de s'affirmer sur les scènes comme sur les ondes (écoutez les œuvres de Nicolas Bacri, Guillaume Connesson, Thierry Escaich, Anthony Girard, Aaron Jay Kernis, Michael Torke, Pascal Zavaro, Jean-François Zygel...). Comme l'énonçait déjà Giacomo Leopardi en son temps, « voilà près d'un siècle que dans les arts et dans les sciences, pour ne rien dire du reste, on prétend tout refaire ; sans doute parce qu'au fond personne ne sait plus rien faire »[83]. Dans ce dédale insondable où un camp esthétique tente de se démarquer fébrilement d'un autre à coup de textes légitimistes, bon nombre de musiciens se coulent finalement dans le moule archétypique du tout-venant pour faire ce que nous nommerons de la « musique-contemporaine-européenne » (comme on dit du vulgaire chat de gouttière qu'il est un « chat européen »). Thierry Escaich avoue que l'on n'évitera pas « un réel débat sur l'idée de « modernité » qui, lorsqu'elle nous amène à renforcer l'expression d'une pensée autonome vis-à-vis de ce qui nous a précédé, peut être réellement motrice pour toute création artistique, mais qui, lorsqu'elle devient une « posture » à laquelle on se raccroche, artificiellement, pour se valoriser, ou un « processus » qui nous échappe, et sans autre finalité que lui-même, risque fort de servir à masquer un certain vide »[84].

78. *Cf.* Hugues Bazin, *La Culture hip-hop*, Paris, Desclée de Brouwer, 1995, p. 167-199.

79. Mikel Dufrenne, « L'œuvre et le public », *Esthétique et Philosophie*, Paris, Klincksieck, 1976, t. II, p. 279.

80. *Cf.* Anne Veitl, *Politiques de la musique contemporaine. Le compositeur, la « recherche musicale » et l'État en France de 1958 à 1991*, Paris, L'Harmattan, 1997.

81. « Une idéologie de propriétaires isole l'« auteur », le « créateur » ou l'« œuvre » », écrit Michel de Certeau (De Certeau, *La Culture au pluriel*, p. 213).

82. Stéphane Lelong, *Nouvelle musique*, Paris, Balland, 1996 (quatrième de couverture).

83. Giacomo Leopardi, *Pensées*, Paris, Allia, 2007, p. 23.

84. Thierry Escaich, « Quelques réflexions sur le paysage musical actuel », *Nunc*, n° 14, p. 60.

Assurément, avec le passage symbolique du XXe siècle révolutionnaire aux actions révolues, les supports de la « musique contemporaine » ont participé bon gré mal gré à la « migration des concepts »[85]. Fortement sollicités pour qu'ils s'émancipent à grands frais, ils ont accompagné dans de multiples expressions controversées ou plébiscitées les facettes parfois diamantaires d'une certaine « modernité » puis d'une incertaine « post-modernité ». À ce propos, « un terme précédé d'un « post » n'est pour moi qu'un terme de substitution, une béquille provisoire »[86], avance encore sans ambages le plasticien Tom Mitchell. Devant un tel conflit d'intentions, le compositeur espagnol Abel Paúl (né en 1984) a résumé passablement la situation du créateur à l'aube de notre nouveau millénaire :

> Je ne sais pas comment me situer par rapport à notre monde postmoderne et ses communautés artistiques. Je ne sais pas si j'appartiens à une tradition, si j'intègre des éléments de l'esthétique moderniste... Si je fais tout cela, je le fais cependant d'une manière inconsciente. Mais, de toute évidence, je m'efforce de définir ma propre archéologie[87].

Considérées comme faisant partie de la « sonodoulie »[88] ambiante, les musiques savantes d'aujourd'hui participent de l'expérience esthétique incluant indifféremment composition ou décomposition. « De même que l'aquaphobe ne peut exister hors de la menace qui fait peser sur lui l'existence d'un élément aqueux, l'iconodoule ne vit que par le conflit qu'il établit avec l'iconoclaste, son double négatif »[89], explique Didier Ottinger. Grâce à ce truchement lié au paramètre subjectif de la réception, la sonodoulie contemporaine serait marquée par le détournement de sources musicales académiques, par la parasitose d'une écoute pure, par la salissure d'un matériau naturel, par l'accueil sans scrupule d'un dépaysement artistique, par le rejet de tout figuralisme de source gadgétisée, par l'intrusion de tout ce qui fait (finalement et malgré soi) « sens » sonore – conséquemment par le jeu improbable du transfert de « sens » et de la reconnaissance possible du « contre sens ». En fait, si le mot « contemporain » veut dire plus que son étymologie stricte ne le laisse entendre (c'est-à-dire : « qui vit avec nous »[90]), chacun sait que l'*idea* de modernité dépend également d'une conscience équivoque. Pascal Dusapin a ainsi affirmé que « le terme de musique contemporaine est un anachronisme de l'histoire »[91]. Nonobstant, selon Jacques Rancière, la notion de modernité désire à la fois « trancher dans la configuration complexe du régime esthétique des arts, retenir les formes de rupture, les gestes iconoclastes... »[92]. Dans ce contexte évolutionniste des genres et des styles, mutationniste des mœurs et des goûts, face aux exigences feutrées de

---

85. *Cf.* Edgar Morin, *Introduction à la pensée complexe*, Paris, Seuil, 2005, p. 154.
86. Tom Mitchell, « What Do Pictures Want ? », *Art press*, n°362, décembre 2009, p. 38.
87. « Rechercher sa propre archéologie » - entretien avec Abel Paúl, *Carnet de bord*, Paris, Ensemble Aleph / Cdmc, 2006, p. 99.
88. *Cf.* Castanet, *Quand le sonore cherche noise – Pour une philosophie du bruit*, p. 105-106.
89. Ottinger, « Libido et Saint-Esprit », p. 181.
90. *Cf.* Pierre Albert Castanet, « Plus oultre : on n'évite pas l'avenir ! », *Les Carnets du forum*, n°1, La Gleize, Forum des compositeurs, 2008, p. 161.
91. Entretien de Pascal Dusapin pour *Les Usages du temps*, émission de Raphaël Enthoven, Paris, France Culture, 16 novembre 2009.
92. Jacques Rancière, *Le Partage du sensible*, Paris, La Fabrique, 2000, p. 37.

« l'histoire immédiate », comme disent les historiens, Alain Monot[93] se pose à juste titre quelques questions fondamentales (certes proches des défis relevés depuis une centaine d'années dans les milieux spécialisés) :

> Les interprètes et compositeurs de musique contemporaine (entre autres) se voient confrontés à un problème dont l'actualité se fait de jour en jour plus pressante. Vaincre la résistance de ce courant vis-à-vis de l'art moderne ou, tout au mieux, résister à cette résistance, voila un défi que nous sommes appelés à relever presque quotidiennement. Et comment donc procéder pour annihiler cette résistance – cette carapace d'ignorance – envers la musique non agrée, jugée non-conforme ?[94]

Dans ce contexte polémique, « le compositeur d'aujourd'hui a le sentiment que tout est possible et qu'il doit inventer pour chaque œuvre non plus seulement sa forme musicale, mais les règles de la musique. [...] Le "postmodernisme" revêt souvent ce sens : tout peut être "intéressant", la citation, le kitsch, la parodie, le néo-ceci et le post-cela »[95], proclame Jean-François Lyotard. Du langage musical au comportement sociétal (et vice versa), la valeur artistique du présent ne fait qu'illustrer une palette d'expressions communément précaires, « sans dogmes ni gourous »[96], en dépit du fait que l'alchimie de ce *magisterium* peut encore et toujours endosser le double jeu parfois insidieux de la sincérité et de l'imposture, du canular d'apparat et de la nécessité intime d'expression. Comme le mentionnait Jean Cocteau, en 1918 : « Un chef-d'œuvre est une partie d'échecs gagnée échec et mat »[97]. Privée du recul du sage, la légende désire que le filtre dialectique de l'histoire sache à long terme délivrer une part de vérité et de reconnaissance non feinte. Concernant ce grand livre de l'histoire de la musique du XXIe siècle qui ne fait que commencer, les regards de convoitise se croisent sans se voir. Pour certains, il ne faut aucunement essayer de chercher une nouvelle « définition » à l'art sonore, car il s'agit de tendre « vers l'infinition »[98], pour reprendre le mot de Georges Braque. À l'inverse, pour d'autres, il importe de prendre position et d'appréhender le sens de l'histoire, de se rebeller et de combattre, de rendre public intentions et programmes, de vilipender et de rompre à tous prix, de se démarquer et d'« historiciser » les nouvelles reliques savantes du « bel aujourd'hui », ainsi que le nomme Stéphane Mallarmé. Dans son essai sur le statut de jeune compositeur, Wolfgang Rihm démontre que nous sommes cernés par une kyrielle de « problèmes pièges » : « On lance des campagnes au profil neurotique contre les modes, le vieillissement, la tonalité, la non tonalité, l'usure, l'unisson imparfait, le danger de la formation de groupes... ce ne sont que de fausses batailles, sentiments de remplacement, dirigisme ! Seul un esprit libre, effréné, est compositeur... »[99], profère-t-il. Or, suivant les termes d'Alain Badiou :

---

93. Musicien, membre du Nouvel Ensemble Contemporain.

94. Alain Monot, « Est-il inutile de résister ? », *Dissonance*, n°105, mars 2009, p. 23-24.

95. Jean-François Lyotard, « Musique et postmodernité », *Surfaces*, Vol. VI, n°203, Montréal, novembre 1996, p. 7.

96. Alexandre Caldara, « Sans dogmes ni gourous » - Tour d'horizon de la scène musicale la plus avant-gardiste de Suisse romande », *Dissonance*, n°107, septembre 2009, p. 4-7.

97. Jean Cocteau, *Le Coq et l'Arlequin*, Paris, Stock Musique, 1979, p. 45.

98. Georges Braque, *Le Jour et la Nuit - Cahiers 1917-1952*, Paris, Gallimard, 1952, p. 30.

99. Rihm, « Manifeste de la Nouvelle Simplicité », p. 236-237.

> Les avant-gardes ont simultanément activé au présent les ruptures formelles et produit, sous forme de manifestes et de déclarations, l'enveloppe rhétorique de cette activation. Elles ont produit l'enveloppement du présent réel dans un futur fictif. Et elles ont appelé « expérience artistique nouvelle » cette double production »[100].

Les signes avant-gardistes de jadis étant devenus quasi monnaie courante (vulgarisation du « son sale » ou pratique circonstanciée de l'obscénité ordinaire…[101]), les scandales reluisants[102] ayant maintenant disparu de la classique panoplie destinée à choquer l'engeance bourgeoise, la jeune génération tente aujourd'hui de surfer sur des écumes d'eau tiède sans se faire peur (et donc sans jouer inconsidérément sa vie ou sa réputation). Apôtre de la Nouvelle Simplicité, Wolfgang Rihm ne déclarait-il pas que « l'avant-gardiste ésotérique est devenu académicien »[103] ?

Ainsi, pulvérisé par ses commettants autant que par ses pourfendeurs, « l'espace de composition se raréfie de jour en jour »[104], confessait récemment Claude Lefebvre, l'ex-directeur des Rencontres Internationales de Musique Contemporaine de Metz. De même, et quelque peu défaitiste, le compositeur musicologue Jean-Yves Bosseur a déploré le manque de portée des musiques savantes actuelles : « Aujourd'hui, je ne peux malheureusement qu'observer une dégradation apparemment irrémédiable des conditions d'existence (il faudrait plutôt parler de survie) attribuées à la création »[105]. La roue tourne, car ce positionnement en marge était considéré par Pierre Restany, à la veille des événements de mai 1968, comme un véritable atout : « La morale de l'homme d'aujourd'hui, disait-il, est une morale de comportement, fondée ni sur la transcendance ni sur la référence aux dogmes idéologiques, mais sur un nouveau contrat social lié à l'exigence de survie. Sans cet axiome humaniste, il n'est plus de pensée créatrice »[106], conseillait-il aux jeunes recrues du monde de l'art. Philosophant sur la rupture de l'« ancienne alliance » animiste et le « mal de l'âme moderne », Jacques Monod évoque, pour sa part, un « univers sourd à sa musique, indifférent à ses espoirs comme à ses souffrances ou à ses crimes »[107]. Pris entre les fourches Caudines du blasement généralisé de la société et du maelström tourmenté d'un « nouveau chaos mondial »[108] (toujours plus alarmiste et pour lequel chaque maillon du puzzle reste complémentaire : compositeur, interprète, programmeur, promoteur, financeur, manager, spectateur, acheteur, consommateur), le souffle de la musique savante, quand il veut encore arborer des atours modernistes, attise à présent le foyer incandescent d'un combat d'arrière-garde. Sempiternellement brûlant, sans cesse branlant : parce que la création « est un état naissant, indéfiniment naissant, du sujet, de son histoire, de son sens, écrit Henri Meschonnic ; elle

---

100. Alain Badiou, « Avant-gardes », *Le Siècle*, Paris, Seuil, 2005, p. 196.

101. *Cf.* Castanet, *Quand le sonore cherche noise – Pour une philosophie du bruit*, chap. 3.

102. Le dernier scandale parisien a été celui d'*El Nino* de John Adams, le 15 décembre 2000, au Théâtre du Châtelet.

103. Rihm, « Manifeste de la Nouvelle Simplicité », p. 237.

104. Propos recueillis lors d'une « Table ronde » à laquelle participaient Joëlle Léandre, Claude Lefebvre, Pierre Albert Castanet et le modérateur Olivier Goetz (*Cage, ouverture*, Metz, Arsenal, 12 novembre 2009).

105. Jean-Yves Bosseur, « De la consommation à la création », *Nunc* n° 14, p. 66.

106. Pierre Restany, *Le Nouveau réalisme*, Paris, Union Générale d'Editions, 1978, p. 167.

107. Jacques Monod, *Le Hasard et la nécessité – Essai sur la philosophie naturelle de la biologie moderne*, p. 216.

108. *Cf.* Xavier Raufer, Alain Bauer, *Le Nouveau chaos mondial*, Paris, Édition des Riaux, 2007.

ne cesse de laisser derrière elle les Assis de la pensée, ceux dont les idées sont arrêtées, et qui confondent leur ancienne jeunesse avec le vieillissement du monde »[109]. Alors, même si certains semblent « engourdis par la routine du choc pré-emballé, aseptisé par les masses et la fausse authenticité de l'immédiat »[110], l'instrumentiste comme le programmateur, le directeur de festival comme le mécène privé, le musicologue comme le sociologue veillent de près ou de loin sur les nouveaux statuts performatifs des compositeurs en herbe. « Les jeunes générations, en leur vitalité physique et spirituelle, ne s'y trompent pas qui rentrent de plain-pied et sans aucun état d'âme dans cette nouvelle circulation globale et dans la cyberculture dont elle est la cause et l'effet »[111], analyse Michel Maffesoli. Ainsi, à l'ère du « Digital Magma » embrassé avec grand appétit par cette « génération iPod »[112] – entre « esthétisation » et « sociologisation »[113], chimère et désillusion, convention rigoureuse et liberté totale, surprise sensorielle et apparence trompeuse, sincérité et inopportunité, monde du spectacle et « société de divertissement »[114] –, l'art sonore du début du XXIe siècle sème à tous vents les ingrédients d'une « sonodoulie »[115] pertinemment complexe mais passablement décomplexée. À suivre…

109. Henri Meschonnic, *Modernité, modernité*, Paris, Verdier, 1988, p. 9.

110. George Steiner, *Passions impunies*, Paris, Gallimard, 1997, p. 197.

111. Maffesoli, *Iconologies – Nos idol@ tries postmodernes*, p. 79.

112. *Cf.* Jean-Yves Leloup, *Digital Magma – De l'utopie des rave parties à la génération iPod*, Paris, Scali, 2006.

113. *Cf.* Antoine Hennion, *La Passion musicale – Une sociologie de la médiation*, Paris, Métailié, 1993, p. 21.

114. *Cf.* Heinz-Klaus Metzger, *Interface, Journal of New Music Research*, Lisse, Swets & Zeilinger, 1983 1-2, Vol. 12, p. 215-224.

115. Interprétant tout geste sonore, la « sonodoulie » participe de l'expérience esthétique incluant indifféremment composition ou décomposition. *Cf.* Castanet, *Quand le sonore cherche noise – Pour une philosophie du bruit*, p. 105-111.

LES NOUVELLES FRONTIÈRES DU MÉTIER DE COMPOSITEUR

Hyacinthe RAVET

Composer, se dire compositeur et être reconnu comme compositeur : quelles situations, quelles pratiques, quelles représentations recouvrent ces expressions en ce début de XXIe siècle ? Peut-on définir un « métier », une profession de compositeur et en cerner les contours ? Quels enjeux distingue-t-on dans cette tentative de délimitation ? Quels échos sociaux trouvent de telles questions ? La réflexion proposée ici tente de répondre à ces interrogations en cernant les enjeux sociaux que soulève la question « qui sont les compositeurs aujourd'hui ? ». La question n'appelle pas de réponse unique et univoque, mais souligne la réalité multiforme d'un métier en redéfinition. Cette investigation conduit ainsi à examiner les différentes facettes du métier de compositeur, puis à envisager le statut social du compositeur et celui du créateur, donc à interroger l'identité de compositeur. Reposant sur les rares recherches sociologiques menées sur les compositeurs mais aussi sur des travaux portant sur les professions artistiques et l'activité de création, le propos s'appuie en outre sur les prémices d'une recherche de terrain qu'il faudrait développer – notre objectif étant de proposer une série de questions ouvertes et de pistes d'analyse en écho à la thématique « Composer au XXIe siècle ».

QUI SONT LES COMPOSITEURS AUJOURD'HUI ?

Cette question a-t-elle un sens numérique ? Peut-on définir la profession ou l'activité de compositeur ? L'une des premières démarches que nous avons effectuées a été de rechercher combien on dénombre de compositeurs et qui peut être recensé comme tel. En tant que sociologue de la musique, nous considérons que ce n'est pas au chercheur d'affirmer que tel ou tel est, ou n'est pas, compositeur ; il s'agit plutôt d'examiner comment sont repérés et recensés les compositeurs, par qui et selon quels critères. Pour ce faire, plusieurs investigations peuvent être menées sans qu'il soit toujours simple d'obtenir une réponse. Pour la France, plusieurs sources ont ainsi été mobilisées :

SACEM	75 393 compositeurs (sur 119 036 créateurs sociétaires)
AGESSA	852 auteurs-compositeurs de musique
CDMC	997 compositeurs vivants, inscrits au catalogue du CDMC, dont 543 compositeurs de nationalité française

Tableau 1 : Nombre de compositeurs – France

En réponse à notre requête auprès d'une dizaine de services (dont celui des admissions nous précisant qu'une telle question était « impossible [à renseigner], les logiciels ne sont pas faits pour » ou encore que « certains sont compositeurs-réalisateurs, compositeurs-improvisateurs de jazz, compositeurs-auteurs... », ce qui montre déjà la difficulté à cerner une population cohérente et homogène), la Société des Auteurs Compositeurs et Éditeurs de Musique (Sacem) nous a indiqué que, sur 119 036 créateurs sociétaires (toutes activités confondues) au 31 décembre 2006, 75 393 étaient compositeurs, toutes esthétiques, genres et styles musicaux confondus[1]. Les conditions d'admission à la Sacem pour « Le compositeur de musique d'expression classique, symphonique, électroacoustique, de chambre... » stipulent que :

> Il suffit d'avoir composé au moins une œuvre, qu'elle ait été interprétée ou diffusée une fois en public, et justifier de son exploitation en fournissant, avec [le] dossier d'admission, soit un enregistrement commercialisé de l'œuvre, soit une attestation de diffusion établie à [la] demande [du postulant] par l'organisateur du concert, la radio, la chaîne de télévision... qui a utilisé [l']œuvre. [Il faut joindre] également la partition complète de [l'] œuvre. Pour la musique électroacoustique en raison des difficultés à la transcrire, un support sonore suffit[2].

Le ministère de la Culture indique, quant à lui, que 852 auteurs-compositeurs de musique sont affiliés à l'Agessa (Association pour la gestion de la sécurité sociale des auteurs)[3], dans la branche comprenant les « Auteurs de compositions musicales avec ou sans paroles (compositeur, parolier, librettiste); auteurs d'œuvres chorégraphiques et pantomimes »[4] en 2005. Enfin, si le Centre de Documentation de la Musique Contemporaine (Cdmc) comptait 500 œuvres lors de son ouverture au public en 1978, il en comporte aujourd'hui plus de 13 000. Ainsi, le nombre de compositeurs, *vivants*, français et étrangers, inscrits au catalogue du Cdmc en 2007, est de 997 dont 543 compositeurs de

1. Source : Denis Crépin, « Communication Sacem, Régions, utilisateurs et manifestations culturelles », information communiquée le 6 février 2007.

2. Source : http://www.sacem.fr/portailSacem/, consulté le 14 février 2007.

3. Source : « Écrivains, photographes, compositeurs... les artistes auteurs affiliés à l'Agessa en 2005 », *Culture Chiffres*, Département des études, de la prospective et des statistiques (DEPS), ministère de la Culture, 2007, p. 2.

4. À la question « Ai-je intérêt à adhérer à l'Agessa? » posée au Syndicat National des Auteurs Compositeurs, il est répondu : « Oui, si l'activité d'auteur que vous avez est l'activité principale dont vous tirez l'essentiel de vos revenus, ou bien encore, si étant salarié par ailleurs, vos salaires n'atteignent pas le plafond de la sécurité sociale ». Source : http://www.snac.fr/accueilsnac.htm, consulté le 31 janvier 2007.

nationalité française[5]. L'inscription des compositeurs au catalogue du Cdmc a varié selon les époques et le contexte :

1) historiquement, de nombreux compositeurs sont entrés au catalogue grâce à la convention qui lie Radio France au Cdmc (une grande partie du fonds sonore du Cdmc provient des enregistrements de Radio France) ;

2) pour les nouveaux compositeurs, qui font une demande explicite d'entrée de leurs œuvres au catalogue – ce qui implique de se reconnaître comme « compositeur de musique contemporaine » et d'estimer que ses œuvres sont dignes de figurer dans ce catalogue – plusieurs conditions doivent être réunies[6] :

> « proposer un minimum de trois œuvres originales ayant fait l'objet d'une création mondiale en France »[7] dont les interprètes et le cadre de création doivent être « reconnus au plan national ou international » ;

3) « Les œuvres retenues doivent appartenir au répertoire de la musique contemporaine d'expression classique », ce qui exclut : « les œuvres strictement pédagogiques (méthodes, etc.) ou destinées au jeune public, les musiques traditionnelles, les répertoires du jazz, de l'improvisation, des variétés et des musiques actuelles (rock, rap, techno...) [qui] ne sont pas compris dans cette définition ».

Chaque source interrogée propose donc implicitement une définition de la population des compositeurs s'appuyant sur des critères spécifiques. Ainsi, le nombre de compositeurs diffère largement entre les compositeurs de musique contemporaine, qui ont fait la démarche active d'une demande d'inscription au catalogue du Cdmc et sont reconnus institutionnellement comme tels, et les compositeurs, toutes musiques confondues (musique de concert, musique de film etc.) et toutes esthétiques confondues (de la musique dite contemporaine au « rap » en passant par « la chanson », « le rock », « le jazz » etc., sachant que toute classification de ce type mérite discussion), qui font une demande d'adhésion à la Sacem afin de protéger leurs œuvres et toucher des droits d'auteur.

Pour le Canada, les données collectées apparaissent également diverses et les contours de la population des compositeurs sont difficiles à cerner de manière précise.

---

5. Le catalogue du Cdmc comprend à la fois des compositeurs vivants et décédés, au nombre de 1064 (dont 700 compositeurs inscrits à la Sacem). Nous avons donc retenu les compositeurs vivants pour estimer les contours de cette profession au début du XXIe siècle. Parmi eux, inscrits à la fois au catalogue du Cdmc et à la Sacem, on recense 654 compositeurs vivants, français et étrangers (535 de nationalité française et 119 de nationalité étrangère). Source de l'ensemble des données Cdmc : service de la documentation du Cdmc, mai 2007, que nous tenons à remercier chaleureusement.

6. Source : Modalités d'entrée des nouveaux compositeurs au catalogue – Cdmc, 2004.

7. Le Cdmc indique que « ce critère des trois œuvres est relativement récent, qu'il sera probablement revu dans un avenir proche. Il a été mis en place à un moment donné de l'histoire du Cdmc pour répondre à des contraintes de fonctionnement interne, est appliqué aux compositeurs qui demandent spontanément à entrer au catalogue, et par conséquent n'est pas représentatif de la totalité du fonds ». (Source : Isabelle Gauchet Doris, Service de la documentation du Cdmc, mai 2007).

SOCAN	~ 60 000 auteurs/compositeurs
CMC	648 compositeurs associés (Canada) dont 189 agréés pour le Québec
SPACQ	325 membres répertoriés
LCC	295 membres répertoriés

Tableau 2 : Nombre de compositeurs – Canada et Québec

La Société canadienne des auteurs, compositeurs et éditeurs de musique (Socan) indique qu'il y a « à peu près 60 000 auteurs/compositeurs enregistrés » dans cette société de droits d'exécution canadienne début 2007[8]. Les critères d'adhésion portent sur l'exécution publique, l'édition ou l'enregistrement commercial de la musique. Le site de la Socan propose ainsi à tout nouveau postulant :

> ...veuillez sélectionner le(s) critère(s) qui vous rend éligible à devenir membre de la SOCAN.
> Un enregistrement commercial de ma musique est offert en vente au public.
> Ma musique a été exécutée à la radio.
> Ma musique a été exécutée à la télévision ou dans un film.
> Ma musique a été exécutée en spectacle.
> Ma musique est éditée par une personne ou une compagnie faisant des affaires à titre d'éditeur de musique[9].

De la même manière, la Société Professionnelle des Auteurs Compositeurs du Québec (Spacq), pour laquelle on dénombre 325 membres sur la liste des adhérents diffusée sur le site au 31 janvier 2007 (dont des compositeurs comme Gilles Vigneault), indique des critères semblables. À la question « Quelles sont les conditions afin de devenir membre de la Spacq ? », le site indique : « Être auteur ou coauteur de la musique ou des paroles d'au moins cinq œuvres musicales identifiables par un relevé de la Socan », ou « publiés », ou « enregistrées et exploitées commercialement », ou « qui ont fait l'objet d'une exécution publique »[10]. Le Centre de Musique Canadienne (Cmc), quant à lui, présente 189 compositeurs agréés pour le Québec (sur la liste disponible sur le site début 2007[11]) sur 648 compositeurs associés pour le Canada. Enfin, à la même date,

8. Source : Awelana Nabina, « Information Officer / Agent d'Information SOCAN », information communiquée le 12 février 2007.

9. Source : http://www.socan.ca/jsp/fr/music_creators/Become_a_member/kit1a.jsp, consulté le 14 février 2007.

10. Précisément : « a) Être l'auteur ou le coauteur de la musique ou des paroles d'au moins cinq œuvres musicales identifiables par un relevé de la Socan ou de la Sodrac ; ou b) Être l'auteur ou le coauteur de la musique ou des paroles d'au moins cinq œuvres musicales publiées par une personne faisant affaires comme éditeur de musique ; ou c) Être l'auteur ou le coauteur de la musique ou des paroles d'au moins cinq œuvres musicales enregistrées et exploitées commercialement ; ou d) Être l'auteur ou le coauteur de la musique ou des paroles d'au moins cinq œuvres musicales qui ont fait l'objet d'une exécution publique ; Les créateurs qui répondent à l'un de ces critères sont admissibles à devenir membres sociétaires de la Spacq et ainsi profiter de tous les avantages réservés aux membres en règle. » (Source : http://www.spacq.qc.ca/html/login.asp?id=63, consulté le 31 janvier 2007).

11. Source : http://www.cmcquebec.ca/doc/agrees.nom.html, consulté le 12 février 2007.

on dénombre 295 membres répertoriés sur le site de la Ligue Canadienne des Compositeurs (Lcc)[12].

Comme pour la France[13], les données varient en fonction des critères d'adhésion, de la distinction plus au moins opérée entre auteur/compositeur/éditeur, de la définition plus au moins large ou restreinte du terme « compositeur » ou de qui se reconnaît comme tel dans le cadre défendu par le regroupement professionnel (société, ligue…) et selon les caractéristiques stylistiques associées. À titre de comparaison, dans l'ouvrage *Le Paradoxe du musicien* paru au début des années 1980, Pierre-Michel Menger recensait 950 compositeurs de musique « sérieuse » en France : la population de base de l'enquête représentait les « personnes qui avaient bénéficié au moins une fois de l'un des fonds de valorisation de la musique sérieuse institués par la Sacem (depuis 1964) »[14], de laquelle l'auteur a ensuite éliminé « tous ceux qui étaient ouvertement compositeurs de variétés, musiciens de jazz ou compositeurs "sérieux" occasionnels » ; puis il a cherché à « isoler ceux qui sont socialement reconnus sérieux » pour aboutir à une population de 586 compositeurs[15]. L'ensemble des données présentées – pour la France et le Canada, au début des années 1980 et en 2007 – est difficilement comparable ; on rencontre là un problème de recensement typique des professions artistiques. Les premiers travaux empiriques systématiques sur les populations d'artistes, menés par Raymonde Moulin à propos des plasticiens en France, s'interrogent sur la manière de cerner une telle population : « Qui est artiste ? C'est une caractéristique centrale de l'histoire sociale des pratiques artistiques que d'avoir tendu à constituer, depuis la fin du XIXe siècle, comme insaisissables et indistinctes les frontières de la population de référence »[16].

---

12. Le site indique : « La Ligue canadienne des compositeurs est le plus ancien porte-parole officiel des compositeurs professionnels. Vouée à défendre les intérêts des compositeurs, la Ligue s'attache aussi à surveiller les situations qui influent leur gagne-pain et leur image publique et à en influencer les conséquences. » Les critères d'adhésion : « Membership. Des compositeurs professionnels sont invités à devenir des membres de la Lcc. Les membres reçoivent un bulletin trois fois une année, un livret d'information de contact pour des compositeurs, de nouveaux présentateurs de musique et corps et notifications de placement au sujet des occasions pour des compositeurs. Les honoraires d'adhésion sont [de] $60 par an. Il n'y a aucun honoraire d'application. Pour faire une demande d'adhésion, veuillez envoyer vos curriculum vitae à la Lcc. » (Source : http://www.clc-lcc.ca/fr/, consulté le 31 janvier 2007).

13. On peut, en outre, s'interroger sur le nombre respectif de compositeurs recensés par le Cdmc (France) et le Cmc (Canada), de même ordre, alors que les deux pays n'ont pas la même échelle. Seule une enquête comparative permettrait de répondre précisément à cette question. On peut cependant avancer quelques hypothèses prudentes et souligner, pour la France, dans l'après Seconde Guerre mondiale, une politique d'aide à la création, avec la mise en place notamment de l'Ircam, le développement de l'enseignement musical et la création d'un régime spécifique d'assurance chômage des intermittents, facteurs qui expliquent pour une part l'accroissement du nombre d'aspirants aux professions musicales ; en témoigne la multiplication (par deux ou par quatre, selon les sources) en France du nombre de musiciens interprètes durant les 20 dernières années (Philippe Coulangeon, *Les Musiciens interprètes en France. Portrait d'une profession*, Paris, La Documentation Française, 2004. L'auteur recense environ 25 000 musiciens interprètes). Voir aussi Anne Veitl, *Politiques de la musique contemporaine*, Paris, L'Harmattan, 1997.

14. Pierre-Michel Menger, *Le Paradoxe du musicien. Le compositeur, le mélomane et l'État dans la société contemporaine*, Paris, Flammarion, 1983, p. 29.

15. L'enquête repose notamment sur l'envoi de 600 questionnaires et une série de 61 entretiens. La population globale retenue par l'enquête était constituée de 586 compositeurs « partiellement ou totalement "sérieux" » (dont 432 « reconnus » et 154 « plus marginaux »), *ibid.*, p. 33.

16. Raymonde Moulin, *L'Artiste, l'institution et le marché*, Paris, Flammarion, 1992, p. 249.

Cherchant à objectiver statistiquement la population des artistes plasticiens français, Moulin se demande quels critères choisir pour la définir : l'indépendance économique (vivre de cette profession) ? l'autodéfinition (se déclarer artiste) ? la compétence spécifique (être diplômé d'une école d'art) ? ou encore la reconnaissance par le milieu artistique ? Elle opte pour le dernier critère, les autres se révélant peu judicieux ou trop flous, et se donne pour tâche de construire un indice de reconnaissance par le milieu pour les plasticiens. Eliot Freidson explique, en effet, que la particularité de la « profession d'artiste » induit une difficulté *théorique* à définir ces professions et donc qui en est membre ; on ne peut s'appuyer ni sur des critères économiques, ni sur des critères académiques[17] ; on ne retrouve pas les caractéristiques communes aux professions au sens anglo-saxon, modèle des professions libérales. Les professions artistiques se caractérisent par un « travail de "vocation" », c'est-à-dire un travail qui engage un amour pour l'activité[18] et dont le produit est l'œuvre au sens culturel, par opposition au travail au sens technique et économique du terme[19] : « Ce qui est central dans la notion de travail "de vocation", c'est l'idée que son exécution n'obéit pas au désir ou au besoin d'un gain matériel »[20].

Pour la plupart des compositeurs, il s'agit effectivement d'une réalité économique, mais une telle situation soulève aussi une ambiguïté quant à l'engagement dans l'activité. Dans quelle mesure se définit-on comme compositeur, à ses propres yeux et aux yeux d'autrui, d'un point de vue personnel mais aussi institutionnel et social ? Trois portraits de « compositeurs », hommes, qui ont une trentaine d'années[21], permettent de proposer quelques pistes de réponse.

Ayant déposé quelques pièces à la Sacem (musique de chambre, musique vocale, musique mixte, composition et arrangement autour d'une chanson traditionnelle à usage pédagogique), Daniel Jover compose aussi de la musique électroacoustique et réalise des performances musicales. Il est parallèlement enseignant dans un conservatoire de la région parisienne (en discipline instrumentale, Musique Assistée par Ordinateur (MAO), formation musicale ; il dirige en outre les orchestres du conservatoire). Finalement, il ne se reconnaît pas comme « compositeur, seulement » mais se définit comme « enseignant-artiste » : « Compositeur tout seul, ça me gêne car ce n'est pas mon activité principale et ce n'est pas celle avec laquelle je gagne ma vie ».

---

17. Il n'existe pas de système de titres *certifiant* la profession aux États-unis.

18. Pour Eliot Freidson, « Les professions artistiques comme défi à l'analyse sociologique », *Revue Française de Sociologie*, XXVII, 1986, les ressorts de l'activité de chercheur, activité qu'il compare à celle de l'artiste, sont : « un engagement subjectif, une implication personnelle profonde », p. 4.

19. Cette importance de l'engagement, de l'implication personnelle de l'individu dans la définition même de son activité, de son « métier », se retrouve dans les essais de définition qu'ont tenté des esthéticiens ou des philosophes de l'art comme Dominique Chateau. Ce dernier affirme : « L'art, c'est l'investissement d'un individu dans un intérêt spécifique que sanctionne l'instauration d'un objet fabriqué, ou choisi, comme monde et son instauration en acte, ou en puissance, comme valeur d'échange dans le système social total du monde de l'art », Dominique Chateau, « Définir l'art pour finir, encore », *Espaces Temps*, n°55/56, 1994, p. 65.

20. Freidson, « Les professions artistiques comme défi à l'analyse sociologique », p. 441. Il précise p. 442 : « Le travail "de vocation" n'est une tâche que du point de vue subjectif, il est nettement distinct du travail rémunéré ».

21. S'appuyant sur des entretiens réalisés par l'auteure en février 2007 qui n'ont pas prétention à l'exhaustivité. Les citations de propos des compositeurs sont extraites de ces entretiens.

Pour se définir et définir son activité professionnelle – partagée entre des activités de compositeur, d'ingénieur du son, de réalisateur sonore, d'enseignant – Jean-Yves Bernhard explique, quant à lui :

> C'est un peu un problème, un problème par rapport aux autres, un problème par rapport à moi, les deux. Moi, dans mon travail d'ingénieur du son, de musicien, de compositeur, c'est vraiment le son qui m'intéresse, le son dans sa globalité, le son instrumental, le son musical, mais le son dans la perception, le signifiant, d'où l'intérêt pour les musiques électroacoustiques.
> Dans ma tête, je me sens plus musicien. Mais économiquement, je suis toujours plus ingénieur du son.
> Je me considèrerais comme compositeur si j'arrivais à trouver mon esthétique et si j'arrêtais de me poser la question de l'intérêt de ce que je fais.

Enfin, Jonathan Pontier, qui vit de la composition, se définit comme « musicien tout terrain et compositeur multi-tâches, multifonctions, parce que je revendique vraiment le fait d'être pluriel aujourd'hui, sans trahir une personnalité et sans choisir un camp ». Il explique : « Je m'appelle Pontier, je suis là pour jeter des passerelles. Je me caractérise comme ça. C'est-à-dire que j'ai trouvé mon langage en dehors de toute chapelle ».

Quels points communs rassemblent ces compositeurs ? D'origine sociale modeste pour deux d'entre eux, tous les trois sont, cependant, des « héritiers » selon deux acceptions différentes. L'héritier au premier sens donné à ce terme a l'aisance de celui qui connaît le milieu par l'un ou ses deux parents eux-mêmes musiciens professionnels ; l'héritier au second sens du terme a reçu en héritage un goût pour la pratique par l'un ou ses deux parents musiciens amateurs[22]. Parmi les compositeurs interrogés, deux d'entre eux sont héritiers d'un père musicien amateur et baignaient dans un environnement familial artistique[23]. Quant à celui qui vit de la composition, il vient d'une « famille d'artistes », son père exerçant comme musicien de jazz professionnel, son frère étant devenu également musicien professionnel[24]. La pratique paternelle a été marquante pour ces trois compositeurs alors que, pour les compositeurs de l'enquête de Menger, la « figure maternelle » apparaissait comme un « double du piano » qui « éveillait le petit homme » à la musique[25]. D'un point de vue esthétique, deux des compositeurs interviewés viennent de l'univers du rock ; les trois sont férus de musique contemporaine mais aussi d'autres musiques (rock, chanson ou musiques traditionnelles). Enfin, ils sont tous trois formés à la Musique Assistée par Ordinateur, que Jean-Yves Bernhard et Jonathan Pontier enseignent en binôme dans un CNR (Conservatoire National de Région) en région parisienne.

Qu'est-ce qui différencie leur manière de se dire et/ou de se sentir compositeur ? D'une part, l'engagement dans l'activité – le temps consacré à la composition, le fait

22. Hyacinthe Ravet, « Devenir clarinettiste. Carrières féminines en milieu masculin », *Actes de la recherches en sciences sociales*, 168, juin 2007, p. 63.

23. Pour l'un des compositeurs, ses deux grands frères apparten(ai)ent aux milieux artistiques, l'un comme photographe et coiffeur de mode, l'autre comme peintre et journaliste d'art. La mère de l'autre compositeur a été formée aux beaux-arts durant sa jeunesse, s'est arrêtée de peindre après la naissance de ses fils, puis a repris 30 ans plus tard une activité plastique.

24. Sa mère et ses frères et sœurs exerçant, d'une manière ou d'une autre, une pratique artistique.

25. Menger, *Le Paradoxe du musicien*, p. 43.

qu'elle soit exercée comme activité principale (ou non) – les départage. D'autre part, la reconnaissance d'autrui – le fait d'être sélectionné à des concours, à des festivals, de recevoir une commande, de vivre ou non de la composition – entraîne à leurs yeux une différence majeure et la possibilité ou non de s'affirmer clairement comme compositeur. Enfin, la « valeur » à leurs propres yeux de leur activité et de leur production – un besoin intérieur de créer impérieux (ou non), le fait de trouver « son esthétique », de se poser ou non des questions sur l'intérêt de ce que l'on fait – contribue encore à se définir aux yeux de chacun et aux yeux d'autrui comme compositeur.

LES MULTIPLES FACETTES DU MÉTIER DE COMPOSITEUR

Ces différences dans la manière de se définir ou non comme compositeur, alors que les intéressés exercent une activité de création musicale, suscitent un ensemble d'interrogations : existe-t-il un métier de compositeur ? Comment se dé-compose l'activité ? Quel engagement induit-elle ? Existe-t-il des savoir-faire spécifiques ? La question de l'existence d'un *métier* de compositeur, au sens d'« habileté technique (manuelle ou intellectuelle) que confère l'expérience d'un métier »[26], renvoie à la distinction entre professionnalisme et amateurisme, donc à la mise en œuvre de compétences reconnues par les pairs plutôt que de qualifications évaluées institutionnellement par la possession de diplômes. Quelles sont-elles ? S'agit-il de compétences en matière d'écriture, d'harmonie, d'orchestration ? Ou en matière de manipulation du son ? Ou encore dans le fait de donner naissance à une idée musicale, un concept ? S'engagent ici des discussions fortes : d'une part, en ce qui concerne les débats autour de l'écriture – celle-ci ne passant pas forcément par la notation, ainsi que l'exprimait Laurent Cugny (compositeur de jazz) lors d'un colloque à l'automne 2006 à la Sorbonne[27] –, d'autre part, à partir du constat de l'importance des nouvelles technologies, de l'impact du *home studio* dans l'avènement d'une « vocation » de compositeur[28].

Pour définir son activité mais aussi son rôle dans la Cité, Jonathan Pontier revient, quant à lui, à l'étymologie de « composer »[29]. En ce sens, le métier se conçoit d'abord par le fait d'organiser, de « faire un tout avec des éléments divers ».

---

26. Sens 4, *Le petit Robert de la langue française*.

27. Lequel rappelait également que, pour le jazz, le créateur c'est l'interprète d'un thème, davantage que le compositeur dudit thème. Laurent Cugny, intervention lors de la table-ronde « Quelle est la substance du texte ? Le cas du "texte" musical », Journées d'études interdisciplinaires de l'École Doctorale Concepts et Langages « Que faisons-nous du texte ? », Université Paris Sorbonne-Paris IV, 6-7 octobre 2006.

28. En témoigne le parcours de compositeurs en formation à l'Ircam en 2005-2006 étudié par Clémence Serin, *Cursus de compositeurs en formation à l'Ircam*, Mémoire de Master 1, sous la direction de H. Ravet, Université Paris Sorbonne-Paris IV, 2007.

29. L'origine étymologique du terme est « placer, poser ensemble », d'où « faire un tout avec des éléments divers », « mettre en ordre », « régler un différend » et « convenir d'une chose », rappelle le *Dictionnaire historique de la langue française*. « Le verbe est apparu avec le sens d'« assembler des éléments en un tout », d'abord dans un contexte abstrait sorti d'usage en emploi général, mais très vivant dans des contextes particuliers, en parlant d'une œuvre écrite (XIVe siècle), musicale (1508) et aussi, concrètement, d'un assemblage typographique (1531). Dans ces deux emplois, il a acquis une autonomie renforcée par l'usage courant de *compositeur*, alors que sur le plan de la création littéraire, il est fortement concurrencé par *écrire*

> Concrètement, je suis d'abord compositeur. J'arrange des fragments de temps... Mon métier c'est un peu l'histoire du type qui te dit « donne-moi des trucs et je te les organiserai ». C'est organisateur d'événements musicaux, sonores.

En résidence en Alsace « au Guebwiller chez les Dominicains » au moment de l'entretien, ce compositeur met en place différentes actions musicales en direction de publics variés : un « GVE » (groupuscule vocal expérimental) constitué d'amateurs, un travail de création avec des rappeurs, un autre avec des enfants. Il est également professeur en conservatoire et son activité inclut enfin la composition de pièces dans le cadre de commandes, comme pour l'Ensemble InterContemporain. Il a en outre obtenu le Prix Italia 2007 (catégorie Musique) pour son œuvre *L'écorce et le noyau*, commande de France Culture et de la DMDTS [30].

Cette évocation de l'existence d'un métier pose rapidement la question du double métier et de la pratique de la pluriactivité chez les compositeurs. Le propos introductif d'un document pédagogique disponible sur le site de la Cité de la musique en France sur « Devenir compositeur » indique de la sorte :

> La plupart des compositeurs exercent un autre métier à côté de leur activité de création musicale. Selon les conclusions d'une enquête de la SACEM de 1993, 15% vivent globalement de leurs droits d'auteur et de commandes, tandis que 38% déclarent comme principale ressource l'enseignement et la recherche. En manque de reconnaissance sociale, le compositeur s'implique aujourd'hui de plus en plus dans son siècle : rencontres et échanges créatifs avec ses interprètes, expérimentation de moyens de diffusion autres que le concert, collaboration avec d'autres disciplines artistiques, participation à la sensibilisation de nouveaux publics et à des activités pédagogiques. La formule de la résidence, proposée par des orchestres, des conservatoires, des centres de recherche ou des collectivités territoriales en est le meilleur exemple : elle offre au compositeur la prise en charge temporaire de son travail d'écriture « en échange » de sa participation à la formation et à la diffusion musicales [31].

Menger relevait, dans son livre déjà cité, l'importance du « second métier, secondaire au regard de la vocation, [qui] est économiquement dominant dans une proportion écrasante de cas » [32]; il notait ainsi la chute du nombre de professionnels de la diffusion (compositeurs interprètes et « hommes-orchestre » mais aussi professionnels de la diffusion de l'audiovisuel tels que les metteurs en onde), au profit de l'apparition et de la progression du nombre de « créateurs-chercheurs », en soulignant le rôle de l'Ircam, et du nombre d'enseignants-compositeurs, l'enseignement étant devenu « le débouché professionnel par excellence » au début des années 1980. Or ce phénomène du double métier peut être analysé diversement; Nathalie Heinich le désigne comme un paradoxe lié au régime vocationnel. Marquant la « spécificité du statut d'artiste », il peut être vu de deux manières différentes. Se consacrer entièrement a son activité tend à manifester le

---

(soutenu par *écrivain*). » Source : *Dictionnaire historique de la langue française*, Paris, Le Robert, 1992, p. 460.

30. Direction de la musique, de la danse, du théâtre et des spectacles, ministère de la Culture – France.

31. Source : Cité de la musique : http://mediatheque.cite-musique.fr/masc/?INSTANCE=CITEMUSIQUE&URL=/mediacomposite/cim/fp_app_01_06_cham.htm, consulté le 24 janvier 2006.

32. Menger, *Le Paradoxe du musicien*, p. 65.

« sérieux de l'engagement » pour les uns; pour d'autres observateurs, le double-métier est vu comme une garantie contre la compromission par la production d'un art « commercial ».

> On voit là un des effets paradoxaux de cette définition vocationnelle de la création : un critère de sérieux professionnel qui, dans un autre univers va de soi – la consécration exclusive à une activité – devient ambivalent dans l'ordre de la création [33].

Dans les discussions et les entretiens que nous avons menés, l'importance du type d'activité exercée ressort. À la vision « puriste » de ceux qui refusent les « compromissions », les compositeurs que nous avons rencontrés opposent au contraire l'idée d'un pluralisme riche de leur activité : l'enseignement, la direction d'orchestre, l'ingénierie du son, la réalisation sonore, par exemple, et, parallèlement, la composition avec des finalités diverses et relevant de différentes esthétiques (des musiques de films et de court-métrages, des musiques de scène, des œuvres pédagogiques, d'une part, des musiques mixtes, des musiques électroacoustiques et des musiques acoustiques, ou encore des compositions rock ou de chansons, d'autre part). D'autres compositeurs quant à eux s'investissent dans la composition de musiques de spots publicitaires, de sonneries de téléphone portable, de musiques d'espace public... Pour Jean-Yves Bernhard, ses multiples activités se nourrissent les unes des autres. Sur son site, c'est l'image du cube aux multi-facettes qui le représente [34].

Le statut social et l'identité de compositeur

La réflexion touche, dès lors, aux questions liées au statut social et à l'identité de compositeur. Quel est le statut du compositeur? Comment se construit une telle identité? Repose-t-elle sur une conception esthétique commune de l'activité? Ces questions invitent à un bref retour historique afin de distinguer en quoi le statut social du compositeur est semblable ou spécifique par rapport à celui du créateur et de l'artiste. Dans *L'Élite artiste*, Heinich propose une réflexion très liée à la situation historique de la France, puisque la sociologue explique de quelle manière la figure du créateur, puis de l'artiste, s'est imposée en régime démocratique comme une nouvelle forme d'aristocratie. Le statut de l'artiste est ainsi déterminé par l'avènement et l'hégémonie progressive du « régime vocationnel », c'est-à-dire une activité caractérisée par l'appel, la vocation et le don, que l'auteure se refuse d'opposer au travail. Ce régime se distingue de celui des corporations (artisans) et du régime professionnel (académiciens). Le statut de l'artiste se caractérise également par le « régime de singularité », fondé sur l'unicité, l'originalité, la vie à la marge, contrairement au « régime de communauté » et l'inscription dans une tradition. Heinich distingue ainsi trois figures de créateur : l'artiste excentrique, l'artiste engagé et l'artiste privilégié [35]. Quant au compositeur, il est, parmi les créateurs, un peu « excentré, à la marge » à l'instar du poète. Heinich l'explique

---

33. Nathalie Heinich, *L'Élite artiste*, Paris, Gallimard, 2005, p. 300.

34. Voir http://www.jybernhard.com

35. « Artiste privilégié » que l'on peut rapprocher du « compositeur assisté » mis en lumière par Menger lorsqu'il analyse le poids de la commande publique des années 1960 jusqu'au début des années 1980.

notamment par une distinction encore peu marquée, au XIXe siècle, entre le compositeur et l'interprète, ce dernier – par le concert – fréquentant, finalement, davantage les personnalités appartenant aux sphères de pouvoir que le compositeur. Ainsi, dans les représentations analysées notamment au travers de la fiction littéraire, le compositeur apparaît rarement comme le « modèle » de l'artiste créateur. Peut-on, dès lors, repérer un capital *spécifique* lié au statut de compositeur ?

Selon Gérard Mauger, les professions artistiques se caractérisent par l'obtention de la part de leurs membres d'un tel capital qui leur donne le « droit d'entrer » dans la profession. Dans les arts du spectacle, ce « capital spécifique » repose notamment sur les caractéristiques suivantes : la valeur accordée à l'« authenticité », la force du mythe de « la vie d'artiste », l'importance du capital social – sachant que les capitaux sont sexués (il n'est pas indifférent d'être un homme ou une femme, que telle qualité apparaisse comme « masculine » ou « féminine ») – mais aussi la valorisation de l'apprentissage « sur le tas », parallèlement à un phénomène de scolarisation des arts ces dernières années, l'importance non seulement d'« être » mais aussi d'« être perçu » comme étant doté de talent[36]. L'enquête menée par Menger sur les compositeurs au début des années 1980 montre que l'origine sociale des compositeurs était élevée ; ils avaient connu une familiarisation avec la musique dès le plus jeune âge. Dépositaires dans l'ensemble d'un fort capital culturel, les compositeurs étaient aussi dotés d'une solide formation musicale, notamment d'un Prix de Conservatoire National Supérieur de Musique[37], avec une évolution contrastée depuis la progression du nombre de compositeurs de musique électroacoustique, ce dont témoignent les profils des compositeurs interviewés[38].

Si le statut social du compositeur se différencie par certains points du modèle du créateur (plutôt écrivain ou plasticien), une même inclination esthétique et/ou un partage entre compositeurs de musique « savante » et compositeurs de musique « populaire » caractériseraient-ils une/des identités de compositeur ? Nomme-t-on d'ailleurs celui-ci et celui-là de la même manière, *compositeurs* ?

Deux des compositeurs rencontrés partagent le désir de transcender les styles et les genres musicaux et s'investissent aussi bien dans la musique contemporaine, le jazz, le rock, l'écriture de chansons. Pour Jonathan Pontier, ce pluralisme esthétique dénote en même temps une volonté de toucher et de faire se rencontrer des publics qui se croisent rarement.

> Ma petite victoire, c'est de savoir que j'ai bossé autant avec des mecs qui font du slam, que je partage quelque chose avec le mec le plus orthodoxe de la musique contemporaine, qui se dit sans compromis, voire sans affinité avec le monde réel ; [j'ai bossé avec] la scène free jazz, la scène jazz qui touche au showbiz, la scène jazz qui touche pas du tout au showbiz, les auteurs-compositeurs de chansons, les théâtreux… Mon petit malheur, c'est que ce n'est pas si évident de comprendre cette démarche d'ouverture, ni pour le grand public, ni pour même une partie des gens du milieu professionnel de la

36. Gérard Mauger, « Le capital spécifique », *L'Accès à la vie d'artiste. Sélection et consécration artistiques*, Broissieux, Éditions du Croquant, 2006, p. 237-253.

37. Alors que selon Nathalie Heinich, qui renvoie aux travaux de Françoise Liot, l'activité artistique comme avenir professionnel, était « acceptée en cas d'échec scolaire des enfants » (*L'Élite artiste*, p. 318, note 1). On relève ici une possible différence entre arts plastiques et création musicale.

38. Relativement notamment à leur origine sociale, cf. *supra*, mais aussi parce que "seul" l'un des trois est diplômé d'un Prix de composition CnSm.

> musique. Ce décloisonnement n'est pas encore évident alors que je trouve pourtant ça d'une totale évidence. Je dirais que par les temps qui courent, bardés de murs et d'obstacles sociaux et culturels, c'est même un besoin impérieux.

Les frontières entre savant et populaire seraient-elles plus poreuses?[39]. De plus en plus de musiciens les franchissent, tels, de longue date et parmi les compositeurs, Frank Zappa, ou encore des artistes comme Didier Lookwood ou Michel Portal, mais aussi plus récemment le chanteur et auteur-compositeur-interprète Sting interprétant des mélodies de John Dowland ou Laurent Korcia, violoniste « classique » qui signe un disque avec des musiciens comme Michel Portal ou Jean-Louis Aubert, et dont le répertoire s'étend de Béla Bartók à Michel Legrand, en passant par des compositions de Michel Portal. Ce franchissement transgresse cependant encore un tabou, surtout lorsqu'il se fait dans le sens du savant au populaire, comme en témoigne un récent article du *New York Times* sur le percussionniste Ted Atkatz qui quitte le Chicago Symphony Orchestra pour se consacrer à son groupe de rock alternatif[40].

Si l'image du compositeur se transforme insensiblement, qu'en est-il lorsqu'on est une compositrice? Attesté depuis le début du XXe siècle, ce terme a mis du temps à entrer en usage, en France tout au moins. Lors du colloque sur « L'accès des femmes à l'expression musicale »[41] qui s'est tenu à l'Ircam en 2002, à la table-ronde réunissant sept compositrices[42], ces dernières ont témoigné qu'il s'agissait d'un métier « semé d'embûches » comme pour tout compositeur. Plusieurs ont rencontré des difficultés dans leur entourage: quand Kaija Saariaho a commencé ses études en Finlande, un compositeur de l'Académie Sibelius a refusé de lui enseigner parce qu'elle était une fille (« qu'est-ce qu'une jolie fille comme toi fait ici? »); Paola Livorsi, plus jeune, raconte s'être heurtée à des « pensées négatives » (« il n'y a jamais eu de femme compositeur... », lui expliquait le Directeur du conservatoire où elle voulait alors suivre des cours de composition). Mais ces compositrices témoignent aussi d'une envie plus forte que tout, d'un « désir fort » (Florence Baschet), d'une « nécessité intérieure » (Michèle Reverdy). Restent des remarques à l'issue des concerts du type « félicitations, on dirait vraiment une musique de mec! » (Baschet), Saariaho ponctuant « ça m'est arrivé souvent! ». Héritée du XIXe siècle[43], l'image sociale et artistique fortement masculine du compositeur et du créateur demeure[44]. Les compositrices comme les musiciennes

39. Cécile Prévost-Thomas, Hyacinthe Ravet, « Objets musicaux contemporains : des frontières poreuses entre savant et populaire », *Sociologie des arts et de la culture. Un État de la recherche*, Paris, L'Harmattan, 2006, p. 317-331.

40. Daniel J. Wakin, « From Lead Percussionist to Different Drummer », *New York Times*, February 6, 2007.

41. Anne-Marie Green, Hyacinthe Ravet (dir.), *L'Accès des femmes à l'expression musicale. Apprentissage, création, interprétation : les musiciennes dans la société contemporaine*, Paris, L'Harmattan – Ircam, 2005.

42. Table-ronde menée par Cécile Gilly avec Florence Baschet, Cécile Le Prado, Paola Livorsi, Michèle Reverdy, Kaija Saariaho, Stéphanie Schweiger, Georgia Spiropoulos.

43. Voir Françoise Escal, Jacqueline Rousseau-Dujardin, *Musique et différence des sexes*, Paris, L'Harmattan, 1999 et Florence Launay, *Les Compositrices en France au XIXe siècle*, Paris, Fayard, 2006.

44. Elles ne représentent d'ailleurs qu'environ un dixième des compositeurs de musique contemporaine recensés par le Cdmc, qui compte à son catalogue 104 compositrices (99 vivantes et 5 décédées), dont 61 compositrices de nationalité française (57 vivantes et 4 décédées). Source : service de la documentation du Cdmc, mai 2007. La proportion est corroborée pour les « auteurs de compositions musicales avec ou sans

interprètes[45] revendiquent ainsi souvent une identité de « musicien » avant tout, le neutre restant ici du côté du genre masculin. Pourtant, analysant la création musicale des femmes au Québec, Marie-Thérèse Lefebvre explique comment une génération de compositrices plus nombreuses a pu se faire entendre :

> Profitant d'un renouveau dans les programmes universitaires en composition, des remises en question de l'autoritarisme des écoles post-sérielles, et de l'écho des tendances expérimentales américaines, ces « têtes de pioches » et ces « folles alliées » du Québec[46] ont contribué au décloisonnement des genres et font désormais partie de l'histoire musicale des musiques contemporaines et actuelles[47].

Dès lors, on peut se demander si l'on n'a pas affaire à une vision culturelle de l'identité du compositeur. Jean-Yves Bernhard explique, en effet, que la vision du compositeur en France diffère de celle de la Suisse ou de l'Allemagne, où il a travaillé, ou encore de celle du Canada :

> Être compositeur, c'est aussi quelque chose de très culturel. J'ai fait une master class avec Robert-Marcel Lepage à Montréal, il se dit compositeur sans complexe. Il fait de la musique de film, c'est très expérimental, bien plus que d'autres compositeurs. Pour lui, c'est le financier qui compte et qui définit si tu es compositeur ou pas. Alors qu'en France, on a une image « noble » de l'artiste. On me dit souvent que j'ai de la chance d'être dans la musique. Ça m'énerve. En fait, il faut se construire ! Ça ne tombe pas comme ça...

Finalement, le modèle du créateur tel qu'il s'est imposé au XIXe et consolidé au XXe siècle serait-il en déclin ? Selon plusieurs sociologues des arts[48], ce modèle, qui est devenu dominant au fur et à mesure de l'autonomisation du champ artistique[49] définissant dans le même temps la figure de l'artiste[50], aujourd'hui se brouille, voire « s'effrite ». Pour Pascal Nicolas-Le Strat[51], à notre époque de « créativité diffuse », la professionnalisation des métiers du savoir et de la culture, leur relative massification, entraîne des transformations du « travail créatif-intellectuel », de la définition de l'activité et du statut des artistes. L'évolution du marché du travail dans le monde du spectacle,

---

paroles » affiliés à l'Agessa en 2005 parmi lesquels sont présentes 9% de femmes. Source : « Écrivains, photographes, compositeurs... les artistes auteurs affiliés à l'Agessa en 2005 », *Culture Chiffres*, p. 3.

45. Ravet, « Féminin et masculin en musique. Dynamiques identitaires et rapports de pouvoir », *L'Accès des femmes à l'expression musicale*, p. 225-246.

46. « Têtes de pioches », titre d'une revue québécoise publiée de 1976 à 1981 ; « Folles alliées », expression inspirée du volume de Lucie Godbout, *Les Dessous des folles alliées, un livre affriolant*, Montréal, Éditions du remue-ménage, 1993. (Note de Marie-Thérèse Lefebvre).

47. Marie-Thérèse Lefebvre, « La contribution des femmes à l'histoire musicale et les compositrices d'aujourd'hui au Québec », *L'Accès des femmes à l'expression musicale*, p. 65. Voir également du même auteur, *La Création musicale des femmes au Québec*, Montréal, Éditions du remue-ménage, 1991.

48. Menger s'interrogeait en 1983 sur les « débouchés industriels et commerciaux propres » de l'exploitation des recherches musicales telles que développées par l'Ircam notamment et entrevoyait comme scénario d'avenir possible une activité fondée sur les nouvelles technologies distincte du « régime des œuvres traditionnel », Menger, *Le paradoxe du musicien*, p. 130.

49. Pierre Bourdieu, *Les Règles de l'art*, Paris, Seuil, 1992.

50. Figure de l'artiste qui s'est distinguée de celle de l'artisan ou du professionnel/académicien. Voir Moulin, *L'Artiste, l'institution et le marché*, et Heinich, *L'Élite artiste*.

51. Pascal Nicolas-Le-Strat, *Une sociologie du travail artistique. Artistes et créativité diffuse*, Paris, L'Harmattan, 1998.

notamment, porte cette analyse. Sophie Le Cocq explique que de « nouveaux modes d'organisation du travail artistique »[52] ont vu le jour, marqués par un « investissement des espaces urbains en déshérence », une « urgence de faire » plus que la nécessité a-historique de « faire œuvre », qui engage une nouvelle relation aux publics. La « valorisation des processus artistiques de la part des représentants de la créativité diffuse » – et, parallèlement, une « forte propension à la technique » et un recours aux « emprunts » dans la pratique – invite ainsi à la « participation des publics »[53]. Cette évolution contribue à redéfinir « la place des artistes dans la Cité », davantage du côté du local et dans la recherche d'une proximité porteuse de lien social. En témoigne, avec ses propres termes, Jonathan Pontier :

> Que ce soit en tant que prof de MAO au conservatoire où j'enseigne, ou compositeur en résidence, je ne cherche pas tout de suite, en premier lieu, à créer des grands évènements écrits, un opéra, un requiem… vraiment, je n'en ai strictement rien à fiche de ça. Ce qui m'intéresse, c'est d'avoir d'abord un travail de proximité. Les chefs d'œuvre viennent ensuite…

Conclusion

« Les nouvelles frontières du métier de compositeur », ce titre – interrogeant l'existence de *nouvelles* frontières – souligne les enjeux de définition : qui est/se dit/est reconnu comme compositeur ? Quel est le statut de ce dernier ? Quelle place pour les compositeurs dans la société occidentale aujourd'hui ? L'expression signale aussi une évolution, du XIXe au XXIe siècle, depuis la relative séparation entre interprète et compositeur, parallèlement à l'évolution du statut de l'artiste et du créateur, mais aussi un renversement par rapport à la situation de création de l'après seconde guerre mondiale. Les frontières entre savant et populaire, entre types d'activité, seraient-elles plus ouvertes ? Des années 1930 aux années 1980, Menger constatait la dissociation des carrières et des esthétiques, entre monde de la « musique sérieuse » et monde des « musiques fonctionnelles ». Des années 1980 au début du XXIe siècle, il semble, au contraire, que surgissent ou resurgissent des esthétiques mêlées et des carrières plurielles. Ici, activité économique et sociale, appartenances esthétiques, conception du rôle de l'artiste et de sa place dans la Cité sont indissociablement mêlées. Assiste-t-on à l'émergence d'une nouvelle identité de compositeur-créateur ? À toutes ces questions ouvertes et ces pistes de réflexion, il faudrait répondre dans les années à venir par des recherches et des enquêtes approfondies sur les compositeurs, comparant leur situation socio-musicale dans plusieurs pays, quelles que soient leurs activités et leurs esthétiques…

---

52. Sophie Le Cocq, « Le travail artistique : effritement du modèle de l'artiste créateur ? », *Sociologie de l'art*, OPuS 5, 2004, p. 122.

53. *Ibid.*, p. 125-126. L'auteure renvoie à la réflexion de Nicolas Bourriaud qui montre que l'on est passé de « la situation sociale à la relation sociale », phénomène qui n'est pas nouveau mais se développe. Elle prend notamment pour exemple les musiques électroniques, où le spectacle est dans la salle et non sur la scène (*ibid.*, p. 127-128).

QUELLE PLACE POUR LES FEMMES DANS LA CRÉATION MUSICALE AU XXIe SIÈCLE ?

Sophie STÉVANCE

Les femmes accèdent avec plus de difficultés que les hommes aux plus hautes fonctions de la hiérarchie intellectuelle et culturelle : le démontrent des ouvrages traitant de la problématique du rapport entre les femmes et l'univers actuel de la musique relatif à la composition, l'enseignement musical ou à la pratique professionnelle, de même les témoignages de compositrices [1] contemporaines ou l'absence des pionnières des programmes de concerts des orchestres internationaux. Ce phénomène n'est pas circonscrit au champ musical : on le retrouve, par exemple, dans les Beaux-Arts et réparti de manière uniforme sur l'ensemble de la culture [2]. Si la création féminine a longtemps été étouffée pour laisser toute latitude à l'expression et à la diffusion de la pensée conditionnée par les hommes, on observe aujourd'hui une importante évolution qui fait succéder à des siècles de « domination masculine » [3] une époque où, dans les conservatoires, les facultés de musique (professeures et étudiantes) ou à la tête des orchestres, la proportion des musiciennes est plus importante que jamais. Historiquement, l'interdiction faite aux femmes de composer, appuyée par plus de deux millénaires de tradition pour une bonne part religieuse, a fait place à l'existence de compositrices depuis les années 1970 grâce aux différents mouvements féministes et les études sur le genre qu'ils ont déclenché. Néanmoins, même si les créatrices accèdent à présent à une pleine formation musicale et bénéficient – apparemment – des mêmes chances de réussite que leurs homologues, de nombreux éléments permettent d'observer une nette résistance du pouvoir masculin.

Il est possible de s'attacher à ce qui semble encore ralentir l'intégration des musiciennes dans l'histoire, du moins leur visibilité au sein de la discipline. Les données sur lesquelles s'appuie cette étude proviennent du savoir d'enquête à partir de la gestion du monde musical actuel (programmes des saisons musicales, présence des musiciennes dans les orchestres, méthodes de recrutement), des recherches sociologiques et celles sur le genre, des témoignages de compositrices et des réflexions musicologiques effectuées

---

1. Le terme « compositrice » existe depuis le XIXe siècle (La Fage, 1847) et a été officialisé en 1904 par l'Académie Française.

2. Marilyn French, *The War Against Women*, New York, Ballantine Books, 1993.

3. Pierre Bourdieu, *La Domination masculine*, Paris, Seuil, 1998.

depuis le début des années 2000. Le constat des indices qu'elles dévoilent révèle un rapport de forces. Il s'applique aux institutions musicales officielles qui hésitent encore à reconnaître pleinement la place des musiciennes, bien qu'elles soient résolues à affirmer leur existence et leurs droits. La méthode ici adoptée est le résultat d'un balancement entre construction théorique et validation empirique. Elle tient compte de ce rapport de forces qu'elle met en exergue et de ses conséquences qui s'effectuent dans le processus de démocratisation de la création.

Sur la base de la connaissance empirique, il s'agit de faire apparaître la permanence d'un principe structural de pouvoir masculin par lequel perdure la relative absence des femmes dans la création musicale, en accord avec la division sociale des rôles sexuels. Si la sociologie critique de Bourdieu permet de poser le problème en termes d'habitus et de violence symbolique, la sociologie compréhensive de Weber encourage, avant tout, à « comprendre par interprétation les actions orientées significativement »[4]. La présente analyse est donc conduite selon le principe weberien de *rapport aux valeurs* qui fait des valeurs d'une culture des faits à analyser sans émettre de jugement sur celles-ci, et sans les utiliser pour moraliser les actions des protagonistes mis en jeu. La méthode analytico-descriptive inspirée de Weber permet ainsi d'observer deux moments dans la description du rapport de forces précédemment énoncé : tout d'abord, une fausse conscience qui fait que les progrès quotidiens côtoient les structures et les mentalités conservatrices d'individus, hommes et femmes, dont la vision de la réalité est déformée, souvent inconsciemment; ensuite, l'inertie des rôles traditionnels qui s'opposent au changement de la place des femmes dans le domaine de la création musicale. La fausse conscience empêche de voir le rapport de forces qui s'opère entre les institutions, à forte dominance masculine, et les femmes : elle donne l'impression que les musiciennes sont parvenues à une pleine reconnaissance alors qu'il y a, en réalité, stagnation[5].

L'objectif de cette étude est donc de comprendre les comportements des acteurs, hommes et femmes, au sein des institutions musicales officielles. Ces conduites sont structurées par des valeurs ici prises comme objet afin d'en expliquer le déroulement et les effets. De là, il s'agit de mener une analyse causale qui consiste à identifier les principes et l'origine de chacun des problèmes sans faire fi des idéologies relevées et analysées par Bourdieu[6] : les femmes, par nature procréatrices, ne seraient pas disposées à la création, contrairement aux hommes qui eux possèderaient le seul génie créateur. Or l'absence des œuvres des femmes des calendriers actuels officiels pourrait-elle avoir une autre origine ? Nonobstant les changements majeurs réalisés ces dernières décennies, le poids de la famille, l'éducation scolaire ou encore les traditions socio-culturelles semblent poursuivre ce frein, quels en sont alors les enjeux ? L'effacement habituel des femmes ne relève-t-il pas d'une sélection rigoureuse de l'histoire, elle-même découlant de mécanismes collectifs presque inconscients ? Mais dans ce qui semble encore insurmontable, on observe toutefois une autre forme de *résistance* opérée par certaines musiciennes pour pallier leur manque de reconnaissance. Quels sont les outils et les moyens mis en œuvre pour transformer leur condition et ainsi créer leur propre espace de

---

4. Max Weber, *Économie et société. Les Catégories de la sociologie [1922]*, Paris, Plon, 1995, p. 33.

5. Christine Delphy, *L'Ennemi principal*, tome 1 : *L'Économie politique du patriarcat*, Paris, Syllepse, 1997. Voir également, de la même auteure, *L'Ennemi principal*, tome 2 : *Penser le genre*, Paris, Syllepse, 2007.

6. Bourdieu, *La Domination masculine*.

liberté? Il s'agira ainsi d'examiner, en fin de parcours, les perspectives possibles de changement à travers la coopération des musiciennes entre elles.

CONSTAT

Tout en indiquant le dépassement de mécanismes puissants d'intégration des normes associées à chaque sexe, les recherches sociologiques les plus récentes révèlent que la présence des musiciennes dans les institutions reste largement minoritaire par rapport à celle des hommes[7]. Si l'on s'attarde ici sur la répartition des instrumentistes dans les orchestres internationaux réputés, on observe que la présence des hommes est supérieure à celle des femmes. Examinons la représentation des musiciennes, puis celle des compositrices et de leurs œuvres, dans les institutions publiques pour la saison musicale 2006-2007. L'enquête statistique montre :

Orchestres	Effectif total d'instrumentistes	Effectif hommes	Effectif femmes	% hommes	% femmes
Wiener Philharmoniker	137	136	1	99,17	0,83
Orchester der Deutschen Oper Berlin	124	99	25	79,84	20,16
Berliner Philharmoniker	125	108	17	86,40	13,60
Orchestra of the Vienna State Opera	140	131	9	93,57	6,43
New York Philharmonic	101	60	41	59,41	40,59
London Symphony Orchestra	97	71	26	73,20	26,80
Mozarteum Orchester Salzburg	74	56	18	75,68	24,32
Orchestre National d'Île de France	91	52	39	57,14	42,86
Orchestre Symphonique de Montréal	91	53	38	58,15	41,85
Vancouver Symphony Orchestra	77	39	38	50,76	49,24
Orchestre Symphonique de Québec	66	30	36	45,45	54,55

Des dissymétries sont flagrantes dans certains orchestres européens, alors qu'au Canada, on tend vers l'égalité ou on l'atteint. La représentation des musiciennes varie donc selon les pays (et les continents) et résulte de circonstances socioculturelles et données musico-historiques spécifiques. Si l'on s'attarde à présent sur les œuvres figurant aux calendriers de ces mêmes orchestres, on constate que celles des hommes dominent incontestablement, malgré la commande par l'OSM d'une œuvre à Ana Sokolovic (également interprétée à Québec) puis d'une œuvre à Caroline Lizotte, ou

7. Green, Ravet (dir.), *L'Accès des femmes à l'expression musicale*.

encore l'exécution par le New York Philharmonic d'œuvres de Kaija Saariaho et de Melinda Wagner, et d'œuvres de Sofia Gubaidulina par le London Symphony Orchestra :

Orchestres	Œuvres jouées (dont les commandes)	Œuvres des hommes	Œuvres des femmes	% Hommes	% Femmes
Wiener Philharmoniker	174	174	0	100	0
Orchester der Deutschen Oper Berlin	152	152	0	100	0
Berliner Philharmoniker	167	167	0	100	0
Orchestra of the Vienna State Opera	148	148	0	100	0
New York Philharmonic	171	169	2	98,83	1,16
London Symphony Orchestra	93	90	3	96,77	3,22
Mozarteum Orchester Salzburg	45	45	0	100	0
Orchestre National d'Île de France	97	95	2	97,93	2,06

Il faut cependant rappeler que les compositrices sont moins nombreuses que les compositeurs. En effet, en ce qui concerne le Canada, le Centre de Musique Canadienne recensait, pour 2007, tous styles musicaux confondus, 158 compositeurs canadiens (ou résidant au Canada) et 35 compositrices canadiennes (ou résidant au Canada). Qu'en est-il alors des festivals internationaux qui se déroulent sur notre territoire ? Ces festivals seraient l'occasion de programmer les œuvres des musiciennes, du Canada et d'ailleurs, or celles-ci demeurent largement minoritaires. Témoin l'édition 2007 de *Montréal Nouvelles Musiques* qui fait état, sur un total de 515 musiciens, de 468 compositeurs pour 47 compositrices (90,87% / 9,12%), ou encore, sur un total de 44 chefs d'orchestre, l'invitation de 3 femmes (Odaline de la Martinez, Lorraine Vaillancourt et Véronique Lacroix) et de 41 hommes (6,81% / 93,18%). On peut faire parler de nouveaux chiffres, toujours en rapport avec la vie musicale *savante* au Canada : par exemple, l'organisme Réseaux des arts médiatiques, dont le siège est situé à Montréal, a programmé, depuis sa création en 1991 jusqu'en 2007, 43 œuvres de femmes (canadiennes et étrangères) et 248 œuvres d'hommes (14,77% / 85,22%). Dans le cadre de ses concerts, Réseaux a également créé 55 œuvres de compositeurs et 8 œuvres de compositrices (87,30% / 12,69%). Une fois de plus, la représentation des femmes reste infime comparée à celle des hommes. Sur la base de cette enquête mesurée, on peut donc constater que les institutions et sociétés musicales canadiennes ne programment pas plus d'œuvres de compositrices que leurs consœurs internationales.

Analyse

L'absence des œuvres des compositrices par rapport à la présence, même relative dans certains orchestres, des musiciennes s'explique par le fait que les femmes ont pu, notamment dans les familles bourgeoises dès le XIXe siècle, accéder à la musique par la pratique d'un instrument (souvent stéréotypé, comme les instruments de salons tels le violon, le piano ou la harpe), mais les portes leur restaient souvent fermées lorsqu'elles outrepassaient les limites de l'interprétation pour se diriger vers la création. Même Clara Schumann, pourtant éduquée par un père qui l'encourageait sans cesse à composer, se dépréciait en tant que créatrice. Dans une lettre adressée à Robert Schumann et datée du 26 novembre 1839, la compositrice explique qu'« il fut un temps où je croyais posséder un talent créateur, mais je suis revenue de cette idée; une femme ne dot pas prétendre composer – aucune n'a encore été capable de le faire, et pourquoi serais-je une exception? Il serait arrogant de croire cela, c'est une impression que m'a autrefois donnée mon père »[8]. La société ayant considérablement évolué, pourquoi les œuvres des compositrices pionnières sont-elles encore absentes de la programmation institutionnelle ? S'il y a fort à douter des raisons quantitatives qui ont justifié la mise à l'écart de ces nombreuses œuvres (le *Grove* a d'ailleurs recensé plus de trois mille compositrices dans une édition spéciale en 1994) ou même de causes biologiques tout aussi suspectes prétendant que les femmes ne seraient pas génétiquement disposées à créer, on pourra moins douter de celle de la sélection par le récit historique, engageant des conséquences graves pour la reconnaissance actuelle des compositrices, et la confiance des plus jeunes en leurs propres capacités.

L'origine de l'absence relative des compositrices des programmations musicales officielles peut notamment s'expliquer par les mécanismes de construction historique et de reproduction sociale des discriminations par les acteurs. Elle tient aux valeurs transmises par l'environnement familial et au système pédagogique inculqué dès la petite enfance. Les compositrices pionnières étant absentes des manuels officiels, comment alors transmettre ce savoir que même famille et enseignants, tous scolarisés par la société, semblent ignorer? L'existence de la création musicale au féminin aurait presque pu passer inaperçue tant l'inconscient collectif a été mis en condition, à tel point que l'agent socialisé admet des énoncés invisibles de ce qu'il croit relever de sa propre expérience. La société longtemps masculine a fait de la culture un véhicule des inégalités entre hommes et femmes, de sorte qu'il semble aujourd'hui difficile de dépasser ces constructions tant le système est profond et s'étend à des réalités économiques extrêmement complexes. La réflexion sur l'absence des œuvres des musiciennes aux calendriers des saisons musicales actuelles s'étend ainsi à une analyse sociale.

LES FILTRES DE L'ÉDUCATION

L'analyse structurale de Bourdieu permet de poser le problème de l'absence des compositrices pionnières de la programmation officielle en termes d'incorporation d'habitus : dès l'enfance, l'individu acquiert des valeurs qui lui sont inculquées par la famille (construction de normes et de croyances sexuées, de relations domestiques qui restent inégalitaires) puis affermis par l'école (la scolarité confortant dans les faits une socialisation différentielle des filles et des garçons). Alors imprégné de ces mécanismes,

8. Dans Brigitte François-Sappey, *Clara Schumann ou l'œuvre et l'amour d'une femme*, Genève, Papillon, 2002, p. 45.

l'agent socialisé peut difficilement développer une aptitude propre à intégrer dans son horizon d'attente ce à quoi il n'a pas, ou peu, été confronté, comme la création musicale des femmes, et donc les reconnaître à l'âge adulte. Le sujet est donc disposé : la société lui a administré des habitudes qu'il a incorporées et assimilées au fil du temps, voire des réflexes inconscients de comportement, de langage, d'appréciation, de perception et de relation au monde qui masquent à ses propres yeux les fonctionnements sociaux de fabrication de ses comportements, actions et jugements. Jung décrivait dès la *Dialectique du Moi et de l'inconscient*[9] le processus de l'influence morale de la collectivité qui s'exerce sur les conduites internes, la psyché individuelle, pour comprendre les *techniques de différenciation* entre hommes et femmes en question au sein de la société. L'individu se croit libre, mais ce n'est que le masque de la *persona*, une illusion de l'individualité. Selon Jung, l'idéal rationnel de la société s'est fondé à partir du refoulement inconscient chez l'homme de sa part féminine (*Anima*) et chez la femme de sa part masculine (*Animus*) ; or si ces caractères n'étaient pas à ce point inhibés de part et d'autre, cela aurait sans doute pour conséquence de compromettre l'adaptation de ces individus à la structure sociale.

> L'animus est quelque chose comme une assemblée de pères ou d'autres porteurs de l'autorité, qui tiennent des conciliabules et qui émettent ex cathedra des jugements « raisonnables » inattaquables [...] ces jugements prétentieux sont pour l'essentiel un amoncellement de mots et d'opinions qui se sont accumulés dans l'esprit de la petite fille, puis de l'adolescente depuis l'enfance, et qui, recueillis, choisis et collectionnés peut-être inconsciemment, finissent par former un canon, une espèce de code de vérités banales, de raisons et de choses « comme il faut ». [...] la femme dira par exemple : « C'est ainsi que cela s'est fait depuis toujours », ou encore : « Mais tout le monde dit que... »[10].

Ainsi, selon Jung, l'individu ne vient pas au monde « tabula rasa mais simplement inconscient »[11] : il hérite de certains principes satisfaisant aux situations humaines qui priment depuis les temps les plus reculés. La théorie de Jung tend alors ici à montrer que les créatrices, comme par exemple Clara Schumann dont l'expérience a été précédemment évoquée, ont intégré ces comportements jusqu'à être dans l'incapacité de douter de leur bien-fondé.

Toutefois, même si le comportement et le rapport à l'institution scolaire divergent selon l'origine sociale de l'enfant, cela ne remet pas en cause l'unilatéralité de l'enseignement musical qui, au même titre que le système général, joue son rôle pédagogique et n'est pas sans conséquences si son contenu didactique est strictement orienté. À plus forte raison dans les écoles de musique, alors au cœur de ce dispositif de reproduction de la *domination masculine*, puisque cet enseignement spécifique, souvent autonome, forme peut-être de futurs musiciens qui auront été éduqués au savoir des hommes ; ils le transmettront à leur tour, ignorants du savoir de l'autre moitié. On comprend alors que l'absence des créatrices perdure du seul fait que leur existence n'est pas évoquée auprès de ces jeunes esprits curieux.

---

9. Carl Jung, *Dialectique du moi et de l'inconscient*, Paris, Gallimard, 1973 (1re éd., 1933).
10. *Ibid.*, p. 182-183.
11. Carl Jung, *Psychologie et éducation*, Paris, Buchet-Chastel, 1963, p. 230.

Quant aux enseignants, hommes et femmes, ne se rendent-ils pas complices de ce système? Les professeur-es d'histoire, qui se heurtent au projet pédagogique des ministères, ne sauraient aborder la question en profondeur compte tenu du fait que l'œuvre des femmes et l'histoire qui les accompagnent ne figurent pas au programme imposé. Le même blocage s'exerce au sein des facultés de musique où les professeur-es d'histoire de la musique ou de composition enseignent, la plupart du temps, les techniques à travers les œuvres des grands compositeurs du passé – pourrait-il en être autrement puisque ce sont celles qui ont été apprises, acquises et qui doivent être léguées? Rien n'empêche ces professeur-es de porter le savoir à travers les œuvres des femmes, mais celles des hommes restent de mise. C'est donc l'ensemble du réseau éducatif qui produit de la *violence symbolique* en répercutant continuellement le même phénomène d'occultation. Et si la culture universitaire est plus libre dans son enseignement, elle ne peut, au mieux, que sensibiliser à l'existence des œuvres des femmes, mais sans autre possibilité que de propager encore et toujours la domination en raison de la complexité, de la force et de l'ampleur du système, en marche depuis les plus jeunes années d'études de l'élève.

Les écoles de musique sont instrumentalisées au service des stratégies de reproduction des dominants qui font perdurer la relative absence des femmes des livres officiels – ces supposés panthéons universels qui ne reflètent, finalement, qu'une vision partiale et partielle de l'histoire. Des efforts localisés sont toutefois à relever : au Canada, la faculté de musique de l'Université de Montréal a su accueillir, très tôt et plusieurs fois sur ce grand territoire, des compositrices au rang de professeures de composition (Marcelle Deschênes, 1984; Isabelle Panneton, 1995), et le Ministère de l'Éducation de la Saskatchewan, peut-être sous l'impulsion extraordinaire de l'étude publiée en 1953 par Hilda Neathy critiquant le système d'éducation canadien, a mis en place, pour le programme de huitième année, une étude assez exemplaire pour être ici reproduite : « Ma musique, mon patrimoine: Examiner des œuvres de divers musiciens, musiciennes, compositrices et compositeurs en considérant le contexte dans lequel elles ont été créées; Comparer les œuvres de divers musiciens, musiciennes, compositrices et compositeurs francophones et en discuter » (source Internet). On note encore les études de l'Institut de recherches et d'études féministes (IREF) concernant l'enseignement et les recherches sur les femmes à l'Université du Québec À Montréal (UQAM) sous l'égide de Nicole Carignan, qui s'attache aux cas des créatrices en musique, leurs représentations et leur rapport au social, ou encore Marie-Thérèse Lefebvre à l'Université de Montréal[12]. Si l'on procède à une ouverture comparatiste avec la France, par exemple, on remarque que la Ministre déléguée chargée de l'enseignement scolaire en France entre 1997 et 2000, Ségolène Royal, avait encouragé un groupe mixte de chercheurs et enseignants à reconsidérer la place – et l'image – attribuée aux femmes dans les manuels d'histoire et dans les cours de sciences et littérature. Elle souhaitait que cette action permette « de rendre aux femmes leur place légitime, correspondant au rôle qu'elles ont joué dans la littérature, l'histoire, les sciences ou les arts », en se remémorant ses années d'école : « Quand j'étais lycéenne, j'étais déjà choquée par la marginalisation des femmes dans les

12. Marie-Thérèse Lefebvre, *La Création musicale des femmes au Québec*, Montréal, Éditions du remue-ménage, 1991 ; « Micheline Coulombe Saint-Marcoux et Marcelle Deschênes : pionnières dans le sentier de la création électroacoustique », *Circuit, musiques contemporaines*, Vol. 19, n° 1, 2000, p. 23-41.

cours de littérature ou d'histoire. Elles n'apparaissaient trop souvent que comme des courtisanes ou des intrigantes. Les choses n'ont guère évolué… »[13].

Face à une telle domination du masculin, comment les femmes pourraient-elles écrire leur histoire ? Le récit historique a mis le voile et l'opprobre sur la création musicale féminine, à un point tel que les enseignants sont aujourd'hui, soit aveuglés, soit désarmés pour enrayer cette réduction idéologique au silence faite aux compositrices. En France comme ailleurs, l'invisibilité de leurs œuvres est flagrante : le Bulletin officiel n°37 du Ministère en date du 9 octobre 2003, relatif au programme d'enseignement préparant au diplôme du Baccalauréat technologique[14] division « techniques de la musique et de la danse », mentionnait que l'épreuve d'histoire de la musique « comportera trois sujets entre lesquels le candidat effectuera son choix. Elle consistera en une série de questions portant : – soit sur l'œuvre d'un compositeur important (ou groupe de compositeurs) du XVIIIe siècle à nos jours. Ce sujet s'appuie sur une partition (ou un extrait de celle-ci) de référence et les questions posées portent sur les caractéristiques propres au compositeur considéré et à son époque ; – soit sur l'un des genres musicaux en usage dans la même période » (source Internet). On aurait pu supposer que le masculin neutre était ici utilisé, or quelques lignes plus haut, le féminin apparaît : « Article 4 – Le directeur de l'enseignement scolaire du ministère de la jeunesse, de l'éducation nationale et de la recherche et la *directrice* (souligné par l'auteur) de la musique, de la danse, du théâtre et des spectacles du ministère de la culture et de la communication sont chargés, chacun en ce qui le concerne, de l'exécution du présent arrêté, qui sera publié au Journal officiel de la République française ».

Ce constat est important car en France, l'utilisation du féminin pour les professions reste, sauf exception, celle du masculin neutre. Manifestement, le genre masculin ici adopté n'a pas simplement l'ambition de faciliter la lecture et n'est pas sans intention discriminatoire. Mais depuis, on note quelques réformes. En effet, le Bulletin officiel n°19 du 8 mai 2008 consacre avant tout son texte « aux rectrices et recteurs d'académie ; au directeur du service interacadémique des examens et concours d'Île-de-France ; aux inspectrices et inspecteurs d'académie, inspectrices et inspecteurs pédagogiques régionaux ; aux chefs d'établissement ; aux professeures et professeurs »[15]. Et les œuvres de Betsy Jolas, Graziane Finzi, Édith Lejet ou d'Odette Gartenlaub figurent au programme. Certes, comparé aux autres morceaux imposés, les œuvres des compositrices demeurent minoritaires par rapport à celles des hommes, mais il faut noter l'effort fait depuis 2003. Toutefois, ces changements en faveur de l'intégration des œuvres des compositrices au sein de l'enseignement ne sont pas suffisants pour pallier le manque de visibilité des musiciennes, notamment à cause de la réalité économique du marché de la musique auquel les attentes culturelles du sujet sont enchaînées.

---

13. Citée par Caroline Laurent, « Ségolène Royal et la « parité intellectuelle », *ELLE*, Paris, octobre 1999.

14. Ce diplôme de Baccalauréat français est l'équivalent du DEC (diplôme d'études collégiales) au Canada permettant d'accéder au premier cycle d'études universitaires. Alors que le Baccalauréat général canadien (Bachelor) correspond à la Licence française.

15. Source : http : //www.education.gouv.fr/bo/2008/19/MENE0800377N.htm, consulté le 25 février 2007

L'ARBRE ET LA FORÊT

Les gestionnaires des institutions musicales, hommes et femmes, lucides sur la dépendance qui lie l'activité commerciale de la création au goût du public, ont tendance à évaluer les productions en fonction de leur attraction marchande potentielle. Selon cette logique mercantile, les organismes réfléchissent à des programmations susceptibles de faire déplacer l'auditeur jusqu'à la salle de concert : en cela, les œuvres des grands compositeurs du passé ont fait leurs preuves, sans laisser la chance à celles des *Bâtisseuses de la Cité*[16] sous prétexte qu'elles n'appartiennent pas aux références normatives du mélomane, alors éduqué au livre officiel. Ce mécanisme différenciant se réfléchit et se renforce sur le marché professionnel de la musique. L'équation est donc très simple.

Les musiciennes contemporaines se trouvent dans une situation ambivalente générée par les organismes musicaux (où les hommes font toujours autorité en matière de création) qui les acceptent sans les accepter. Certaines parviennent pourtant à se hisser au plus haut niveau de la pyramide institutionnelle de la musique. C'est le cas des Françaises Claire Gibault, première musicienne invitée à la tête des prestigieux orchestres de la Scala de Milan (1995) et de Berlin (1997), celui d'Édith Canat de Chizy, première compositrice élue à l'Académie des Beaux-Arts en 2005[17], et, plus haut mentionné, celui de la compositrice Isabelle Panneton, l'une des premières a être nommée au rang de professeure de composition dans une université canadienne d'envergure internationale (1995), sans oublier les Michèle Reverdy (et avant elle Nadia Boulanger ou Édith Lejet), professeure d'analyse musicale et d'orchestration au Conservatoire National Supérieur de Musique et de Danse de Paris, comme avant elle Betsy Jolas, remplaçant Olivier Messiaen en 1971 à sa classe du Cnsmdp, où elle a ensuite été nommée professeur d'analyse (en 1975) et de composition (en 1978) ; Jolas est également la première – et rare – femme a avoir pu participer aux activités du Domaine musical.

Ces cas sont exemplaires. Faut-il pour autant s'en réjouir ?

La réponse sera tout d'abord positive, étant donné l'évolution de la condition de la musicienne depuis les années 1970, avec l'ardeur, notamment, du mouvement féministe de la première heure et des *Gender Studies* aux États-Unis : en montrant que la différence entre les sexes n'est rien d'autre qu'un arrangement social et culturel, ils présentaient une nouvelle lecture de la société et de son histoire par l'intégration de la pensée féminine.

La réponse sera ensuite plus modérée, puisque le fait de mettre en avant cette poignée de musiciennes admises dans les institutions publiques tend malheureusement à dissimuler ce qui se joue véritablement sous leur présentation : l'absence des compositrices des livres d'histoire et des programmes de concert nie la participation et l'apport des femmes à la grande tradition de la musique occidentale, et la présence de cette cellule de musiciennes mises à l'avant-scène suffit à donner bonne conscience quant à la présumée égalité. Autrement dit, c'est l'arbre qui tend à cacher la forêt.

---

16. Isabelle Panneton, « Y a-t-il une musique virile ? », *Les Bâtisseuses de la cité*. Congrès de l'ACFAS, Bibliothèque nationale du Québec, Montréal, Canada, *Les Cahiers Scientifiques*, n° 79, printemps 1993, p. 241-243.

17. Sophie Stévance, « Édith Canat de Chizy : *Vivere* ou le souffle d'une passion, à corps et à cordes », *Dissonance/Dissonanz*, n° 91, Nyon (Suisse), sept. 2005, p. 21-27.

Si aujourd'hui les portes des organismes musicaux sont ouvertes aux musiciennes, il n'en est pas de même pour les œuvres des compositrices d'hier – ni réellement pour les plus contemporaines, d'après les statistiques. Les analyses de Bourdieu permettent d'observer qu'une spirale gisant au cœur des établissements officiels forge cet état bancal et encourage à éterniser les schémas justifiant l'exclusion des créatrices.

> Il nous est impossible de savoir combien de Judith Shakespeare de la composition nous avons perdu – ces femmes qui voulaient écrire de la musique, mais qui ont été découragées, à qui ont le leur a défendu, ou qui ont été subtilement dirigées vers des chemins de vie plus « féminins ». Nous ignorons également combien d'autres ont été détournées de cette activité avant même de savoir qu'elles voulaient composer [18].

La société occidentale semble parfaitement adaptée à l'illusion d'une prétendue symétrie tant le mode opératoire de ce système inégalitaire est sournois, presque inconscient. Le constat d'une fausse conscience n'engage pas à nier l'autonomie de l'acteur dans la société en lui retirant toute liberté de penser et d'agir, mais on ne saurait pas non plus nier les forces inconscientes qui le poussent à adopter tel comportement plutôt qu'un autre : ces forces qui tendent à la méconnaissance de l'arbitraire de ces productions symboliques se font reconnaître comme légitimes, plus gravement comme naturelles. Il y a la réalité sinon d'une emprise, du moins d'une influence à l'intérieur desquelles les lois sont intégrées par l'agent socialisé comme faisant partie de lui. Et il n'en a pas conscience – ou il n'en a conscience que partiellement.

À travers les conversations courantes, le vécu quotidien, les chiffres qui retracent la représentation des musiciennes dans les orchestres internationaux ou à l'affiche des programmes de concert, les préjugés persistants ou les témoignages des compositrices elles-mêmes recueillis au fil de lectures et de rencontres, il va de soi l'évidence du pouvoir répressif et la nécessité d'objectiver les faits. Les compositrices qui tentent de représenter leurs œuvres au sein de la sociodicée masculine et tentent aussi d'y faire reconnaître leur histoire se heurtent continûment à des résistances. Ce refus toujours aussi frappant aujourd'hui est aussi celui de ceux-là qui cherchent à préserver coûte que coûte leurs privilèges. Il n'est donc pas inutile d'observer la place des compositrices dans la création musicale à partir d'une analyse des critères qui semblent la ralentir, et d'en observer les enjeux.

INDICES INERTIELS

L'analyse montre l'état d'inertie des rôles traditionnels qui contribue à retarder ce qui n'est encore qu'en devenir dans les relations hommes-femmes et leur représentation égalitaire au sein des sociétés musicales. Cette inertie perpétue des structures invisibles qui encouragent la division symbolique entre les sexes. Délibérément responsables ou non, les hommes *et* les femmes, dans leurs rôles, portent le poids de superstructures

---

18. « It is impossible for us to know how many Judith Shakespeare of composition we have lost – women who wanted to write music, but were discouraged, forbidden, or subtly channelled into other, more « womanly » paths of life. We shall also never know how many others were detoured before they arrived at the point of knowing that they wanted to compose », Marcia Citron, *Gender and the Musical Canon*, Cambridge, Cambridge University Press, 1993, p. 44. (Traduction de l'auteur)

mentales transmises de génération en génération. Ce principe structural non égalitaire est double. Avant tout parce qu'il freine l'évolution des femmes : avec comme références uniques les œuvres des *grands maîtres*, les musiciennes ne peuvent profiter ni de l'expérience identificatoire positive à l'expression des créatrices reconnues par le discours commun, ni de l'émulation qui pourra naturellement en découler. Ensuite, parce que ces comportements conservateurs sont inscrits dans l'inconscient collectif, ils contribuent à freiner la pleine conscience de la création féminine chez les hommes. L'absence du contact avec l'imaginaire créatif féminin conduit alors à des aliénations et des acculturations de part et d'autre. Cependant, les décideurs ne peuvent assimiler que lentement et progressivement les transformations rapides et radicales avec lesquelles les compositrices ont acquis leur place (balbutiante) dans la création et la redéfinition de leurs statuts depuis les trente dernières années. Et cette redéfinition des rôles sexuels au sein des institutions ne peut se faire sans crise ni objection. De ce qui perdure des sociétés patriarcales, les hommes ont assimilé un ensemble de valeurs leur attribuant statuts et privilèges qu'ils ne sont pas prêts à abandonner. Parce que les études sociologiques montrent que les femmes sont résolues à se redéfinir elles-mêmes, elles encouragent également à aider – sinon contraindre – les hommes (et même des femmes) à en faire autant; il ne saurait logiquement y avoir de changement de la situation des unes sans envisager de modifier celle de tous les autres.

De nombreux facteurs ont entravé la capacité des femmes à créer. L'argument le plus efficace est l'idéologie selon laquelle le génie est exclusivement masculin, accompagné par les différences de place et d'évolution sociale, d'une part, de construction psychique et sexuelle, d'autre part, qu'il est tout à fait possible d'illustrer par des études biographiques. Les siècles passés ont interdit de poser la question, mais l'entrée en scène des Hildegarde Von Bingen, Clara Schumann, Fanny Mendelssohn, Augusta Holmès, Alma Mahler, Mel Bonnis, Louise Farrenc, Amy Beach ou encore Lili Boulanger, Cécile Chaminade et Galina Oustvolskaïa, sans oublier les compositrices canadiennes sous l'initiative de Marie-Thérèse Lefebvre (1991 ; 2009) ou les électroacousticiennes grâce à Andra McCartney (1994), ainsi que le volume du *Grove* consacré aux musiciennes (1994) ou encore l'étude de l'auteur[19], aura permis une bibliographie de plus en plus étoffée où les auteurs s'interrogent sur le génie inventif des femmes et le révèlent. Le XXe siècle pose donc la question explicitement dans les termes qui ont depuis toujours entravé la capacité des femmes à exposer leurs œuvres – puisque, c'est un fait : elles ont toujours créé. Il est ainsi à espérer que le XXIe siècle pourra permettre d'y répondre sous de nouveaux auspices, en appliquant, pourquoi pas, le principe de la psychologie analytique de Jung, pour qui l'évolution positive d'une société ne peut germer que dans la prise de conscience de l'unité du masculin et du féminin. La seule création satisfaisante ne nie pas les qualités des unes mais assemble l'anima et l'animus. Il s'agit alors d'oser se « *confronter* avec l'inconscient »[20] pour établir une « passerelle » par laquelle « il est question d'une nouvelle façon d'aborder les choses, d'un domaine de l'expérience psychologique tout neuf (bien qu'il soit vieux comme le monde »[21]. La théorie de Jung est

---

19. Sophie Stévance, « La composition musicale et la marque du genre : l'examen conscient de l'"écriture féminine" », *Circuit, musiques contemporaines*, Vol. 19, n° 1, 2000, p. 43-55.

20. Carl Jung, *Ma vie. Souvenirs, rêves et pensées*, Paris, Gallimard, 1961.

21. *Ibid.*, p. 199.

ainsi prolongée par le concept de la « Femme sauvage » de Pinkola Estés (1996) qui incite les femmes à écouter leur *nature instinctive* :

> Chaque femme porte en elle une force naturelle riche de dons créateurs, de bons instincts et d'un savoir immémorial. Chaque femme a en elle la Femme Sauvage. Mais la Femme Sauvage, comme la nature sauvage, est victime de la civilisation. La société, la culture la traquent, la capturent, la musellent, afin qu'elle entre dans le moule réducteur des rôles qui lui sont assignés et ne puisse entendre la voix généreuse issue de son âme profonde[22].

Dans *La Distinction*, Bourdieu (1979) explique que le don inné est une illusion parce qu'essentiellement déterminé par l'intérêt que le pouvoir de certains individus peuvent y trouver et y faire trouver. La société, et pas seulement occidentale, n'a-t-elle pas toujours eu besoin de créer ses créatures d'exception avec les concepts qui les incarnent, tels le don, le génie ou le virtuose[23] ? Il ne s'agit pas ici de discuter des capacités extraordinaires de certains dans tel domaine, ni même de douter de la précocité de plusieurs enfants tôt stimulés par un environnement adéquat pour leur plein épanouissement, mais de montrer que les femmes ont été pendant longtemps exclues de ces débats au nom de leur *malheureuse* condition biologique. En ce sens, on peut relire Balzac dans ses commentaires sur « la femme vertueuse et digne » selon les mœurs parisiennes du XIXe siècle :

> Être une honnête et prude femme pour le monde, et se faire courtisane pour son mari, c'est être une femme de génie, et il y en a peu. Là est le secret des longs attachements, inexplicables pour les femmes qui sont déshéritées de ces doubles et magnifiques facultés [24].

L'étymologie du mot virtuosité étant à chercher dans le latin *vir*, virilité, puis *virtu*, vertu, on comprend alors que le virtuose, ce génie créateur[25], n'est pas imaginé en fonction du sexe féminin. Or ce qui fait le caractère du virtuose, c'est « une énergie soutenue, une application décidée à des fins particulières, un grand courage personnel, puis la chance d'une éducation qui a de bonne heure offert les meilleurs maîtres, modèles, méthodes »[26]. On comprend alors pourquoi il y a eu si peu de génies féminins *reconnus*, compte tenu du fait que les femmes n'avaient, jusqu'à très récemment, pas accès aux mêmes conditions d'apprentissage que les hommes. Et l'on mesure à peine l'ampleur des dégâts : si « la société admet la présence de femmes créatrices, [elle] n'ajuste aucunement les structures pour les admettre et leur permettre de vivre pleinement au même titre que les artistes du sexe opposé »[27]. Bien sûr, les femmes ont pu, plus aisément, interpréter les

---

22. Clarissa Pinkola Estès, *Femmes qui courent avec les loups : histoires et mythes de l'archétype de la femme sauvage*, Paris, Grasset, 1996.

23. Il faudra par ailleurs noter que la notion de *génie* tout comme celle de *virtuosité*, restent des conceptions strictement occidentales : par exemple, la virtuosité dans le *bel canto* semble exclure les pratiques vocales traditionnelles, comme les jeux de gorge « Katajjait » des Inuits du Canada, dont les aptitudes vocales, techniques et expressives, sont tout aussi remarquables.

24. Honoré de Balzac, « La Cousine Bette », *La Comédie humaine*, Paris, Gallimard, 1976 (1re éd., 1847), t. VII, p. 319.

25. « Le titre de virtuose [...] convient seul à celui qui possède le génie inventif, propre de l'art », Patrick Barbier, *La Maison des Italiens*, Paris, Grasset, 1999, p. 8-9.

26. Friedrich Nietzsche, *Humain, trop humain* (1878-1879), dans *Œuvres I*, Paris, Robert Laffont, 1993, p. 536.

27. Lefebvre, *La Création musicale des femmes au Québec*, p. 80.

œuvres des hommes, mais il était rarement question de se prétendre *créatrices*. Dans tous les domaines de la création, lorsqu'elles échappaient aux diktats du cadre privé, dans lequel la société les confinait, et entendaient composer, écrire, peindre ou sculpter, c'est cette fois la visibilité et le réseau de diffusion qui leur faisaient cruellement défaut. Alors que certaines devaient, pour exister d'une manière ou d'une autre, paraître sous de fausses identités masculines (George Sand) ou volontairement ambiguës (Mel Bonis)[28], d'autres étaient réduites au silence (Camille Claudel) ou publiaient leurs œuvres en empruntant le nom de leur frère (Fanny Mendelssohn) ou époux (Alma Mahler) – à moins que ce ne soit l'inverse... ce qui prouve tout de même que Félix Mendelssohn ou Gustav Mahler avaient également le génie de reconnaître la virtuosité de ces créatrices, qu'ils ont tôt su enrayer.

Étant donné les idées reçues en rapport avec les diverses apparences du génie et sa reconnaissance, il faut résister à la tentation de conclure à une spécificité féminine du génie qui s'opposerait à une spécificité du génie masculin, et considérer le singulier – le neutre : la notion de génie n'est pas sexualisée, et si les différences entre hommes et femmes sont évidentes, elles ne s'expliquent pas en termes de spécificités imputées à l'un ou à l'autre sexe avec, à la clé, dépréciation de l'un par rapport à l'autre. Au contraire, les différences peuvent être envisagées comme des assistances mutuelles. La question de savoir si le génie féminin existe n'est donc pas pertinente, mais on peut néanmoins s'amuser avec elle en affirmant que soit le génie a deux sexes, soit il n'en a pas, au même titre que l'art, à plus forte raison la musique, qu'illustrent judicieusement les premiers mots du texte de la compositrice Isabelle Panneton, répondant à la question « écrivez-vous de la musique virile » par une autre : « Y a-t-il une musique virile ? »[29].

Logiquement, on devrait, à présent, être en mesure de penser la musique en dehors de la question du genre puisque celle-ci fait rapidement apparaître le pouvoir masculin et la soumission du féminin. Ce raisonnement amènerait ainsi à définir, pour la composition du XXIe siècle et à partir des suppositions qui animent les textes prophétiques de Virginia Woolf (1928) puis ceux d'Élisabeth Badinter (1990) : un véritable territoire démocratique hors des références et stéréotypes établis afin de construire un équilibre durable au sein de la création musicale. Une société indifférenciée. Même si une société sans différences entre les sexes est inconcevable (Lévi-Strauss) et s'il n'y a aucune raison de croire en l'existence de types de comportements attribuables à tel ou tel famille sexuelle suite à des recherches en anthropologie[30], cette différence implique-t-elle nécessairement inégalité et discrimination ? N'est-il pas dès lors souhaitable d'encourager des structures sociales entièrement nouvelles où les différences s'intégreront dans un principe égalitaire (et non unitaire) selon les aspirations de Simone de Beauvoir (1949) ? « Le troisième millénaire sera celui des chances individuelles, ou il ne sera pas »[31]. Il faudra alors attendre que la société bouge et constamment développer des techniques pour l'aider dans le sens d'un changement positif, et surtout espérer que les faiseurs de normes acceptent de perdre quelques-unes de leurs préséances.

---

28. L'éditeur de Mélanie Bonis avait d'ailleurs conseillé à cette dernière de ne pas écrire son prénom en entier.

29. Panneton, « Y a-t-il une musique virile ? », p. 241.

30. Margaret Mead, *L'Un et l'autre sexe*, Paris, Denoël-Gonthier, 1988.

31. Julia Kristeva, *Le Génie féminin*, Vol. 3 : *Colette*, Paris, Fayard, 2000, p. 566.

La situation de la femme compositeur est assez comparable à celle de la femme politique, lorsqu'elle se trouve face à ce qu'on pourrait appeler le machisme ordinaire de la société française, dans laquelle toute femme susceptible de détenir un quelconque pouvoir est mal admise[32].

Mais après plus de deux mille ans, on peut comprendre que les musiciennes aient perdu patience et goût pour le sacrifice de leur personne : elles saisissent désormais la chance de pouvoir exister par leur art et dans leur art en appliquant des stratégies mimétiques qui ont déjà fait leurs preuves avec les hommes. Des alternatives possibles à la reconnaissance ne sont donc pas exclues : les musiciennes s'engagent. Aussi s'agit-il à présent de dépasser l'analyse critique bourdieusienne – qui n'est pas sans laisser échapper l'idée, en partie dérangeante, que les sujets sont contraints et demeurent inactifs – en examinant les structures que les femmes ont su développer pour créer leur propre espace de liberté.

La conquête de l'autonomie

Depuis que les théologiens du Moyen-âge ont décrété l'infériorité de la femme et de sa nature par rapport à celle de l'homme, des insoumises ont émergé, tentant de garder la tête hors de l'eau en refusant, pour la plupart, le système religieux et biologique[33] qui définit et légitime leur oppression depuis l'histoire de la Création. Il faudrait suivre les variations de la victoire des femmes selon les époques, les genres et les sociétés[34], mais cette étude étant impossible dans le cadre d'un modeste article, nous arrimons cette réflexion sur ce qui leur permet d'exister envers et contre tous.

On dénombre aujourd'hui des volumes entiers sur les femmes et leur combat pour l'égalité[35], ce qui pourrait même me faire ironiser sur le fait que les compositrices n'ont jamais été aussi visibles et jouées… mais dans des réseaux séparés, que l'on associera, une fois de plus, au cercle privé dans lequel ont toujours été confinées les femmes. Mais cette fois la différence est d'importance en raison de leur accès au savoir et de la possibilité de composer pour des formations importantes (alors qu'au siècle précédent, elles ne pouvaient composer que des musiques de salon). Mais ces ouvrages ne font toujours pas partie intégrante des programmes éducatifs officiels. Certes ils existent et se trouvent, pour la plupart, dans les grandes bibliothèques universitaires, mais toujours dans les sections réservées, séparées, et répertoriés le plus souvent sous l'indicatif « féminisme ». Il n'est pas exagéré d'en conclure que ces ouvrages sont, une fois de plus, mis à l'écart du réseau officiel, mais plutôt que de s'en plaindre et de subir passivement cet effacement devenu banal, pourquoi ne pas en jouer ? Pourquoi ne pas se regrouper et s'entendre, quitte à ce que ce soit dans les marges de la société ?

---

32. Michèle Reverdy, *Composer de la musique aujourd'hui*, Paris, Klincksieck, 2007, p. 36.

33. Sylvie Nadeau, *Les Représentations des rapports hommes-femmes dans la chanson populaire au Québec*, Université Laval, Groupe de recherche multidisciplinaire féministe, 1989.

34. Tyler Cowen, « Why Women Succeed, and Fail, in the Arts », *Journal of Cultural Economics*, n°20, 1996, The Netherlands, Kluwer Academic Publishers, p. 1-21.

35. Aaron Cohen, *International Encyclopedia of Woman Composers*, New York, Books & Musics, 1987 ; Ruth Finnegan, *The Hidden Musicians*, Cambridge, Cambridge University Press, 1989,

Les regroupements de musiciennes au sein du *Montreal Women's Symphony Orchestra* (fondé en 1940), par exemple, ont donné un élan vital à des générations entières de créatrices solidaires à travers des dizaines de mouvements de plus en plus nombreux au fil des ans. Les rassemblements sont assez importants pour que quelques-uns soient ici mentionnés : *Women in Music, Women in the Arts* (1974), *International League of Women Composers* (1975), *American Women Composers* (1976), *Archiv Frau und Musik* (1978), *Donne in Musica* (1978), *International Congress on Women in Music* (1979), *Association of Canadian Women Composers* (1980), *The Korean Society of Woman Composers* (1981), *Forum Musique et Femmes Suisse* (1982), *International Society for music Education* (1983) ou encore *Gender Research in Music Education-International* (1991), *International Alliance for Women in Music* (1995) ou *Sophie Drinker Institut* (2001), auxquels on ajoute les revues publiées par certaines de ces organisations, telles que *Women and Music : A Journal of Gender and Culture* par *International Alliance for Women in Music*, les indépendantes *Women of Note Quarterly* ou *The Kapralova Society Journal* (2003) ou encore les festivals, tels que *HTMlles*, et les cercles, comme *The International Women's Electroacoustic Listening Room Project* (2002), plus localement les *Femmes Br@nchées*, à Montréal. Ces organisations et fondations encouragent la réflexion et la créativité musicale des femmes, contribuant ainsi à l'amélioration de leur condition dans le monde de la musique. En plus de leur volonté d'établir l'égalité entre les sexes dans les méthodes pédagogiques et les manuels utilisés dans les disciplines musicales, la plupart de ces rassemblements s'attachent à la constitution des archives nationales et internationales des œuvres des musiciennes et compositrices[36].

Effets pervers

Pourquoi faut-il considérer ces ralliements ? Ils semblent dévoiler deux faces du même phénomène, entre nécessité et perversité de cette nécessité. Si, pour être opérantes, ces différentes actions n'ont pas d'autres choix que de se dérouler en parallèle de l'histoire actuelle officielle, l'effet pervers serait qu'elles y restent. En effet, pour pouvoir se maintenir durablement, les réseaux de musiciennes nécessitent des fonds de subvention publique et privée car « les instruments pratiques ou les projets à long terme ont parfois besoin de structures plus solides pour garantir des résultats concrets »[37]. Auquel cas, cette séparation forcée d'avec les circuits officiels pourrait les enfermer dans l'espace exclusif qu'elles ont dû se forger ; les résolutions des principaux instigateurs de la ségrégation musicale (compositeurs, institutions, gouvernements et autres organes décisionnels) pourraient ainsi être renforcées, voire confortées par le fait même de la diversité que les réseaux de compositrices véhiculent comme signe de leur existence, continuant involontairement à porter à l'attention de la collectivité deux versants musicaux plutôt qu'un seul et unique – même si la quête du pluralisme de la création indifférenciée, donc non hiérarchisée, relèverait plutôt de la volonté liminaire des

36. Pour plus d'informations sur ce sujet, voir *Women in the Arts : Notions of Equality*, 1992, p. 62.

37. Roger Butt, Danielle Cliche, Brigitte Robineault (éd.), *Sans frontières. Perspectives comparées du patrimoine, de la culture et de l'identité*, Ottawa, Patrimoine canadien, janvier 1995, p. 21.

musiciennes retranchées poursuivant l'idée d'une démocratie véritable. Ces groupes de musiciennes tendraient alors à la création imaginaire d'une communauté féministe, insinuant par là une nouvelle asymétrie dans la mesure où les organismes musicaux officiels occupés par les œuvres des hommes pourraient tout autant faire figure de réseaux exclusifs et *masculinistes*. Rien n'empêche non plus d'imaginer que les compositrices parviennent, sous peu, à sortir de leur marginalité contrainte mais nécessaire, soit parce que leurs productions figureront sans celles des hommes aux programmes officiels des maisons musicales, soit, et préférablement, parce que leurs œuvres se feront écouter en grand nombre auprès de celles de leurs confrères, à l'occasion des *grands* festivals ou dans les *grandes* salles de spectacle. La marginalité fera alors place à la mixité. Et quand bien même : qu'elles soient couronnées de succès ou qu'elles essuient des échecs importe, finalement, peu : ces tentatives d'intégration constituent, de la part des musiciennes, autant de refus de la reddition, autant de volontés de créer et d'exister.

LES « *CHALLENGERS* »

Le déploiement de ces réseaux n'affirme rien d'autre que les difficultés réelles pour que les œuvres des compositrices trouvent leur public, encore en 2007, ou à obtenir des commandes. Cela montre également, à plus grande échelle, la discrimination à laquelle les femmes sont toujours en butte, dans le monde entier et dans toutes les couches de l'existence. On doit constater l'importance des actions des dissidentes du passé et analyser pourquoi il est souhaitable que ces « *challengers* »[38] solidaires poursuivent leur mouvement de « *Résistance* » face au pouvoir dominant. Avant tout, parce que, sans peut-être s'en apercevoir, elles construisaient fermement pour les lignées à venir un espace de création où la liberté peut enfin apparaître, sous une forme inattendue. Ensuite, la liberté se situant précisément dans la prise de liberté – mais ici avec les armes de la courtoisie –, les musiciennes contemporaines doivent entretenir cet idéal d'égalité, somme toute illusoire, certes, mais qui reste un modèle de dynamique positive sociale ; la vibrante introduction de *La Crise de la culture* d'Arendt nous le confirme. La philosophe y rappelle le témoignage poignant de René Char à la fin de la Seconde Guerre : « Notre héritage n'est précédé d'aucun testament »[39]. S'inspirant de l'apophtegme, Arendt décrit l'étrange impression du résistant qui, une fois la bataille terminée, perdit son trésor. *Sans âge*, ce trésor est une « expérience de combat »[40], une incitation venue du fin fond de l'aventure collective à se lancer sur ce chemin de pensée. L'effort et la tension de la lutte, la solidarité entre les forces résistantes, avaient révélé une nouvelle forme de liberté de l'individu qui se tient sur *une brèche*, dans l'intervalle entre un passé infini et un avenir indéterminé. Pour se tenir dans le flux du temps, l'individu doit sans cesse redécouvrir l'activité de pensée, donc (ré)agir.

Si, pour Arendt, la substance même de l'humain est l'action au sens où l'agir est la faculté de commencer du nouveau en refusant l'ancien, on peut considérer que les réseaux de musiciennes présentent des contenus de résistance, donc de liberté, contre

---

38. Hannah Arendt, *La Crise de la culture*, Paris, Gallimard, 1972, p. 12-13.

39. *Ibid.*, p. 14.

40. *Ibid.*

la reproduction perpétuelle de cette violence symbolique décrite par Bourdieu. La résistance des femmes contre le déni de leur capacité à créer n'est possible que par la persévérance dans le devoir de penser les inégalités, elles-mêmes couplées à l'idéal de l'égalité. Le « trésor » doit donc être constamment entretenu pour pouvoir côtoyer l'utopie démocratique de la création – pourquoi pas l'utopie démocratique tout court. Quant à savoir si celle-ci se réalisera, cela n'a pas d'autre intérêt que l'idée (l'espoir) que cette perspective transporte. Il faut donc maintenir le cap de l'itinéraire fixé pour tendre à le rejoindre. Agir en conséquence et en connaissance de cause.

Dans cette continuité historique, des éléments éclairent d'une lumière vive l'histoire des compositrices à travers les âges. Car il s'agit bien d'une histoire ayant avancé sur un mode révolutionnaire – une histoire qui a toujours existé et dont il ne faudrait perdre ni l'énergie, ni les méthodes, encore moins les perspectives. Ainsi, pour conquérir une égalité absolue (utopie qui reste un moteur de changement), cela n'empêche pas d'adopter une posture cherchant à penser une réalité parfaite. Il est donc possible d'observer les choses différemment, d'une manière positive cette fois, en imaginant une égalité possible par la complémentarité des existences, entre hommes et femmes au sein des orchestres et, plus tard, au sein des programmes des saisons musicales. La résistance ne s'est pas éteinte, au même titre que les musiciennes ne manquent pas et n'ont jamais manqué : il y a un monde nouveau à construire, des perspectives d'avenir à sauvegarder malgré les incertitudes, en créant

> des espaces alternatifs de plus en plus nombreux comme les revues de femmes, les radios, et les sites Internet [pour permettre] d'augmenter la circulation d'autres formes d'information, et ainsi d'accroître les possibilités de sensibilisation et d'action par les autorités publiques. Les technologies de l'information et de la communication ouvrent à elles seules des perspectives incomparables d'échange global. C'est terriblement important pour l'avenir[41].

Et cet avenir est en train de s'élever à partir des réseaux de femmes travaillant entre elles.

LES RÉSEAUX : L'ORGANISATION D'UNE AUTRE FORME DE RÉSISTANCE

Si une intégration de l'histoire des musiciennes devrait se faire dans les manuels officiels, plus encore de manière systématique dans les programmes ministériels obligeant les enseignants à intégrer sur le terrain les œuvres de compositrices dans leurs cours d'histoire et de composition, une autre solution est déjà en place : elle concerne la coopération entre les femmes. C'est une réaction logique, peut-être même instinctive : les hommes ont toujours su fonctionner sur ce mode relationnel, en politique ou dans n'importe quelle institution dont ils gèrent l'organisation. Le principe des alliances entre musiciennes devra être compris dans une perspective analogue au système politique où règnent les leurres de démocratie[42]. Dans les faits, et malgré des améliorations notables,

---

41. Margaret Gallagher, « Une évolution de la place des femmes dans les médias », Entretien avec Martine Paulet, *Les Pénélopes*, décembre 2001, http://www.penelopes.org/archives/pages/autreprise/dec01/evolution.htm, consulté le 12 octobre 2007.

42. Daniel Graxie, *Le Sens caché. Inégalités culturelles et ségrégation politique*, Paris, Seuil, 1978.

on peut rappeler que la politique reste un territoire accaparé par les hommes qui en ont fait leur terrain de chasse où ils se cooptent entre eux et personne ne s'en offusque véritablement. Bourdieu l'écrit :

> En outre, tout en se gardant d'attribuer aux hommes des stratégies organisées de résistance, on peut supposer que la logique spontanée des opérations de cooptation, qui tend toujours à conserver les propriétés les plus rares des corps sociaux, au premier rang desquelles leur *sex ratio*, s'enracine dans une appréhension confuse, et très chargée d'émotion, du péril que la féminisation fait courir à la rareté, donc à la valeur d'une position sociale, et aussi, en quelque sorte, à l'identité sexuelle de ses occupants [43].

L'enquête statistique que nous avons menée, et dont les résultats ont été présentés en début d'article, a montré que le rapport numérique (*sex ratio*) entre les hommes et les femmes au sein des orchestres ou au programme des concerts, tous styles musicaux confondus, est loin d'atteindre, en général, l'égalité parfaite (50% de musiciens, 50% de musiciennes). Seule devrait compter la progression à laquelle on assiste : ne pas rechercher une égalité en nombre mais une égalité de chances, de traitement, de prérogatives et de devoirs. C'est la quête d'un équilibre ; le déficit de l'un ou l'autre des deux sexes entraîne des comportements de compensation. Il est donc aisé de comprendre la réaction de ces femmes qui se regroupent et agissent, au même titre que les hommes qu'elles doivent (encore) exclure de leur programmation. Comment le leur reprocher étant donné leur objectif de se découvrir et d'exister enfin en toute autonomie (forcée) ? Le critique musical Réjean Beaucage devait, par ailleurs, en faire mention dans son article consacré à la promotion de *Maestra* qui inaugurait, en avril 2005, le premier *Rendez-vous international des créatrices en musique* : « il n'est pas nécessaire de chercher bien loin pour constater que même les créatrices contemporaines ont de la difficulté à obtenir la visibilité que mériterait leur production » [44]. Ce constat devrait montrer la pertinence et la légitimité de ces organisations de musiciennes pour promouvoir les œuvres de compositrices contemporaines ou celles encore ignorées par le récit historique. Certes, des réseaux comme *Maestra* étant des vitrines internationales et multiculturelles qui mettent en lumière les créations musicales des femmes, il est justifiable que les œuvres de compositeurs, notamment celles qui restent inconnues et mériteraient tout autant de ne plus l'être, ne soient pas promues dans ce contexte. Pourtant, sa fondatrice et présidente France Leblanc n'exclut pas la présence masculine : « il y aura quelques interprètes masculins, et peut-être des paroles de chansons écrites par des hommes, mais nous voulons vraiment que chacune des œuvres jouées dans le cadre de l'événement ait été composée par une femme (ou transmise par des femmes) » [45].

Dans cette pratique de coopération et d'autogestion au féminin, les quelques musiciennes distinguées aident leurs consœurs, les guident dans leur formation, les cooptent ensuite dans leur cheminement professionnel, et toutes ensembles constituent leur répertoire artistique. Il n'y a pas là de quoi s'alarmer puisque de nombreuses institutions, notamment françaises, fonctionnent sur le principe même de la cooptation par les anciens élèves vis-à-vis des plus jeunes ; ce sont là des logiques courantes de

43. Bourdieu, *La Domination masculine*, p. 131-132.

44. Réjean Beaucage, « Maestra – création musicale au féminin », *La Scena musicale*, Vol. 10, n° 7, 2005, p. 36.

45. *Ibid.*

réseaux. Ceux dans lesquels les musiciennes se rencontrent ne leur permettent que d'exister, de se connaître mutuellement, de découvrir et de jouer la musique des unes et des autres – ces musiques qu'elles n'auraient pas l'occasion de connaître autrement.

Il n'en demeure pas moins que ces compositrices venues de tous les horizons ne cherchent pas à devenir majoritaires ni à prendre le pouvoir de l'autre. Plus simplement, elles cherchent à conquérir leur propre pouvoir en développant des liens solides et réguliers pour se soutenir et se renforcer à chacune de leurs rencontres. C'est un espoir de conquête d'autonomie pour un féminisme plus égalitaire et efficace, dépassant celui des années 1970, plus revendicateur mais non moins essentiel compte tenu de la société qui l'a fait émerger. L'espoir des femmes dans la création musicale contemporaine est de poursuivre ce trésor de démocratie – la société étant ce qu'elle est, les préjugés restent ancrés. Peu importe alors la destinée puisque le processus est enclenché, et c'est, somme toute, là toute sa richesse. Entre la majorité masculine et la marge féminine, la démocratie ? Des perspectives d'avenir pour la musique, peut-être.

CONCLUSION

Le problème de l'identification des compositrices contemporaines reste toutefois à établir, avant tout par la remise en cause du contenu des livres pris comme véhicules éducatifs. À force de résistance, les choses pourraient, à moyen terme, changer, et c'est là toute l'importance du combat que les créatrices parviennent à mener pacifiquement : face à la domination qui perdure, elles réussissent, par leur usage des nouveaux moyens de communication, à modifier leur destinée autant que celles de leurs prédécesseurs. On ne peut que se réjouir de cette (r)évolution mise en place et des conquêtes obtenues. Le regroupement des femmes artistes, leurs alliances qui ignorent les frontières géographiques, politiques, sociales, économiques ou culturelles, sont le signe d'un mouvement d'autonomie dynamique qui les pousse à l'invention perpétuelle et sans cesse renouvelée des libertés.

Si l'on se place d'un point de vue historique et si l'on reprend les chiffres présentés en début d'article, il est facile d'extrapoler : les musiciennes parviendront, à terme, par leurs œuvres et leur détermination, à prendre la place qui leur revient de droit au sein des instances publiques, mais aussi par les nouvelles stratégies de sélection mises en place, telles les auditions avec paravent[46] ; le sociologue Pierre-Michel Menger, dans l'une de ses quatre conférences organisées en février 2008 par Jean-Jacques Nattiez à la faculté de musique de l'Université de Montréal, a d'ailleurs montré que ces conditions d'écoute avaient permis de montrer le taux de réussite très élevé des femmes par rapport à celui des hommes. Mais si de telles solutions peuvent s'appliquer aux instrumentistes, qu'en est-il des compositrices et des chefs d'orchestre ? Peut-on imaginer des stratégies similaires ?

Pour l'heure, à trop voir leurs œuvres refusées, particulièrement celles des pionnières, aux programmes officiels des concerts, certaines compositrices choisissent d'exister au sein de collectifs. Ces regroupements de musiciennes autour d'une vision commune

46. Voir Claudia Goldin, Cecilia Rouse, « Orchestrating Impartiality : The Impact of "Blind" Auditions on Female musicians », *American Economic Review*, Vol. 90, n° 4, sept. 2000, p. 715-741 ; et Green, Ravet (dir.), *L'Accès des femmes à l'expression musicale*.

– rétablir l'équilibre entre les sexes dans les méthodes pédagogiques et les manuels utilisés dans les disciplines musicales – commencent à exercer une certaine pression au niveau des Ministères de l'Éducation (on a pu le constater entre le Bulletin officiel de 2003 et celui de 2008) et incitent au relais des chercheurs et universitaires à s'intéresser à l'histoire des créatrices. Ainsi, ces réseaux envisagent des mesures pour pallier ce décalage, comme, par exemple, faire figurer dans les programmes d'études musicales, à l'école, à l'université ainsi que dans les conservatoires, l'information sur l'implication des femmes dans la musique de tradition savante. Ces réseaux encouragent également l'ensemble du corps professoral musical, femmes et hommes, à travailler ensemble pour garantir la place des créatrices dont les capacités hors du commun dévoilent à la communauté, autant que celles des créateurs, ce que l'être humain est capable de faire.

En jouant aujourd'hui de leur mise à l'écart, les compositrices organisées pourraient bien, un jour, parvenir à sortir de leur marginalité en fondant une autre version de l'institution de la musique savante. Mais d'ici là, elles forment des ententes qui ne décrivent rien d'autre que le fonctionnement de la société occidentale en témoignant de ce que celle-ci a rejeté dans ses marges : le pouvoir masculin est toujours dominant, et plusieurs générations devront s'écouler avant de pouvoir observer un réel changement autant qu'un solide équilibre. Il est donc souhaitable que ces challengers pacifistes, engagées et associées, poursuivent leur mouvement de résistance face aux privilèges des uns pour œuvrer dans l'espace de liberté qu'elles se sont créées, et si l'égalité arrive, il faudra alors que la génération montante de compositrices « se souviennent »...

Sur le mode Sans Jury ni récompense, ces Salons des Indépendant-es, en quelque sorte, affranchis de tout système hiérarchique et bureaucratique, sont bel et bien les modèles d'un processus durable de changement. Et l'expérience montre que c'est bien la ténacité et le talent des artistes des Salons des Refusés qui ont, finalement, fait l'histoire.

LES COMPOSITEURS CHINOIS À L'HEURE DE LA MONDIALISATION

Marie-Hélène BERNARD

Pour le monde musical occidental, la Chine est restée longtemps *terra incognita*. Si de nombreux compositeurs du XXe siècle se sont beaucoup nourris des cultures asiatiques, ils ont, en effet, été plutôt attirés par l'Inde, le Japon ou l'Indonésie. À la fin du siècle dernier, il s'est donc opéré un étonnant retournement : la Chine, restée pratiquement en dehors de la confrontation Orient-Occident, a fait brusquement apparaître sur la scène internationale toute une génération de compositeurs. Pour mesurer la vitesse de ce changement, on peut citer en exemple Tan Dun qui, en 1976, alors âgé de 19 ans, entend pour la première fois un orchestre occidental; une trentaine d'années plus tard, le *Metropolitan* de New York devait lui ouvrir ses portes pour la création de l'un des opéras les plus coûteux qu'il ait jamais produits. Presque tous ces compositeurs se sont dispersés aux quatre coins du monde. Or, pour ceux qui s'intéressent aux phénomènes de mondialisation artistique, ils représentent une matière d'observation fort intéressante. Pour analyser ce vécu (qu'ils ont très peu théorisé), nous avons emprunté à Chen Zhen (1955-2000), un plasticien chinois de la même génération, les trois concepts qu'il utilise pour condenser son parcours d'artiste, trois mots en R : « résidence, résonance et résistance ».

RAPPELS HISTORIQUES

Il convient tout d'abord de souligner que l'ouverture de la Chine à l'Occident fut un mouvement contraint (sur fond de défaites militaires) et tardif (par rapport au Japon, par exemple). La musique classique occidentale, précédée par les fanfares militaires et les hymnes chrétiens, s'est propagée lentement à partir de 1920, à Shanghai notamment, grâce à des musiciens russes blancs, relayés par des musiciens juifs fuyant le nazisme. Peu à peu a donc émergé l'image du compositeur, au sens occidental du terme, image par ailleurs assez antagoniste avec les fondements de la culture chinoise qui, à la nouveauté en soi, a toujours préféré la copie et la variation. Toutefois, au début des années 1900, on voit apparaître des œuvres de « musique chinoise de style européen », pour reprendre les termes des premiers compositeurs comme Xiao Youmei [1] ou Ma Hsiao-Ts'iun [2].

1. Xiao Youmei (1884-1940), compositeur, musicologue et fondateur du Conservatoire de Shanghai.
2. Ma Hsiao-Tsiun [Ma Xiaojun] (1899-1977), compositeur, musicologue et père du violoncelliste Yo-yo Ma.

L'arrivée au pouvoir de Mao Tsé-toung en 1949 va considérablement modifier la donne : les compositeurs se retrouvent enrôlés au service des masses et le pouvoir encourage le développement d'une musique nationale chinoise positive à partir de mélodies populaires bâties sur des gammes pentatoniques, le tout déployé sur un fond harmonique et formel hérité du dix-neuvième siècle occidental. Puis, le déclenchement par Mao Tsé-toung de la Grande Révolution culturelle chinoise en 1966 va une fois de plus totalement bouleverser le paysage musical : tous les conservatoires vont fermés, et leurs enseignants, persécutés, seront envoyés en prison ou en camp de rééducation. Sous la houlette de Jiang Qing, épouse de Mao Tsé-toung, la musique occidentale, symbole de décadence bourgeoise, est interdite, mais les musiques traditionnelles sont également prohibées. L'opéra révolutionnaire, avec seulement huit pièces autorisées, envahit le pays tout entier. C'est pourtant de cet épisode tragique de l'histoire chinoise que va émerger la génération de compositeurs chinois connue actuellement.

Résider

Il pourra sembler paradoxal de vouloir relier par la notion de « résidence » des compositeurs demeurant aux États-Unis, en Europe du Nord, en Australie ou même en Chine. Ce n'est donc pas dans la géographie que l'on peut chercher un ancrage commun, mais plutôt dans l'histoire. Cette génération de compositeurs a, en effet, été très fortement façonnée par une période historique singulière, marquée par dix années de Révolution culturelle suivies de dix années d'ouverture.

La Révolution culturelle

À l'époque, tous les jeunes citadins étaient envoyés à la campagne pour se faire « rééduquer » selon les directives de Mao Tsé-toung. La diffusion massive de l'opéra révolutionnaire exigeait de nombreux musiciens et la pratique d'un instrument était donc la voie royale pour échapper au repiquage du riz et autres travaux des champs. Presque tous les compositeurs connus actuellement ont donc commencé leur carrière de musicien en accompagnant l'opéra révolutionnaire, souvent dans une province reculée. Ils ne se contentaient pas de jouer d'un instrument, voire de jongler entre plusieurs : ils se mirent aussi à diriger et à écrire des arrangements pour des formations disparates, se forgeant ainsi une précieuse oreille d'orchestrateur. L'expérimentation directe, presque sauvage, remplace donc la formation académique. Face à un avenir totalement bouché, ces jeunes nourrissent une formidable envie d'apprendre et d'entreprendre qui va exploser avec la fin de la révolution culturelle et le début de l'ouverture.

L'ouverture

En 1978, le Conservatoire de Pékin rouvre ses portes et des dizaines de milliers de candidats postulent pour les quelques places disponibles. La classe de composition va compter, parmi ses trente étudiants, Chen Yi (1953-), Qu Xiaosong (1952-), Tan Dun (1957-), Zhou Long (1953-), Chen Qigang (1955-), Guo Wenjing (1956-), tous promis ultérieurement à une brillante carrière. Cette classe extraordinaire concentre un potentiel qui s'est agrégé durant ces dix années de Révolution culturelle. En très peu de temps, ces étudiants s'approprient un répertoire couvrant plusieurs siècles de musique européenne : ils étudient d'arrache-pied l'harmonie, le contrepoint et les techniques d'orchestration occidentales. Par contre, les enregistrements et les partitions de musique du XXe siècle leur restent difficiles d'accès, mais grâce à des invités étrangers, comme le Britannique Alexander Goehr, ces étudiants vont pouvoir découvrir la modernité musicale occidentale.

Par rapport au contexte culturel et politique chinois, le début des années 1980 relève d'un miracle fragile : dans une véritable fièvre créative, les artistes se mélangent et débattent passionnément. Les jeunes compositeurs cherchent à se forger un langage personnel différent de celui de leurs aînés : la cassure de transmission entre les générations provoquée par la Révolution culturelle facilite finalement l'émergence d'un univers musical radicalement nouveau.

On Taoïsm[3] de Tan Dun et *Mong Dong*[4] de Qu Xiaosong en sont les œuvres manifestes (les deux compositeurs y chantent eux-mêmes la partie soliste). La presse officielle se met dès 1986 à publier des articles très critiques sur les productions de la « nouvelle vague »[5], alors que la plupart de ces jeunes compositeurs sont déjà en train de se disperser aux quatre coins du monde, généralement dans le cadre d'échanges officiels. Certains auront tendance à prolonger ce qui, au départ, ne devait être qu'un séjour d'étude, arguant souvent que le fait de rester dans leur pays d'accueil leur offrait de meilleures conditions de création.

RÉSONNER

Pour décrire la circulation entre différentes couches de mémoire qui opère dans l'acte de composer, le terme de « résonance » nous semble plus approprié que le terme de « synthèse » : ce dernier, utilisé souvent par les musicologues occidentaux pour décrire le travail de jonction entre Orient et Occident, présuppose, en effet, deux univers clos parfaitement constitués, et aujourd'hui de plus en plus difficiles à délimiter. L'Occident ayant modelé les bases et les normes de la composition chinoise, c'est d'abord cette influence que nous allons évoquer.

L'OCCIDENT

Les compositeurs qui quittaient la Chine au milieu des années 1980 possédaient un solide bagage technique quant à la musique tonale européenne. La profusion offerte par l'Occident a été un véritable choc, mais une fois passé l'enthousiasme de la découverte, ils s'approprièrent assez peu les conceptions des avant-gardes occidentales. Certains, comme Chen Yi, concèdent au sérialisme d'avoir élargi leurs horizons :

---

3. *On Taoïsm* (1986) pour voix, clarinette basse, contrebasson et orchestre.

4. *Mong Dong* (1984) pour voix et ensemble de chambre.

5. Le terme étant lancé officiellement entre autres par le musicologue Wang An'guo dans la revue *Musicology in China*.

> Cela m'a aidé à élargir ma palette compositionnelle, à me frotter à de nouvelles couleurs. Cela m'a rendue capable d'explorer de nouvelles relations de hauteurs dans des intervalles dissonants ou des éléments bruiteux, plutôt que d'être cantonnée dans une sonorité toujours consonante [6].

Les idées de John Cage rencontrèrent peu d'écho, si ce n'est chez Tan Dun à qui il permit de « découvrir des structures et des sons jusqu'alors inconnus, en gardant une constante ouverture d'esprit » [7]. Par contre, la fracture esthétique entre l'Europe et les États-Unis se reflète clairement chez de nombreux compositeurs : on note, aux États-Unis, une orientation vers une musique minimaliste (pour Qu Xiaosong, par exemple, avec des pièces comme *Yi* ou *Stillness*) ou l'*entertainement* (pour Tan Dun, qui le conduira à un immense succès commercial avec la musique du film *Tigre et dragon*), et, en Europe, l'adoption d'une écriture beaucoup plus sophistiquée (*Chute d'automne* de Xu Shuya ou *Le Plein du Vide* de Xu Yi). L'Occident leur aura peut-être surtout permis de redécouvrir l'intérêt de la culture chinoise traditionnelle, comme en témoigne Chen Qigang à qui la France aura révélé l'importance de sa propre culture d'origine, car « en Chine, de fait, c'était la culture occidentale qui était constamment valorisée et la culture chinoise méprisée » [8].

La Chine, racine essentielle

La notion de retour à la culture d'origine est néanmoins assez problématique. D'abord, parce que ces artistes ont grandi dans une époque où la vie culturelle était totalement gelée et qu'ils ont donc eu un accès très limité à la tradition chinoise. Ensuite, parce qu'en Chine, entre la culture du Nord et celle du Sud, entre la culture des lettrés et celle des paysans, il y a une très grande hétérogénéité. Chacun, en fonction de son milieu familial, de sa région d'origine ou de son vécu, semble ainsi être entré en résonance avec des strates très différentes.

Revenir à la culture chinoise pouvait d'abord passer par une réappropriation des instruments traditionnels – démarche qu'avaient déjà adoptée les compositeurs japonais. Zhou Long est un précurseur dans ce domaine, suivi par d'autres camarades comme Tan Dun. Aux États-Unis, dans les années 1950, le compositeur Chou Wen-Chung exprimait déjà le désir d'écrire pour instruments traditionnels, mais c'était alors irréalisable [9]. À l'époque actuelle, marquée par la multiplicité des migrations, la pratique s'est presque banalisée : aux États-Unis, le groupe *Music from China* commande de nombreuses pièces mêlant instruments chinois et occidentaux ; Wu Man, joueuse de *pipa* très connue, ou le violoncelliste Yo-yo Ma, suscitent également de nombreuses créations de ce type. En Europe, ces expérimentations demeurent plus rares. Mais même en se consacrant aux seuls instruments occidentaux, ces compositeurs manifestent souvent un sens de la matière sonore relié à l'univers des instruments traditionnels. Ainsi, la compositrice

---

6. John De Clef Pineiro, *An Interview with Chen Yi*, http://www.newmusicon.org/v9n4/v94chen_yi.htm, consulté le 26 juillet 2007.

7. Dossier de presse de *Chester Music France*.

8. Entretien avec l'auteur, janvier 2001.

9. Voir « An interview with Chou Wen Chung by Preston Wright », American Public Media, with Philip Blackburn, American Composers Forum, http://musicmavericks.publicradio.org/features/interview_chung, consulté en juillet 2002.

Xu Yi affirme « avoir introduit naturellement des éléments bruiteux dans sa musique. Pour des compositeurs comme Lachenmann, cette utilisation des bruits est le fruit de purs calculs. Mais pour moi, ces sons viennent directement de la musique traditionnelle chinoise »[10].

Cette mémoire peut être équivoque, comme en témoigne ce passage pour flûte de Xu Shuya : selon le compositeur, les souvenirs du jeu de la flûte *xiao* chinoise se mêlent de manière confuse à des réminiscences du compositeur japonais Takemitsu ainsi qu'à des notations apprises au Conservatoire de Paris provenant du flûtiste Pierre-Yves Artaud.

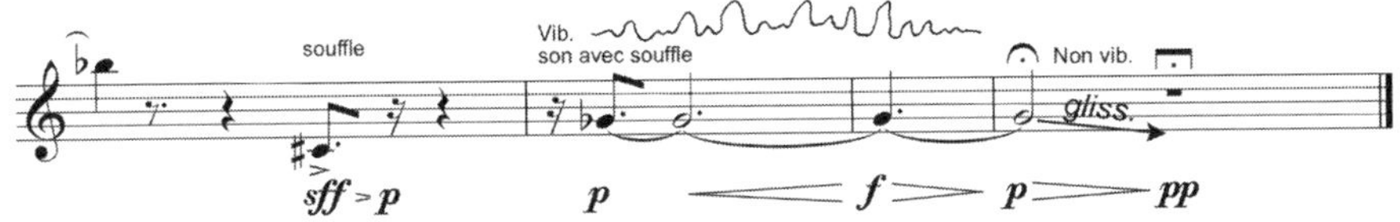

XU Shuya, *Dawn on the Steppe* (lette D, mesures 28 à 31) ligne de la flûte alto

On observe donc ici la façon dont les influences s'enchevêtrent dans un large mouvement de circulation, pour opérer une construction en rhizome de l'imaginaire.

Ces compositeurs se sont encore nourris d'autres aspects de la culture chinoise. Dans les notes de programme apparaissent de plus en plus de références au taoïsme, à la dualité du yin et du yang et autres notions dont est friand le public occidental. On peut penser que ce retour aux sources, somme toute sincère, avait aussi l'avantage de faciliter la rédaction des notes de programme, exercice embarrassant pour beaucoup de compositeurs car peu pratiquée en Chine.

La calligraphie et la poésie classique sont aussi souvent des sources d'inspiration, comme dans le *Poème lyrique II* de Chen Qigang. Ce dernier, dont le père était un calligraphe réputé, improvisa d'un bout à l'autre la ligne vocale avant de la figer par écrit : il transposait ainsi le geste calligraphique spontané qui, une fois commencé, n'autorise pas l'interruption ; il rompait aussi avec certains principes de constructions occidentales qui lui pesaient. D'autres compositeurs, comme Guo Wenjing, n'éprouvent aucune attirance vis-à-vis de cette culture de lettrés : ce dernier préfère de beaucoup « la vivacité crue de la musique paysanne, le frappement des cymbales, les cris de l'opéra populaire ». « Ce que je désire, ajoute-t-il, c'est remuer les gens avec ma musique »[11]. C'est aussi le cas de Tan Dun qui a repris, dans le début d'*On Taoism*, des chants de repiquage du riz qu'il a retranscrits par une notation graphique spécifique lors de son séjour chez les paysans du Hunan.

RÉSISTER

Quant au dernier concept, celui de résister, Chen Zhen y voit « la conclusion des deux termes, résider et résonner [...] la nouvelle forme de résistance étant d'échapper au centre »[12]. Le terme renvoie à la politique et à l'histoire moderne, il faut le situer par

10. Entretien avec l'auteur, mars 2002.

11. Frank Kouwenhoven, « Guo Wenjing – A Composer's Portrait », *Chime*, n°10-11, Leiden, 1997, p. 23.

12. Chen Zhen, *Les Entretiens sous la direction de Jérôme Sans*, Paris, Les Presses du réel/Palais de Tokyo, 2003, p. 255.

rapport aux profonds changements de la Chine actuelle, convertie totalement à l'économie de marché. L'obligation de réussite matérielle assignée à chaque individu y est si violente qu'il faut une grande force intérieure pour continuer à créer, surtout dans la sphère musicale qui draine peu d'argent (contrairement aux arts plastiques). Ainsi, les classes de composition n'attirent pratiquement plus que des élèves du sexe féminin, car il semble qu'il soit impardonnable pour un homme à l'heure actuelle de choisir une voie aussi hasardeuse sur le plan économique ... Les compositeurs restés en Chine, ne peuvent monnayer leurs talents qu'avec la télévision ou la publicité. Leurs créations ne dépendent donc pratiquement que de commandes venant de l'étranger, avec le risque que se développe un art pour l'exportation, s'adaptant aux goûts des étrangers (forçant le trait *oriental* pour flatter l'imaginaire du public *occidental*) ; cette tendance n'épargne pas les compositeurs installés à l'étranger.

Dans un tel contexte, de nombreux compositeurs chinois expriment une volonté croissante de se démarquer de la musique contemporaine occidentale – univers incontournable pour être reconnu au niveau international– qui semble avoir opéré à la manière d'une sorte de surmoi, sans être intimement acceptée. La plupart se retrouvent dans un rejet des systèmes formels préétablis, comme le fait vigoureusement Guo Wenjing :

> Mon travail n'est basé sur aucune théorie. Je n'ai pas de devise, je suis simplement mon cœur. Les successeurs de Boulez et Stockhausen ont perdu leur liberté et leur naturel. C'est vraiment tragique : ils sont devenus esclaves des nombres, esclaves des structures. J'ai l'impression que les compositeurs ont besoin d'être de nouveau libérés [13] !

Ce désir de trouver un langage rigoureusement personnel, qui trouve, certes, un autre un écho avec le post-modernisme occidental, peut s'expliquer à plusieurs niveaux : d'abord, en regard du passé maoïste qu'a connu cette génération, où jamais un tel poids n'a été donné à l'embrigadement collectif. On peut également y déceler un retour sous-jacent de conceptions esthétiques chinoises très anciennes, la revendication de la spontanéité étant une sorte de résurgence de l'idéal du *ziran* (pouvant se traduire par « être ainsi par soi-même »), considéré comme valeur suprême dans tous les textes anciens chinois.

Mais la volonté de revenir à une certaine simplicité, à un univers plus mélodique, peut être aussi un compromis plus ou moins conscient pour répondre aux goûts actuels du public. Ce désir sonne aussi comme une revanche, confirmant le point de vue de l'anthropologue Hommi K Bhabha pour qui l'hybridité est un lieu de tension entre des positions de savoir et de pouvoir inégales [14].

> Nous possédons notre propre logique de pensée, issue d'une civilisation incontestablement riche : nous n'avons donc pas besoin de suivre la mode des autres. La subtilité, la générosité et la profondeur de la culture chinoise me donnent envie de rejeter les critères compositionnels académiques actuels [15].

La volonté de résister à l'emprise occidentale est exprimée de manière beaucoup plus radicale par les compositeurs restés en Chine, comme He Xuntian ou Guo Wenjing. Pour ce dernier, l'harmonie, la notation musicale ou les instruments qui viennent d'Occident sont certes des outils incontournables, au même titre que l'électricité ou les voitures, mais ils devraient être « neutralisés » pour permettre aux musiciens des pays émergents

---

13. Kouwenhoven, « Guo Wenjing – A Composer's Portrait », *Chime*, n°10-11, p. 45.
14. Hommi K. Bhabha, *The Location of Culture*, New York, Routledge, 1994.
15. Chen Qigang, cité dans la note de programme d'*Extase* (1995).

(comme les compositeurs du Vietnam ou d'Azerbaïdjan) de pouvoir s'exprimer en les intégrant à leurs différentes traditions locales [16]. Vis-à-vis de la modernité occidentale, qui a, on peut le dire, violemment recouvert les traditions asiatiques, on voit donc apparaître une volonté critique de reterritorialisation qui n'exclut pas, il va sans dire, un repli sur les formes bien connues du nationalisme.

Face aux menaces d'uniformisation culturelle du monde qui sont, non sans raison, régulièrement brandies, les trajectoires de ces compositeurs restent un témoignage réconfortant de la vitalité de l'art. Elles sont aussi une incitation à interroger notre propre localisation et à secouer l'évidence de certains de nos présupposés ethnocentristes. Comme l'affirme Chen Zhen :

> D'où vient le concept des « autres » ? Bien sûr, de l'Occident. On peut voir, paradoxalement, dans la création de ce concept, à quel point le centrisme occidental est profondément enraciné. [...] Curieusement, les artistes non occidentaux, qui font partie des « autres », ne se demandent jamais comment définir à leur tour ceux qui les ont désignés [17].

16. Kouwenhoven, « Guo Wenjing-a Composer's Portrait », p. 40.
17. Chen Zhen, *R-R-R*, Prato, Gli Ori, 2003, p. 101.

Deuxième partie

PRATIQUES, STYLES ET TECHNIQUES DE COMPOSITEURS

PRÉSENCE, MULTIPLICITÉ – DÉTOURS DE L'ÉCRITURE ET RACCOURCI DU JAZZ

Stéphane ALTIER

Je compose de la musique. J'écris des partitions, je donne des ordres précis pour qu'apparaissent des gestes ou figures sonores bien définis. Pourtant, au cours des dernières années, mon approche de l'écriture a évolué vers une conception différente. Au lieu de construire des gestes avec du son, j'ai voulu mettre en scène des singularités vivantes (musiciens/instruments) et leurs *relations*; au lieu d'unir les forces de ces singularités dans l'accomplissement d'*un* geste ou la manifestation d'*une* figure, j'ai voulu composer leur *multiplicité* même, leur *coprésence*.

Dans un premier temps, je rendrai compte de cette évolution de mon travail en explicitant quelques décisions que j'ai dû prendre sur le plan de l'écriture et de la composition. Ces décisions et leurs effets, supposés ou réels, seront rapprochés de ce qui caractérise à mon sens les musiques improvisées : concentration de la perception sur la réalité des gestes et des échanges des musiciens (événement *présent*); affaiblissement proportionnel de la perception symbolique et/ou téléologique (*représentation*).

Dans un second temps, j'essaierai de montrer que si les musiques improvisées semblent exprimer plus spontanément la réalité présente des gestes et des échanges des musiciens, au point que l'on pourrait croire qu'elles émanent du présent même auquel j'essaie de faire atteindre l'écriture, si donc il peut sembler légitime de fonder sur cette réalité même du présent la distinction entre improvisation et écriture, il faudrait encore que l'improvisation soit sans texte, c'est-à-dire sans mémoire, ce qui ne saurait être le cas.

Je proposerai donc plutôt que ce dont le jazz (historiquement) et l'improvisation en général témoignent n'est pas l'absence d'une écriture ou d'une mémoire (présent absolu), mais *ses manquements envers nous*, son inadéquation, et l'impossibilité où l'on est d'y reconnaître son histoire, sa vie et son corps entiers. La part de présent qui jaillit dans l'improvisation, *mais alors aussi bien dans l'interprétation et dans l'acte d'écriture*, marquerait une même triple *minorité* : minorité du corps présent (son absolue disproportion avec son double temporel – cf. Proust), minorité de notre singularité individuelle (psychologique) et/ou collective (minorité afro-américaine, par exemple), minorité enfin de ce que nous pensons et qui n'est pas encore écrit (représenté, mémorisé, partagé).

En conclusion, je proposerai donc de remplacer l'opposition entre écriture/ interprétation d'une part, et improvisation d'autre part, par une opposition entre deux conceptions du texte musical : l'œuvre, comme objet de représentation, et la machine textuelle, comme pré-texte de création.

PRÉSENCE ET MULTIPLICITÉ

L'évolution de mon travail dont il est question ici se résume facilement à la mise en œuvre progressive des concepts (ou notions) de « multiplicité musicale » d'une part, d'« inécriture » et d'« improvisation expressive » d'autre part. Je vais d'abord expliciter très rapidement ce qui se cache derrière ces notions en les rapprochant de certains aspects caractéristiques des musiques improvisées.

Multiplicité musicale (à n-1)

La notion de multiplicité musicale constitue la réponse que je proposais dans ma thèse de doctorat[1] à la question suivante : quelle peut être la « grande forme » de la transformation en musique ? En d'autres termes, au sein de quelle organisation formelle paradoxale la transformation peut-elle exister par elle-même, sans être limitée à un rôle de *remplissage expressif* des formes locales (thèmes, harmonies, figures, etc.) et partant, à seulement *animer* localement les formes globales de la musique ? Quelle peut être sa forme propre, « naturelle » ?

Ma réponse à cette question consistait à poser que la grande forme de la transformation passe nécessairement par la mise en œuvre d'une multiplicité de transformations sonores véritablement distinctes, c'est à dire *incommensurables*. J'avais adapté ici le concept Deleuzien de *multiplicité à n-1*[2] : une multiplicité comporte toujours n dimensions (une par acteur) moins celle de l'unité (ou de la *striation*, puisqu'une multiplicité est toujours *lisse*). Je composai donc différents parcours pour les différents instruments, sans les lier aucunement entre eux au niveau des hauteurs et des rythmes, sans même assumer qu'ils étaient effectivement à la même échelle (qu'ils exprimaient une *durée* similaire), mais en arrangeant leur superposition de façon expressive et floue *à grande échelle*. Ceci supposait la disparition de l'harmonie (au sens ou deux instruments ne contribuent jamais à la constitution d'un accord défini) ainsi que de toute organisation de type sériel (autonomie logique des instruments) ou spectral (le spectre unifie les parties qui le composent).

Les différents instruments en jeu dans les pièces composées de cette manière ne se *connaissent* pas entre eux, ne partagent pas un idiome commun. Ils sont des singularités en présence les unes des autres. Il me semble aisé de faire ici un rapprochement avec l'improvisation collective libre.

1) Dans l'improvisation libre, les musiciens ne *connaissent* pas ce que les autres *inventent* (même s'ils peuvent en *reconnaître* des aspects ou des éléments). Pareillement, les parties instrumentales d'une multiplicité écrite sont pensées comme ne se connaissant pas.

2) Sauf arrangement préalable (sauf improvisation « pas tout à fait libre »), la forme globale de l'improvisation collective est une transformation complexe et continue.

1. Stéphane Altier, *Three Images of Time – Form and Transformation, Towards Multiplicity*, thèse de doctorat, Royal Academy of Music – University of London, 2005.

2. Gilles Deleuze, Félix Guattari, *Mille plateaux*, Paris, Minuit, 1980.

L'improvisation libre met en jeu une multiplicité à n-1. La transformation est sa forme naturelle. Notons que ceci est également typique du jazz dont la véritable forme n'est ni la structure bien carrée d'une grille harmonique, ni celle, circulaire de ses retours répétés, mais bien plutôt la transformation continue des relations entre les musiciens[3].

Inécriture et improvisation expressive

Il m'est apparu ensuite que les partitions que je donnais aux musiciens, aux fins d'exprimer une « multiplicité musicale », présentaient des défis aussi considérables qu'inutiles, du fait de l'écart fondamental qui opposait, sans que je m'en sois d'abord rendu compte, les principes de ma composition et les modalités traditionnelles de l'écriture.

En effet, si les singularités à l'œuvre dans une multiplicité ont leurs durées propres, ne *constituant* jamais ensemble tel accord ou tel rythme, si la musique résulte effectivement de leur coprésence même et non des accords et rythmes qui peuvent apparaître entre leurs mouvements singuliers, il n'en est pas de même de l'écriture de cette multiplicité. Car sur la partition, les gestes des instruments sont figés dans une relation précise et immuable.

Et ceci pose problème, d'abord parce que la partition présente alors une image unitaire en complète contradiction avec le principe essentiel de sa composition : la multiplicité. Mais surtout, les musiciens semblent y être invités, comme dans toute musique écrite, à manifester précisément ensemble, par la cohésion rythmique de leur jeu, des figures que le principe de la composition suppose être contingentes (sans valeur particulière). Ce qui entraîne qu'une partie non négligeable de l'effort et de la concentration que chaque musicien devrait consacrer à la mise en œuvre la plus expressive possible de la singularité libre qu'il incarne se trouve perdue dans un effort inutile de cohésion rythmique.

J'ai donc décidé de prendre quelques décisions drastiques. Puisque les singularités en jeu ne se *connaissent* pas mais sont simplement présentes les unes aux autres, il est inutile d'établir de liens écrits entre elles, il est inutile de compiler une partition globale de leurs relations, il est inutile aussi que les musiciens répètent ensemble (il suffit qu'ils travaillent *leur* partition). Le résultat est une pièce pour clarinette, contrebasse et batterie[4] dans laquelle les trois parties séparées (dans lesquelles *tout est écrit* avec force détails) ne sont liées entre elles que par deux signes (la clarinette fait un signe de départ à la contrebasse ; la contrebasse fait un signe de départ à la batterie). Chaque musicien a son propre tempo et joue sa partie, qu'il a travaillée comme un solo, en découvrant au concert la musique des autres et en adaptant son jeu à leur présence réelle ; il n'y a pas de répétition collective.

Il va de soi que chaque interprétation de cette pièce est différente, puisque les tempi effectifs des musiciens varient avec le moment, mais aussi en fonction de l'influence du jeu des autres. A l'occasion d'un récent colloque, j'avais proposé d'appeler cette méthode « inécriture » et le défi demandé aux musiciens d'adapter leur jeu à un contexte inconnu et imprévisible (puisque non répété et variable) « improvisation expressive »

---

3. C'est, selon moi, la vraie forme parce que c'est elle qui donne sa qualité (sa valeur) à l'interprétation d'un standard.

4. *L'Espace le plus noir*, trio créé par François Gagné (clarinette), Olivier Hébert (contrebasse) et Karl Landry (batterie) à la faculté de musique de l'Université de Montréal en 2007.

(Il s'agit en effet ici d'improviser « son jeu » par rapport à ce qui se déroule autour, puisque, encore une fois, tout est écrit dans les parties instrumentales).

Cette méthode pourrait facilement être rapprochée des musiques improvisées. La coprésence des singularités est rendue réelle (comme dans l'improvisation); la non-connaissance de la musique des autres, qui était *supposée* jusqu'alors dans mon travail, sur le plan compositionnel, devient réelle, tout comme dans l'improvisation. La musique est l'événement présent et non plus la re-présentation ambiguë d'une œuvre préexistante (et ici trompeuse).

Flou interprétatif

Cependant, du fait que tout ou presque de chaque partie de ce trio doit pouvoir fonctionner en présence de tout ou presque des autres parties (puisque les tempi varient), cette méthode limite l'ambitus expressif dans lequel je peux écrire le jeu des instruments et empêche la composition d'une forme globale très marquée ou très expressive par elle-même. Celle du trio évoqué ci-dessus est constituée du mélange flou des formes à peine marquées (des vagues évolutions) des trois parties instrumentales. Il s'agit d'une forme nécessairement « homéopathique ».

Cette constatation m'a conduit à définir une seconde façon de résoudre le problème de l'écriture qui, avec celle que je viens de présenter, définit l'espace dans lequel mon travail de composition prendra place dans l'avenir.

Cette seconde solution consiste à écrire normalement la partition globale d'une multiplicité, mais en précisant bien aux interprètes que la cohésion rythmique est sans objet (sans valeur), que seul compte l'expressivité du jeu, et qu'il leur est par conséquent loisible de s'écarter rythmiquement les uns des autres de quelques temps, voire d'une mesure, pourvu que leur effort porte (quasiment) tout entier sur la mise en œuvre expressive de la singularité qu'ils doivent incarner. Ainsi, une pièce très difficile, pour laquelle j'avais eu du mal à trouver des interprètes, a-t-elle pu être créée en août 2007 avec très peu de répétition et à ma plus grande satisfaction[5]. Et même s'il n'y a sans doute pas de moyen objectif de mesurer ceci (et d'ailleurs pas de point de comparaison), je suis convaincu que la souplesse et le caractère naturel de l'interprétation de ce trio très difficile n'auraient pas été possibles sans l'autorisation donnée aux musiciens de fluctuer (en accord avec l'esprit même de l'œuvre) les uns par rapport.

Nous sommes bien loin ici de l'improvisation ou du jazz, mais il me semble possible de faire un parallèle simple : au lieu que dans le jazz, un musicien est autorisé à tout, sauf à ne pas jouer la partition *globale* (la grille et le tempo) et à perturber (ne pas respecter) le jeu des autres; ici, chaque musicien est autorisé à tout, sauf à ne pas jouer sa partition *propre* et à perturber (ne pas respecter) le jeu des autres en prenant une trop grande liberté rythmique. Dans les deux cas, il s'agit de prendre ses distances, non pas par rapport au texte lui-même, mais par rapport à *son statut d'œuvre* (j'y reviendrai), pour renforcer l'expression du présent, de la *présence* des musiciens, de leur *jeu*, au détriment des représentations temporelles et formelles.

Mais qu'est-ce que le présent, la présence ? Et qu'expriment-t-ils que l'œuvre écrite ne contienne pas ?

---

5. *Le Paysage tout entier se trouve nulle-part*, trio créé par John Corban (violon), Jean-Christophe Lizotte (violoncelle) et Chad Heltzel (piano) à la Cathédrale Christchurch de Montréal, en août 2007.

ÉCRITURE ET IMPROVISATION, DÉTOURS ET RACCOURCI

Pour tenter de répondre à ces questions, ô combien philosophiques, je propose de partir de l'axiome suivant :

– le présent, c'est la *minorité absolue*, c'est à dire *l'absence totale d'accumulation*; (je précise qu'il s'agit ici d'un « modèle » sans existence réelle, comparable en cela à celui de la « perception pure » de Bergson).

– *l'accumulation*, c'est au contraire la mémoire, donc les textes, l'écriture et les projections temporelles (passé/futur).

Minorité absolue

On fait quelque chose de proprement singulier quand on s'étonne soi-même, c'est à dire quand notre présent (notre minorité absolue) s'avère imprévisible par l'accumulation de nos expériences; notre expérience et notre mémoire ne peuvent justifier ce que nous faisons, et les mots nous manquent pour le dire, le comprendre et l'expliquer. Disons alors que ce manquement des mots, leur incapacité temporaire à justifier notre présence et notre action, sont le signe même de la création, et que tous les actes que nous pouvons nommer immédiatement *ne créent rien*, et que *nous n'avons pas été présents à nous mêmes* en les accomplissant.

Vue ainsi, la minorité absolue du présent semble pouvoir se manifester de trois manières différentes, dans trois dimensions distinctes :

1) par l'absence d'idée, ce qu'on fait sans le savoir et sans contrôle possible : *minorité du corps présent, immédiat, en acte (« manqué » ou réussi)*;

2) par l'inadéquation entre les discours et représentations présents dans la mémoire individuelle ou collective avec la situation actuelle du corps : *minorité de la singularité psychologique ou sociopolitique* (par exemple, la minorité afro-américaine);

3) par l'urgence d'un dire sans possibilité de dire (pensée hors concept) : *minorité intellectuelle*.

Dans ces trois dimensions, la minorité (la présence, le présent) s'exprimerait non pas dans une véritable *absence* de texte, au sens où il n'y aurait tout simplement pas de texte, pas d'écriture, pas de représentation, mais dans des *interstices* du texte, dans le lieu encore non délimité où les représentations de la mémoire ou de la culture sont fausses, inadéquates, et partant, sources de souffrance (selon Spinoza), dans le lieu donc où le texte n'atteint pas et qu'il cache. Ce lieu est pour moi celui de la création. On devine alors que pour comparer *l'écriture musicale*, *l'interprétation* et *l'improvisation* à partir de cette définition, puisque la triple notion de minorité – présence du corps / individuation psychologique-appartenance sociohistorique/conceptualisation théorique-esthétique – suppose toujours un texte, il faut préciser quel peut être le texte (inadéquat) de l'improvisation.

Quel texte ?

Quel est le texte des musiques improvisées? Et en quoi diffère-t-il de celui d'une sonate de Mozart ou d'un standard de jazz? Pour répondre à cette question, je dois d'abord confesser comment j'entends la musique, comment je l'apprécie, ou pas, qu'est ce qui cause mon plaisir ou mon ennui d'auditeur.

Tout ce que je me sens devoir *reconnaître*, tout ce qui sonne à mes oreilles comme une invitation à exercer un savoir, tout ce qui arrive à ma conscience *avec un nom* (1er ou 2e thème, réexposition, accord de septième diminuée, série originale, renversée, etc.), tout cela m'ennuie, parasite mon plaisir, en me donnant l'impression de faire une dictée d'oreille, de passer un examen… Cela ne veut pas dire que je ne prends aucun plaisir à écouter du Mozart ou du Schoenberg. Car je n'entends pas un accord de septième diminuée chez Mozart, même lorsqu'il est écrit et joué… J'entends sa musique et je me laisse porter par elle. Mais j'entends très clairement le même accord dans une musique plus moderne, aux harmonies plus complexes, et il me gênera ici comme un élément textuel malvenu, comme une distraction. De même, je n'entends pas les réexpositions chez Beethoven, mais j'entends si une musique atonale contemporaine est construite sur un schéma de forme sonate, et ça me gène… Autrement dit, et on verra bientôt que tout ceci n'est pas du tout subjectif, ma *reconnaissance* d'un élément particulier de la musique me fait perdre tout plaisir d'écoute.

Revenons au sujet. Le texte du jazz n'est pas seulement celui du standard ou de la composition; il est constitué de tout ce qu'un musicien reconnaît dans le jeu d'un autre lorsqu'ils jouent ensemble, c'est à dire de tout ce qu'il *sait* que l'autre fait et qui n'est pas le texte écrit. Je dirai donc que *le texte est tout ce qui est reconnu, et rien d'autre*, et dans ce sens, il est essentiel car il permet de jouer du jazz et d'improviser ensemble. Mais il s'agit précisément du même « texte » que celui qui m'empêche d'écouter la musique, et s'il me dérange lorsque j'écoute, c'est *parce qu'il ne m'est pas adressé*, parce qu'en reconnaissant certains de ses éléments, je capte des fragments d'un texte parasite qui est adressé au chef d'orchestre, au musicien, au musicologue… *mais non à l'auditeur que je suis*.

L'improvisation libre ne fait pas exception, même si son texte est souvent bien différent. Il y a bien des années, j'avais formé à Paris un groupe de free jazz (heureusement éphémère…), et dans une des pièces que nous jouions, il y avait un événement sonore (couinements de clarinette basse) qui avaient pour nous valeur de texte: ces couinements nous informaient que nous allions entrer dans « la chasse à l'ours », et disaient au pianiste que j'étais que j'allais devoir jouer plus avec les avant-bras qu'avec les doigts… Mais l'on peut encore réduire le texte à un rôle apparemment plus accessoire: « rendez-vous dimanche… » fait partie du texte de la performance qui aura lieu, si tout va bien, dimanche.

J'ai défini volontairement le texte de façon très large pour en arriver à poser qu'il comporte nécessairement deux aspects antagonistes:

1) le texte qui doit être *reconnu* (savoir ce que signifie « dimanche »);

2) et celui qui doit être *ignoré*: les couinements de clarinette basse, les séries rétrogrades, etc. *pour l'auditeur*, mais aussi bien « dimanche », *pour le musicien qui remarque qu'il a oublié d'y aller, avant de comprendre qu'il ne le voulait pas, pensant sans doute déjà sans le savoir que rien de bon ne se passerait ce dimanche*… et encore telle indication de phrasé *pour l'interprète* qui passe outre et l'oublie… et encore telle façon habituelle de penser les hauteurs ou le rythme pour le compositeur qui écrit soudain des choses qui lui échappent… au moins pour un temps!

La performance suppose que le texte passe, mais la création (même dans la performance) demande qu'il ne passe pas et que la minorité du présent s'exprime, pour le temps microscopique, ultra minoritaire, où quelque chose *advient* hors texte, quelque chose d'imprévisible par le texte immense de la mémoire. La part de création dans la musique est donc aussi microscopique que celle de la minorité absolue du présent, de la présence dans ce que nous nommons le temps.

Dans la partition même des musiques écrites, elle est nulle. Toute création repose ici sur ce que l'interprète ou le musicologue y ajoutent, par oubli, erreur, méconnaissance, préjugé, par tout ce qui exprime leur présence réelle et leur minorité absolue. Dans le travail du compositeur, elle se résume, au mieux, à très peu de chose ; souvent à rien. Dans le jazz aussi, la part de création est limitée à des moments « limite », possiblement angoissants, ou l'on n'est pas sûr de savoir, de reconnaître ce qui se passe… Enfin, dans l'improvisation libre, la part de création ne saurait être plus grande que dans les autres musiques. Sa taille, comme pour toute musique, est celle du présent, de la minorité absolue.

Œuvre et machine

Bien sûr, il pourra sembler que je me suis livré ici à un exercice aussi facile qu'inutile, consistant à réfuter toute différence entre des musiques de toute évidence bien distinctes. L'exercice est facile parce qu'il fait appel à un axiome et une notion absolue, et inutile parce qu'il ne permet ni de fonder une distinction claire entre écriture et improvisation, ni d'affirmer sérieusement qu'il n'y en a point, puisque cette différence existe ! Ce qui le justifie à mes yeux est qu'il permet de préciser que cette différence est *de degré* et non *de nature* ou *d'essence*. Il aurait peut-être été plus simple de vous demander d'entrée de jeu de m'accorder ce point, mais il n'aurait pas été possible alors de bien s'entendre sur ce qu'est le texte, que j'ai défini plus haut comme « *tout ce qui est reconnu, et rien d'autre* ». Il n'aurait pas été possible non plus de distinguer entre le texte *qui m'est adressé* (comme musicien, par exemple) et *celui qui parasite mon écoute*, justement parce qu'il ne m'est pas adressé ; et en fin de compte, il ne m'aurait pas été possible de poser les deux termes sur lesquels je vais maintenant conclure rapidement : l'« œuvre » et la « machine ».

Un standard de jazz est avant tout une « machine », c'est à dire une *présence textuelle* avec laquelle le musicien explore autre chose, mais c'est aussi une « œuvre » (une forme reconnaissable). Une sonate classique est une « œuvre », mais c'est encore une « machine » avec laquelle on peut faire exister quelque chose d'autre, de non reconnaissable. Enfin, l'improvisation libre demande un minimum textuel (un « *pré-texte machinique* » : « rendez-vous dimanche », etc.) dont les effets (l'improvisation a lieu) sont « reconnus » (sont l'œuvre), mais les improvisations les plus libres sont également souvent construites autour de quelques grandes lignes décidées au préalable et qui constituent à la fois une « machine » et une « œuvre », d'ailleurs aussi bien au sens légal.

Rien ne séparerait alors l'improvisation de l'*acte* d'écriture ou d'interprétation, sinon notre tendance variable à considérer tout texte (qu'il soit musical ou autre, écrit ou mémorisé) comme une œuvre (un objet) ou comme la possibilité d'un échange (une machine). Et ce que l'improvisation, l'interprétation et l'écriture rendent différemment sensible, tour à tour ou dans un même geste, c'est la même minorité d'une présence et l'écho immense de son contexte.

CONDUCTUS 1, UNE PARTITION EN MOUVEMENT

Jérôme BLAIS

QU'EST-CE QU'UNE PARTITION MUSICALE?

C'est la question que j'ai commencé à me poser vers la fin des années 1990, peu de temps après le début de mon doctorat, dont le sujet était la rencontre de l'improvisation et de la composition dans des œuvres de musique de concert[1]. En effet, cette période a été marquée, du moins en ce qui me concerne, par une quête de la partition « idéale », c'est-à-dire une partition qui pourrait efficacement me permettre de contrôler le discours musical tout en faisant place à la créativité de l'interprète. Après quelque temps, cette quête m'a semblé vouée à l'échec, puisqu'il me paraissait impossible de mettre sur papier toutes les indications nécessaires à la transmission adéquate de mes idées musicales, en particulier celles qui se rapportent à l'improvisation. Cette forme d'expression ayant toujours été associée à l'oralité, les systèmes de notation développés en Occident au cours des siècles, même les innovations des représentants de l'avant-garde européenne de la seconde moitié du siècle dernier (Henri Pousseur[2], Witold Lutoslawski[3], Vinko Globokar[4]), ne s'avéraient, pour moi, jamais totalement satisfaisants. J'ai alors pensé réviser la définition même de partition musicale, et décidé de l'élargir de façon à y inclure, en plus du traditionnel imprimé, des composantes additionnelles qui tiendraient compte de l'oralité inhérente à l'improvisation tout en étant adaptées aux développements récents de la technologie.

J'exposerai ici l'état actuel de ma réflexion sur ce sujet en prenant pour exemple la partition d'une composition récente, *Conductus 1*, pour ensemble instrumental et chef, une partition qui se divise en quatre éléments distincts : deux imprimés, un enregistrement audio, un enregistrement vidéo.

C'est en observant la façon dont travaillent les musiciens de jazz que m'est venue l'idée qu'une partition n'est pas toujours ce que l'on croit. Ces musiciens utilisent, en effet, l'enregistrement sonore avant même la partition « papier » comme principal outil de transmission musicale. Dans son article intitulé « The History of Remembered

1. Jérôme Blais, *Vers une symbiose de la composition et de l'improvisation dans cinq œuvres de musique de concert*, Thèse de doctorat, Université de Montréal, 2003. *Cf.* également jeromeblais.ca

2. Henri Pousseur, *Mobile, pour deux pianos*, Milan, Edizioni Suvini Zerboni, 1961.

3. Witold Lutoslawski, *String Quartet*, Londres, Chester Music, 1970.

4. Vinko Globokar, *Discours VII, pour quintette de cuivres*, Paris, Éditions Ricordi, 1987.

Innovation », José Bowen décrit ainsi le principal mode d'apprentissage des œuvres dans le milieu du jazz : « L'interprète qui apprend une nouvelle mélodie le fait en écoutant des exemples concrets de celle-ci. La nouvelle interprétation sera ainsi jugée en fonction de versions existantes »[5]. Peu après le début de mon doctorat, j'ai donc moi-même commencé à utiliser d'autres supports que le traditionnel imprimé, tant pour la transmission des œuvres que dans le processus de création de celles-ci. En effet, l'élaboration de mes compositions s'est alors accompagnée d'un travail de « terrain » à l'aide duquel je testais mes idées directement avec les musiciens au cours de séances d'improvisation. Après chacune de ces séances, je créais un montage de l'enregistrement sonore du travail qui y avait été réalisé pour expliquer aux musiciens les consignes de la prochaine séance. À la fin du processus, les musiciens disposaient d'un enregistrement leur permettant de préparer l'exécution de la version finale de l'œuvre.

L'utilisation de documents sonores dans le processus de création et de transmission des œuvres occupe, depuis, une place de plus en plus importante dans ma démarche, ainsi qu'en témoigne *Conductus 1*. Cette œuvre consiste en une « conduction » (contraction de « conducted improvisation »), une forme d'improvisation collective apparue dans les années 1960 et dont la matière musicale est communiquée aux musiciens d'un ensemble par un chef, souvent lui-même compositeur de l'œuvre, avec l'aide de signes visuels[6]. Ces signes peuvent être exécutés avec les mains ou à l'aide d'éléments extérieurs tels des objets, des cartes, des projections de couleurs, etc. Il s'agit d'une façon de faire qui a aussi été explorée par des musiciens montréalais (comme Jean Derome, en 1982)[7], mais que l'on retrouve davantage dans le monde anglo-saxon.

PREMIER ÉLÉMENT : LE *LEAD SHEET*

Le premier des quatre éléments de la partition de *Conductus 1* consiste en un imprimé qui s'apparente à un *lead sheet*[8] de jazz; il contient, sur deux pages seulement, l'ensemble des indications nécessaires à l'exécution de la pièce (voir à la fin de cet article Figures 1 et 2 : pages 1 et 2 du *lead sheet* de *Conductus 1*).

Conductus 1 est basée sur des fragments musicaux que j'appelle des « gestes ». Ils proviennent de diverses sources musicales historiques : les gestes 2 et 3, faits de mélodie pure, sont respectivement construits à partir de l'*Épitaphe de Seikilos* (Iᵉʳ siècle après

5. « The new player decides how to play the tune by listening to concrete examples of it. The new performance will be heard against the background of previous performances », José Bowen, « The History of Remembered Innovation: Tradition and its Role in the Relationship between Musical Works and their Performances », *The Journal of Musicology*, Vol. XI, n° 2, 1993, p. 149. (Traduction de l'auteur).

6. *Cf.* Michael Galinsky, « Prime Conductor », *Signal to Noise: The Journal of Improvised and Experimental Music*, n° 30, 2003, p. 14-18; Guy Barry, *Witch Gong Game*, Kilkenny, Ireland, Griffinstown Co, 1994; Lawrence Morris D., *Testament : A Conduction Collection*, Vol. 1, New York, New World Records, 1995; John Zorn, « The Game Pieces », *Audio Culture, Readings in Modern Music*, New York, Christoph Cox (ed.), 2004, p. 196-200.

7. Jean Derome, *Spectacles, Un tarot des arts du temps*, inédit, Centre de musique canadienne, 1982.

8. « Lead sheet. A score, in manuscript or printed form, that shows only the melody, the basic harmonic structure, and the lyrics (if any) of a composition », (Robert Witmer, *The New Grove Dictionary of Jazz*, Vol. 2, Londres, Macmillan Publishers, 1988, p. 17.) « *Lead sheet.* Une partition, sous forme manuscrite ou imprimée, laissant uniquement apparaître la mélodie, la structure harmonique et les paroles (s'il y a lieu) d'une composition. » (Traduction de l'auteur).

J.-C.) et de la chanson *En cossirer et en esmai*, de Bernard de Ventadour (seconde moitié du XIIe); les gestes 4 à 7, qui consistent en un mélange de mélodie et de rythme, tirent leur origine de la chanson *Rose, liz, printemps, verdure* de Guillaume de Machaut (4 et 5) (mi-XIVe siècle), et d'une Estampie française du *Manuscript du Roi* (fin du XIIIe siècle) (6 et 7) ; enfin, les gestes 8 et 9, purement rythmiques, sont issus de la métrique des gestes 4 à 7.

À ces gestes, qui occupent la colonne de gauche du *lead sheet*, correspondent des « options » que l'on trouve dans les trois colonnes de droite. Ces options représentent des variations rythmiques, timbrales, micro-tonales et chromatiques des gestes auxquels elles se rattachent. Chacun des gestes et options est lié à un code visuel que le chef utilise pour communiquer ses consignes aux musiciens (voir photos sur la partition) : les gestes sont indiqués par les doigts pointés vers le haut, et les options par les doigts pointés vers le bas. Le *lead sheet* contient aussi des codes se rapportant à différents paramètres pouvant être contrôlés par le chef : le registre (grave, moyen, aigu), les nuances (*piano, forte*), l'articulation et le timbre (attaque *pizzicato*, attaque « percussive », son de type « distorsion », son « étouffé », son *ordinario*).

C'est en assemblant ces gestes et ces options de différentes manières que le chef construit sa propre version de l'œuvre. En ce sens, le *lead sheet* de *Conductus 1* s'éloigne de la tradition du jazz, selon laquelle un *lead sheet* implique une séquence fixe d'événements musicaux (un nombre prédéterminé de mesures contenant une séquence harmonique ne pouvant être brisée). Le *lead sheet* de *Conductus 1* n'impose, pour sa part, aucune restriction temporelle : chacun des éléments qui le composent peut être entendu avant ou après n'importe quel autre élément et peut être répété à volonté. Il existe donc une infinité de manières d'exploiter et de combiner les gestes qui sont à la base de l'œuvre. Par exemple, on peut juxtaposer n'importe quels gestes (combinaison « horizontale », donc l'un après l'autre), ou les superposer (combinaison « verticale », ou simultanée). Un même geste peut également être assigné à plusieurs musiciens de l'ensemble, que ce soit à l'unisson, à l'octave ou même en canon. On peut aussi choisir un geste et le combiner à une ou plusieurs de ses options, ou exploiter un geste donné avec une option se rattachant à un autre geste. Il est encore possible d'exploiter des options seules, sans leur geste « source ». Et ainsi de suite …

DEUXIÈME ÉLÉMENT : LES ENREGISTREMENTS SONORES

Le chef peut choisir de construire sa version en temps réel sans idée préconçue de la forme, ou la préparer d'avance. Dans l'un ou l'autre cas, il est bénéfique d'écouter les exécutions déjà existantes de l'œuvre, comme le font les musiciens de jazz ; on décidera alors de s'en inspirer ou, au contraire, de s'en éloigner. C'est pourquoi le deuxième élément de la partition de *Conductus 1* consiste dans l'ensemble des enregistrements audio des versions existantes de l'œuvre, dont l'écoute offre au chef une perspective globale sur le potentiel de développement d'une nouvelle interprétation.

Cette façon de faire, qui s'apparente aux méthodologies des musiques de tradition orale en général et plus particulièrement du jazz, fait en sorte que l'œuvre évolue au gré des versions produites et enregistrées par différents musiciens, chaque version influençant la prochaine. Dans l'article mentionné plus haut, José Bowen décrit ce phénomène en prenant comme exemple le thème *Round Midnight* de Thelonious Monk. Il souligne que certains éléments de la version sur disque de Dizzy Gillespie ont été à ce point repris par des musiciens que l'on a fini par les considérer comme faisant partie intégrante du thème[9]. Un phénomène similaire s'est produit avec les deux versions existantes de *Conductus 1* que j'ai moi-même produites – la première, comme nous le verrons, ayant un impact certain sur la deuxième.

TROISIÈME ÉLÉMENT : LES PLANS SCHÉMATIQUES

Du deuxième élément de la partition que constitue l'ensemble des enregistrements découle un troisième, de forme imprimée cette fois : le plan schématique des réalisations existantes de l'œuvre. Il s'agit, en quelque sorte, d'une « carte routière » qui permet, lors de l'écoute de l'enregistrement audio d'une interprétation, de mieux s'y retrouver, d'en mieux comprendre la forme (voir Figure 3 à la fin de cet article : plan schématique de *Conductus 1*, première version, pour octuor de saxophones).

Conductus 1 a été créée sous ma direction à Halifax le 4 avril 2006, par un octuor de saxophones formé du Quatuor de saxophones Quasar de Montréal, ainsi que du quatuor Halifax Sax[10] lors d'un concert intitulé « Sax Face Off » ou « Face-à-face de saxophones ». Afin d'appuyer ce concept de *face à face*, j'ai choisi de disposer les deux quatuors de part et d'autre de la scène (voir plan schématique). Ceci a permis d'appuyer une approche antiphonale que j'ai adoptée pour certains passages, comme on peut le constater sur le plan schématique, au tout début de la version : Quasar joue alors un contrepoint tout en douceur, construit à partir du geste 3, et continue ce contrepoint de façon soutenue, alors qu'Halifax Sax fait son entrée, en homorythmie, avec un geste contrastant sur le plan du rythme (geste 6) et dans une nuance *forte.* La décision d'opter pour un caractère antiphonal aura d'ailleurs des conséquences importantes sur l'élaboration de la deuxième version de *Conductus 1*, que je dirigerai quelques semaines plus tard.

Il faut savoir que les deux quatuors de saxophones en présence ici sont extrêmement différents l'un de l'autre : Quasar, un ensemble de type « classique », privilégie un son contrôlé et pur, ainsi qu'une articulation finement ciselée, alors qu'Halifax Sax représente une approche du son et de l'articulation influencée par le jazz, fort différente de celle de Quasar. Or les passages exploitant l'antiphonie ont contribué à mettre en évidence ces différentes approches de l'articulation et du son d'une manière qui m'est apparue, *a posteriori*, comme peu satisfaisante. Non pas que l'un des deux ensembles est meilleur que l'autre, mais ils sont si différents qu'il me semblait que la pièce fonctionnait mieux lors des passages où je n'exploitais pas cette opposition mais où je créais plutôt des sous-ensembles réunissant des membres des deux quatuors de façon plus organique. On retrouve par exemple à 7'40 de cette première version (voir plan schématique) un sous-ensemble basé sur l'instrumentation, soit un duo réunissant les saxophones barytons des deux quatuors (Bouchard, Hatfield). Les deux musiciens improvisent ici dans un style

---

9. Bowen, « The History of Remembered Innovation : Tradition and its Role in the Relationship between Musical Works and their Performances », p. 151-157.

10. Le quatuor de saxophones Quasar est formé de Marie-Chantal Leclair, soprano ; Mathieu Leclair, alto ; André Leroux, ténor; Jean-Marc Bouchard, baryton. Halifax Sax est formé de Danny Oore, soprano; Chris Mitchell, alto ; Paul Cram, tenor ; Dawn Hatfield, baryton.

lyrique et la connivence qui se dégage de leur dialogue tranche avec le caractère d'opposition marquant le début de la version.

À 13'05, un autre sous-ensemble met plutôt en évidence des affinités instrumentales et stylistiques : les soprani des deux quatuors (M-C. Leclair, Oore) de même que l'alto de Quasar (M. Leclair) improvisent dans le registre aigu de leurs instruments mais dans une nuance très douce, technique que chacun de ces musiciens maîtrise avec brio.

À 10'45, ce sont uniquement les affinités stylistiques qui ont motivé mon choix, le sous-ensemble alors à l'œuvre réunissant les trois musiciens les plus versés dans l'art de l'improvisation jazz (Cram, Mitchell, Leroux). Accompagnés d'une figure rythmique répétitive, les trois musiciens s'adonnent à une sorte de joute musicale, s'échangeant des fragments de phrases dans un style rappelant le *free jazz*. Ces musiciens, parfaitement à l'aise dans ce contexte, s'exécutent donc avec la plus grande spontanéité, transcendant ainsi l'appartenance à deux ensembles différents.

Deux mois après cette première performance, une deuxième version de *Conductus 1* a été exécutée en concert à Halifax, toujours sous ma direction. L'instrumentation se composait cette fois de deux quintettes, l'un à vent (flûte, hautbois, basson, deux clarinettes basses), l'autre à corde (violon baroque, violon, alto, violoncelle, contrebasse)[11]. Comme pour la première version, des musiciens de Halifax et d'ailleurs étaient réunis, mais les difficultés étaient plus importantes étant donné l'instrumentation hétérogène, et parce que ces musiciens n'avaient pas l'habitude de jouer les uns avec les autres. De plus, le défi de créer une version cohérente était augmenté par le fait que plusieurs de ces musiciens appartiennent à des « écoles » d'improvisation fort différentes les unes des autres : Lori Freedman et Jean René, par exemple, sont associés à la scène montréalaise de musique dite « actuelle »[12], tandis que Jeff Reilly développe depuis de nombreuses années un style lyrique fortement modal et que Maya Homburger fait carrière en violon baroque.

J'ai voulu ainsi éviter, pour cette deuxième version, l'antiphonie de la première version. Par exemple, je n'ai pas effectué de regroupements de type « géographique » (Halifax *vs* autres) ou instrumental (vents *vs* cordes), mais j'ai plutôt cherché à privilégier une configuration imbriquée et à créer des combinaisons comme celles qui avaient bien fonctionné dans la première version, une approche qui se reflète dans le plan de scène contenu dans le plan schématique de la deuxième interprétation de l'œuvre. En effet, il est à remarquer qu'ici la disposition des musiciens présente une alternance de vents et de cordes, dans une progression de l'aigu vers le grave, et que les musiciens locaux et d'ailleurs se retrouvent des deux côtés du demi-cercle (voir Figure 4 à la fin de cet article : plan schématique de *Conductus 1*, deuxième version, pour deux quintettes).

Un premier exemple d'une combinaison imbriquée se trouve au début de la section B, qui présente un sous-ensemble formé des instruments graves de l'ensemble, cordes et vents réunis. Par la suite, ce sont les instruments aigus qui sont au premier plan, cordes et vents confondus (9'22 à 11'32). Le désir d'éviter toute opposition antiphonale se remarque dans bien des aspects du plan schématique de cette version, par exemple dans

11. Les musiciens ayant participé à cette version sont Maya Homburger (Suisse), violon baroque; Gina Burgess (Halifax), violon; Jean René (Montréal), alto; Matt Brubeck (Toronto), violoncello; Lukas Pierce (Halifax), contrebasse; Ruth Boggild (Halifax), flûte; Suzanne Lemieux (Halifax), hautbois; Christopher Palmer (Halifax), basson; Lori Freedman (Montréal) et Jeff Reilly (Halifax), clarinettes basses.

12. *Cf.* Sophie Stévance, *Musique actuelle*, à paraître aux Presses de l'Université de Montréal.

les entrées, qui se font de façon beaucoup plus graduelle que dans la version pour deux quatuors de saxophones où de nombreuses entrées se font en bloc.

L'influence de la première version de *Conductus 1* sur la deuxième a donc été décisive grâce à l'étude et à l'analyse que j'ai faites *a posteriori* des éléments 2 et 3 de ma partition, soit l'enregistrement audio et le plan schématique. En effet, l'interprétation de *Conductus 1* pour vents et cordes aurait été fort différente si elle avait été produite avant celle pour octuor de saxophones.

QUATRIÈME ÉLÉMENT : LES ENREGISTREMENTS VISUELS

Il existe un quatrième élément à la partition multiforme de *Conductus 1* : un enregistrement vidéo montrant le chef en train de diriger la pièce. J'ai effectivement enregistré sur DVD les deux versions déjà exécutées à Halifax. Ce DVD contient des index qui font référence aux différentes sections de la pièce telles qu'on les retrouve dans les plans schématiques. Un chef préparant sa propre version de la pièce peut donc, en étudiant le plan schématique, consulter le DVD pour une section particulière afin d'avoir un exemple concret de la façon dont se donnent les codes visuels pour les gestes utilisés dans cette section. J'ai moi-même utilisé ce document visuel afin de préparer ma deuxième interprétation de l'œuvre, ce qui m'a permis, entre autres, d'améliorer ma technique et mes stratégies de direction de l'ensemble. À l'instar des enregistrements sonores des différentes versions qui font évoluer l'œuvre, les enregistrements visuels des différents chefs auront un impact sur la façon d'aborder l'œuvre en ce qui concerne sa direction, chaque chef apportant sa propre contribution.

UNE PARTITION EN MOUVEMENT

Pour le musicien qui se prépare à jouer pour la première fois *Conductus 1*, l'étude de chacun des éléments de la partition permet une compréhension approfondie de l'ensemble de l'œuvre; l'étude de l'enregistrement vidéo, par exemple, facilite la compréhension pratique des codes visuels et de leur utilisation par le chef. Après tout, une image ne vaut-elle pas mille mots? Cette façon de faire s'est avérée extrêmement efficace dans le contexte de la deuxième version parce que celle-ci impliquait des musiciens de Montréal, Toronto et d'Europe. Chacun des dix musiciens impliqués dans cette version avait donc reçu, plusieurs semaines avant le concert, les quatre éléments constituant la partition, soit le *lead sheet*, l'enregistrement audio de la première version, le plan schématique de cet enregistrement audio ainsi que l'enregistrement vidéo du chef dirigeant la première version. Lorsque tous ces musiciens sont arrivés à Halifax, ils connaissaient déjà le fonctionnement de la pièce, ce qui nous a permis de gagner du temps au moment des répétitions. De plus, même s'ils savaient que le résultat final d'une telle pièce demeurait imprévisible, ils avaient déjà, grâce aux quatre éléments de la partition, une certaine idée de ce que le matériel de base pouvait générer en tant qu'organisation formelle et comme type d'expression musicale.

Puisque la pièce fait une large place à la créativité du chef, il est impératif que le compositeur pose des limites claires à l'appropriation par un autre chef de la matière brute du *lead sheet*; il faut « donner le ton ». Or, comme il est pratiquement impossible, avec une pièce de ce type, d'établir efficacement de telles limites par le seul biais de l'imprimé, il convient d'utiliser une combinaison de moyens incluant également des documents audio et vidéo qui, eux, évolueront constamment au gré des nouvelles versions. Ainsi, la partition de *Conductus 1*, polymorphe du fait des différents éléments qui la composent, s'avère une partition en mouvement…

Jérôme Blais, *Lead sheet* de *Conductus 1*, page 1 (Format original : 28 x 43 cm.)

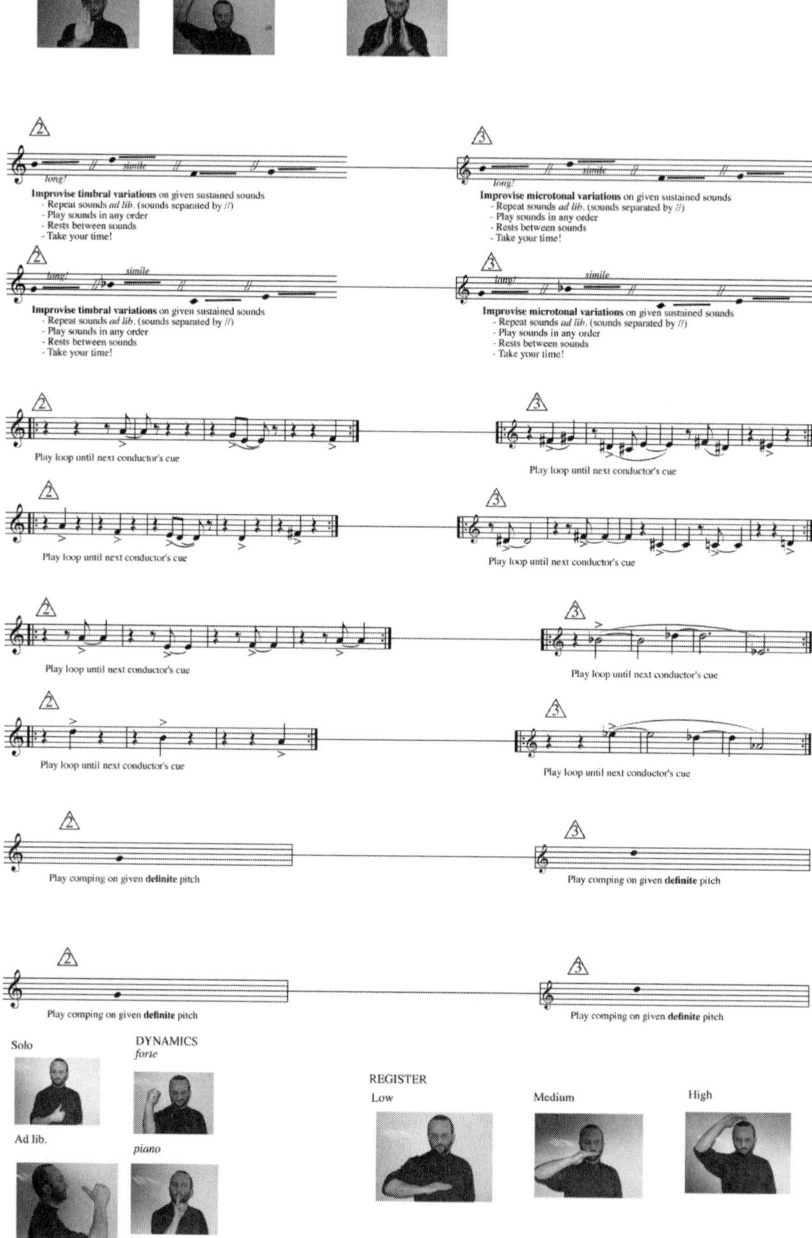

Jérôme Blais, *Lead sheet* de *Conductus 1*, page 2.

Saxophone Octet - Plan
Halifax, April 4, 2006

Jérôme Blais

Soprano Saxophone 1
Alto Saxophone 1
Tenor Saxophone 1
Baritone Saxophone 1
Soprano saxophone 2
Alto Saxophone 2
Tenor Saxophone 2
Baritone Saxophone 2

Q1 in Unison
Q2 in Unison
Q2 in Canon
Q2 in Unison

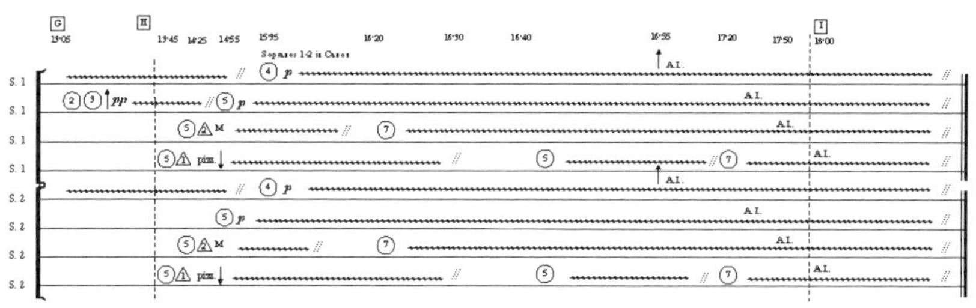

Sopranos 1-2 in Canon

LEGEND:

- ② etc... : Gesture
- ⚠ etc... : Option
- M : Muted sound
- A.I. : Ad lib.
- Inn. : Inconnu
- ↑ : High register
- ↓ : Low register

PERFORMERS/SEATING PLAN:

Jérôme Blais
Conductor

Dawn Hatfield
Baritone Saxophone 2

Jean-Marc Bouchard
Baritone Saxophone 1

Paul Cram
Tenor Saxophone 2

André Leroux
Tenor Saxophone 1

Chris Mitchell
Alto Saxophone 2

Mathieu Leclair
Alto Saxophone 1

Danny Oore
Soprano Saxophone 2

Marie-Chantal Leclair
Soprano Saxophone 1

See reverse for string and wind textet

Jérôme Blais, Plan schématique de *Conductus 1*, première version, pour octuor de saxophones. (Format original : 28 x 43 cm.)

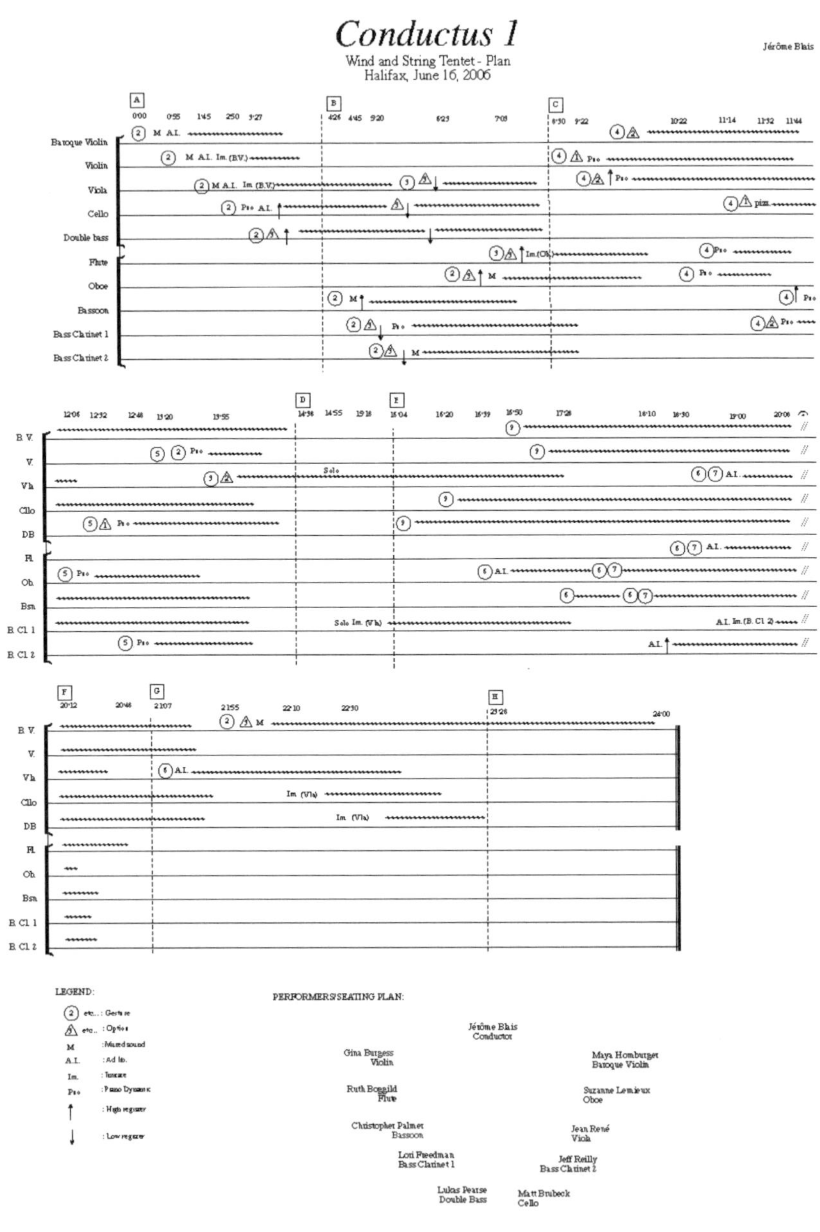

Jérôme Blais, Plan schématique de *Conductus 1*, deuxième version, pour deux quintettes. (Format original : 28 x 43 cm.)

LES RELATIONS D'ACCORDS : PROPOSITION POUR UN SYSTÈME D'ORGANISATION HARMONIQUE STRUCTURELLE À L'INTÉRIEUR D'UN DISCOURS NON TONAL

Georges DIMITROV

Nos recherches doctorales visent à la constitution, dans un cadre non tonal, d'un langage harmonique cohérent doté d'une structure syntaxique. Cette présente étude en expose les premiers résultats. Ceux-ci s'articulent en trois temps : il s'agira avant tout de décrire les théories et les positions qui nous ont permis de cerner ces objectifs, pour ensuite avancer certains principes d'organisation retenus pour y parvenir; enfin, nous proposerons un exemple d'application du système dans une courte pièce pour piano.

RÉFLEXIONS ET OBJECTIFS

Les recherches du dernier quart de siècle ont démontré l'importance des groupements (*patterns*) pour la perception musicale. Leonard Meyer[1], Lerdhal et Jackendoff[2] ou John Sloboda[3] l'envisagent comme le moyen d'appréhender, de produire et de mémoriser un discours musical donné. Tous soulignent encore le caractère hiérarchique des groupements effectués qui confère une structure à la musique en établissant une discrimination essentielle entre éléments forts et éléments faibles du discours. Ces théoriciens ont ainsi démontré que l'organisation des hauteurs dans la musique tonale présente un cas idéal d'une telle segmentation temporelle hiérarchisée à plusieurs niveaux :

1) les unités harmoniques se regroupent de manière récursive à des niveaux hiérarchiques supérieurs pour former une macrostructure. S'achevant respectivement sur la dominante et la tonique, les deux phrases d'une période standard agissent comme un couple fonctionnel à leur niveau hiérarchique; il en est ainsi de la zone tonale au ton de la dominante qui clôt l'exposition d'une forme-sonate classique, et celle au ton principal qui clôt la réexposition.

---

1. Leonard B. Meyer, *Explaining Music*, Berkeley, University of California Press, 1973.
2. Fred Lerdhal, Ray Jackendoff, *A Generative Theory of Tonal Music*, Cambridge, MIT Press, 1983.
3. John Sloboda, *The Musical Mind : The Cognitive Psychology of Music*, New York, Oxford University Press, 1985.

2) La présence d'une harmonie structurant le discours définit comme notes structurelles et attendues les notes de cette harmonie : ceci permet l'ornementation de la surface musicale par des notes « étrangères », établissant une microstructure à des niveaux hiérarchiques subordonnés.

Les autres paramètres du discours harmonique (mélodie, rythme, dynamique, timbre...) ont également leur propres structures : elles délimitent autant de parcours temporels parallèles et agissent en contrepoint avec l'organisation des hauteurs. Cette organisation est d'ailleurs le fondement qui va coordonner et assimiler les autres paramètres[4].

Comme le soulignent Lerdhal et Jackendoff dans la conclusion de leur ouvrage, ces processus de hiérarchisation et de segmentation sont sciemment évités dans la plupart des œuvres du répertoire moderne par des processus visant à nier toute stabilité dans l'organisation des hauteurs, au nom de la liberté obtenue en échappant au pouvoir d'attraction du centre tonal. L'organisation de ces musiques s'effectue en fonction des autres paramètres (rythmes, mélodies et timbres) ou des indices de saillance, ainsi qu'en témoignent les expériences de Michel Imberty sur les *Sequenza* de Berio. Toutefois, ces pièces sont souvent dépourvues d'une structure harmonique au sens décrit ci-dessus.

Certains compositeurs du XXe siècle ont également eu une pensée essentiellement harmonique en concevant des systèmes où le retour d'un ensemble de hauteurs jouait le même rôle, mais toujours par rapport à des hauteurs fixes. Scriabine, par exemple, a tenté une telle hiérarchisation : dans l'exposition d'une forme sonate, il utilise deux transpositions différentes de la gamme octatonique pour présenter deux groupes thématiques, ou encore dans la réexposition, le deuxième groupe thématique revient dans la transposition du premier et reprend un modèle tonal connu. D'autres compositeurs ont, quant à eux, cherché à structurer leur discours par le retour périodique de plusieurs ensembles de classes de hauteurs : plutôt que le retour de hauteurs précises, c'est le retour d'une ou de plusieurs « sonorités » qui marque la structure. Nous pensons que ce type d'approche est encore trop vague pour constituer un véritable langage harmonique. En effet, en se concentrant sur la composition du matériau musical sans en régir explicitement les relations au sein d'un système codifié (ce qui ne signifie pas que ces relations ne peuvent être pensées empiriquement par le compositeur ou exister dans l'œuvre, comme résultat de ce que Jean-Jacques Nattiez nomme une *conduite poïétique inconsciente*), seule peut être opérée efficacement la segmentation temporelle du discours harmonique au niveau local, sans possibilités réelles de hiérarchisation à plus grande échelle de la macrostructure.

L'objectif sera alors de tenter de réunir ces deux approches et de réaliser une telle segmentation hiérarchisée du temps par le truchement de l'organisation des hauteurs en restant dans un cadre non tonal. Les relations qu'entretiennent entre eux les ensembles de hauteurs verticaux (ou accords) sont une composante essentielle des dimensions affective et sémantique de la musique : il est possible de les employer pour recréer de nouvelles polarisations se substituant aux traditionnelles.

---

4. *Cf.* Pierre Boulez, *Penser la musique aujourd'hui*, Mayence, éditions Gonthier, 1963 ; Richard Franko Goldman, *Harmony in Western Music*, New York, W.W. Norton, 1965.

DESCRIPTION DU SYSTÈME PROPOSÉ

Pour illustrer le concept de *relation d'accord*, observons l'exemple simple du passage d'un accord mineur à un accord majeur (Fig. 1). Il existe douze prototypes d'enchaînements possibles, selon l'intervalle de progression entre les deux fondamentales, chacun ayant une « couleur » individuelle (à défaut d'un terme plus précis) et un effet psychologique distinct[5].

Georges Dimitrov, *Les douze prototypes d'enchaînements liant un accord mineur (037) à un accord majeur (047)*

Notre hypothèse est que cette « couleur d'enchaînement » reste inchangée par la transposition du couple d'accords (Fig. 2). Les quatre enchaînements présentés dans l'exemple (les douze ne sont pas tous ici reproduits par économie d'espace) sont autant de représentations d'une même *relation d'accords* abstraite (identifiée sous chaque enchaînement), celle qui lie un accord mineur à un accord majeur par un intervalle de progression ascendant de 9 demi-tons.

Georges Dimitrov, *Quatre représentations d'une même relation d'accords (037), (047)*

Nous proposons une syntaxe harmonique où la structure serait déterminée par le retour périodique de relations d'accords définies (proposition qui inclut automatiquement le retour d'ensembles de classes de hauteurs définis). En isolant des enchaînements

---

5. Pour le système proposé, nous employons la notation issue de la *Set Theory* de Allen Forte, puisqu'elle fournit des outils universellement répandus pour identifier tout ensemble de notes au sein du système tempéré égal. De plus, l'identification des intervalles en demi-tons rend plus simple la conceptualisation des enchaînements dans un cadre atonal. Toutefois, nous ne considérons pas comme équivalentes les deux inversions d'un même ensemble de classes de hauteurs, employant les suffixes A et B pour identifier la forme originale de Forte et son renversement.

d'accords particuliers et en les employant à l'exclusion de tous autres dans le cadre de réseaux harmoniques prédéfinis, il devrait être possible d'établir un conditionnement auditif propre à chaque passage ou chaque œuvre, qui créerait, pour la durée d'un réseau, une certaine « couleur harmonique » ou « couleur modale » non reliée à une note tonique définie.

L'alternance des différents réseaux harmoniques crée autant de zones harmoniques qui peuvent servir à effectuer une segmentation du discours au niveau de la macro-structure selon le modèle des différentes tonalités au sein du système tonal. Le passage entre ces zones pourra, par exemple, être réalisé par des ensembles de classes de hauteurs communs qui joueraient un rôle d'accords pivots, et ces zones pourront entretenir entre elles tous rapports désirés par le compositeur (inversions, sous-ensembles, axes complexité/simplicité, densité/clarté…). Les relations d'accords se chargent de la segmentation au niveau intermédiaire de la structure du discours, tandis que les attentes créées par la réitération de ces relations définissent à tout instant une harmonie donnée, permettant son ornementation par tous les moyens contrapuntiques usuels. Par conséquent, la surface musicale sera elle aussi hiérarchisée par la distinction faite entre les notes intégrantes et les notes ornementales.

EXEMPLE D'APPLICATION : *24 PRÉLUDES D'APRÈS CHOPIN, NO 1*

La structure harmonique de ce prélude (dont la partition est jointe en conclusion de l'article) emploie deux réseaux harmoniques dont les accords constituants sont en rapport d'inversion. La structure du premier réseau est composée de trois accords de quatre sons, de même que des intervalles de progression qui définissent les relations permettant de passer d'un accord à l'autre (Fig. 3). Ces intervalles sont mesurés en demi-tons entre les notes fondamentales de chaque structure. Celles-ci sont choisies afin d'obtenir une disposition se rapprochant d'un accord par tierces superposées. Le tableau ci-dessous donne la classification attribuée à l'accord selon les tables et la forme de référence de Forte, l'état fondamental effectivement utilisé dans la pièce et le vecteur qui décrit son contenu intervallique. Ce schéma signifie, par exemple, qu'après chaque accord A suivra soit un accord B à distance de 10 demi-tons, soit un accord C à distance de 10 demi-tons. L'accord B pourra, quant à lui, être suivi d'un autre accord B 4 demi-tons plus haut ou d'un accord C 9 demi-tons plus haut. Quand à l'accord C, il n'a qu'une seule « résolution » vers un accord A à distance de 4 demi-tons.

La restriction du discours à ces seules relations garantit la cohérence de l'harmonie et donne à l'ensemble de zone harmonique une même couleur, tandis que le jeu des fondamentales suivra une perpétuelle dérive dans l'espace sonore, évitant ainsi le retour à une même note qui pourrait agir comme centre tonal. Ces réseaux peuvent avoir une certaine analogie avec les chaînes de Markov mais ne font pas appel à des relations de probabilité; ils laissent alors au compositeur la liberté de choisir entre les différentes alternatives. Cette liberté de choix est d'ailleurs au cœur de notre conception de cette théorie. En effet, bien que les principes exposés puissent sembler restrictifs sur le plan compositionnel, il n'en est rien : le compositeur est le concepteur de son réseau, et même un réseau simple comme celui-ci peut donner lieu à une infinité de réalisations (hormis l'organisation des hauteurs, tous les paramètres sont libres). Les réalisations auxquelles a donné lieu la formule tonale II – V – I au cours des siècles constituent un exemple probant.

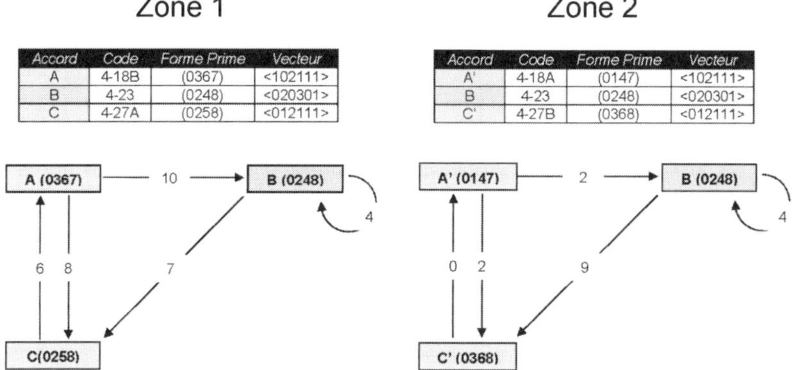

Zone 1

Accord	Code	Forme Prime	Vecteur
A	4-18B	(0367)	<102111>
B	4-23	(0248)	<020301>
C	4-27A	(0258)	<012111>

Zone 2

Accord	Code	Forme Prime	Vecteur
A'	4-18A	(0147)	<102111>
B	4-23	(0248)	<020301>
C'	4-27B	(0368)	<012111>

Georges Dimitrov, *Composition et Structure du premier réseau harmonique*

Le deuxième réseau, identifié 2, conserve la même configuration que le premier, mais emploie des formes inversées des ensembles de classes de hauteurs (Fig. 4). L'une des propriétés intéressantes de l'inversion est que les intervalles majeurs se transforment en intervalles mineurs et réciproquement, introduisant des changements de couleur au sein d'une structure commune qui assure la cohérence. Ici, la configuration intervallique des accords donne une couleur plus « mineure » à la zone 1 et plus « majeure » à la zone 2. Les sonorités choisies sont volontairement simples pour conserver un lien avec le langage romantique original de Chopin : en théorie, les principes d'organisation restent cependant applicables à n'importe quel matériau, même plus dissonant, ce que nous avons expérimenté dans d'autres œuvres (*Warszawa 1944* emploie par exemple des accords à 6 et 8 sons).

Accord	*Code*	*Forme de référence*	*État fondamental*	*Vecteur*
A'	4-18A	(**0***147*)	(0147)	<102111>
B	4-24	(**0***248*)	(0248)	<020301>
C'	4-27B	(*036***8**)	(04710)	<012111>

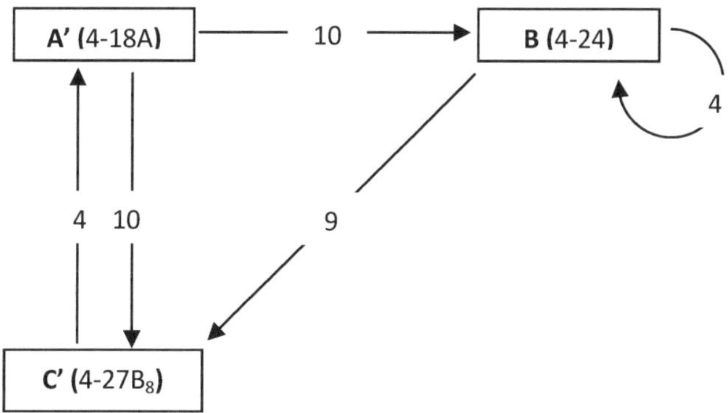

Georges Dimitrov, *Composition et structure du deuxième réseau harmonique*

La structure formelle de ce court prélude est une forme binaire[6], chacune des sections (identifiées A et A' sur la partition) étant elle-même subdivisée en deux parties, a et b pour la première section, et a et b' pour la deuxième (Fig. 5). Le parcours harmonique de la première section mène de la première zone à la deuxième zone ; la structure de la deuxième section est pratiquement identique, mais la partie b (qui « modulait » originalement vers la zone 2) est cette fois reprise (réexposée) dans la zone 1 originale. La stratégie (qui reprend un modèle tonal classique bien connu) est d'instaurer puis de résoudre une tension à large échelle entre les deux zones harmoniques.

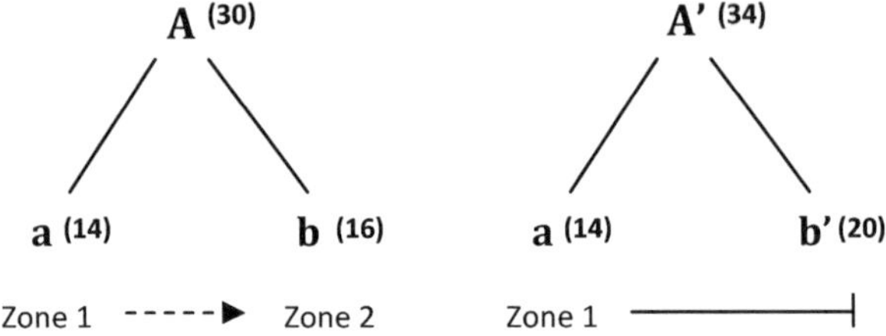

Georges Dimitrov, *Schéma formel de l'œuvre*

6. Étant le premier du cycle, ce prélude est volontairement doté d'une structure simple servant d'illustration du principe de composition. Reprenant les principes d'une forme thème et variations, les préludes suivants s'éloignent successivement du modèle de base, mais en employant toujours les mêmes réseaux harmoniques (ou des variations très proches de ceux-ci).

La partition jointe comporte l'analyse harmonique : les ensembles de hauteurs sont identifiés sous la portée avec la transposition dans laquelle ils apparaissent, indiquée par le chiffre en indice après la description de l'ensemble de hauteurs. La note *do* est prise comme référence 0. L'objectif étant d'établir une articulation harmonique du discours par une refonctionalisation des accords, les structures harmoniques A, B et C peuvent être considérés (et ont été pensées lors de la composition) comme jouant respectivement les fonctions de tonique, de sous-dominante et de dominante, prises dans leur sens le plus général (repos-tension-détente). Exprimé en termes d'analyse tonale, le mouvement harmonique de la première phrase pourrait donc ressembler à celui indiqué à la figure ci-dessus (les crochets indiquent les unités structurelles harmoniques), la phrase se terminant par une demi-cadence, une insistance sur le « dominante » qui prépare l'arrivée du « 2e thème ».

Conclusion

Nous avons ici présenté un survol rapide des principes de ce système que nous proposons comme possibilité alternative aux solutions existantes pour l'organisation des hauteurs. Nous espérons que cette proposition pourra constituer un compromis intéressant en permettant d'intégrer les conquêtes harmoniques du XXe siècle dans un langage cohérent qui retrouve les structures formelles et hiérarchiques développées par la tradition, et auxquelles notre perception musicale est particulièrement sensible, comme l'ont démontré les recherches en linguistique et en psychologie cognitive durant le dernier quart du siècle dernier. De plus, la présence à tout moment d'une harmonie définie permet son ornementation par la revalorisation de toutes les techniques contrapuntiques classiques. Mais des questions restent en suspens; la liberté laissée par le système est grande tout comme le nombre de variables. Citons notamment l'organisation structurelle des réseaux, le type et la complexité des ensembles de hauteurs, les rapports à établir entre la structure des réseaux et celles des ensembles de hauteurs, les rapports à entre la structure des réseaux et la forme musicale, les relations entre ce système harmonique et les autres paramètres du discours, enfin la validité perceptive de la théorie. Dans nos œuvres récentes pour orchestre, nous explorons entre autres les différentes avenues offertes par la combinaison entre le système proposé et d'autres systèmes existants, de manière simultanée ou de manière successive et complémentaire. Il en résulte une flexibilité accrue pour le compositeur qui dispose ainsi d'une ressource harmonique et formelle additionnelle, s'ajoutant à celles déjà disponibles sans pour autant se poser comme une alternative exclusive.

24 Préludes d'Après Chopin
No 1

Georges Dimitrov, *24 variations sur les* Préludes *de Chopin*, 2007, page 1

Georges Dimitrov, *24 variations sur les* Préludes *de Chopin*, 2007, page 2

Georges Dimitrov, *24 variations sur les* Préludes *de Chopin*, 2007, page 3

LA FUSION DES MUSIQUES CONCRÈTE ET INSTRUMENTALE AU XXIe SIÈCLE. LA DÉMARCHE ACTUELLE DU COMPOSITEUR QUÉBÉCOIS LAURENT AGLAT

René BRICAULT

Dans cette étude, notre intention n'est pas de présenter une nouvelle direction de la musique concrète, mais de faire la lumière sur une tendance créatrice émergente à l'importance croissante dans la musique occidentale. De l'avant-garde savante à la musique *techno*, cette tendance consiste à manipuler des motifs de musique instrumentale préenregistrée en utilisant les techniques et méthodes de la musique concrète. L'objectif est de rendre un hommage plus ou moins direct aux innovations fondamentales de Pierre Schaeffer, que l'on retrouve d'ailleurs dans des musiques fort éloignées de la sienne. Parmi celles-ci, la musique du compositeur Laurent Aglat (né au Canada en 1975) nous intéressera plus particulièrement : outre les liens qu'il tisse avec la musique concrète, nous explorerons les façons dont sa démarche créatrice pourrait influencer l'écriture de la musique instrumentale, voire l'acte de composer comme tel. Puisque les publications le concernant sont quasi inexistantes, les idées et les objectifs dont il développera les principes ci-après proviennent exclusivement d'entretiens et de correspondances avec le compositeur ainsi que des éléments publiés sur son site Internet[1].

Laurent Aglat est devenu musicien par l'entremise de la musique populaire, à l'instar d'un grand nombre de collègues de sa génération. De la guitare électrique, il passe à la basse électrique, puis à la contrebasse. Diplômé en musique du CÉGEP[2] de Drummondville, il s'inscrit en composition à l'Université de Montréal en 1994 où il obtiendra ses Baccalauréat, Maîtrise et Doctorat. Depuis, en plus de la composition pour divers ensembles et médias, il reçoit de nombreuses commandes de troupes de danse contemporaine.

---

1. Laurent Aglat, *Procédé de composition instrumentale par montage numérique*, automne 2006, http://laurentaglat.com/menudoc.htm

2. L'équivalent français du CÉGEP (Collège d'enseignement général et professionnel), spécifique à la province du Québec, est le lycée.

DU PASSÉ AU PRÉSENT I

Rares sont les nouvelles musiques qui, même celles prétendant faire table rase du passé, s'émancipent complètement de l'influence de leurs illustres prédécesseurs; la jeune musique du XXIe siècle ne fait pas exception à cette règle. Cette charge est particulièrement lourde si l'on tient compte de la richesse de ses variétés et quantités. Parmi les importants changements de valeurs, notons qu'un paramètre sonore, à la fois très flou et bien connu, a su se propulser d'un arrière-plan décoratif à l'avant-scène des préoccupations compositionnelles : le timbre. De Bach à Debussy en passant par Berlioz, on remarque sans effort que cette tendance vient de très loin et avance lentement. Mais c'est au XXe siècle que le timbre, à l'instar du rythme depuis *Le Sacre du printemps*, devient une partie intégrante de la cohérence formelle et de la structure morphologique : déjà chez Debussy, ensuite chez Varèse, Messiaen, Boulez et Schaeffer, pour ne nommer que les Français.

Terminer cette prestigieuse liste par Schaeffer permet une transition vers la musique électroacoustique, intimement liée à la musique concrète. D'abord farouchement opposés, on entend soudain, avec une touchante timidité, la voix se mêler aux sons électroniques dans *Gesang der Jünglinge* (1955-1956) de Stockhausen. Puis la musique mixte avec *Kontakte* (1958-1960) du même compositeur, suivie de la *live electronic* sous ses formes variées : les synthétiseurs de Musica Elettronica Viva, les manipulations en temps réel du *Répons* de Boulez (1980-1984), l'amplification d'instruments comme dans *Nymphea* de Saariaho (1987), ou la présence d'un disc-jockey accompagnant voix et quatuor dans le *Forbidden Fruit* de Zorn (1987). Cette mixité tous azimuts se retrouve, plus près de nous en temps comme en lieu, dans la musique du compositeur canadien Paul Dolden, synthétisant de multiples approches dans des œuvres telles que *Revenge of the Repressed* (1993).

MÉTHODE

Avec sa simplicité d'approche, la démarche de Laurent Aglat est à la recherche d'un nouveau lien entre la musique sur support et la musique instrumentale. Tout d'abord, le compositeur conçoit l'idée globale de son œuvre et imagine ce que sera son matériau de base. Il peut, ou non, transcrire un certain nombre de motifs ou phrases en notation traditionnelle, ou simplement quelques directives verbales. Ensuite, il se rend en studio avec les musiciens requis pour enregistrer ledit matériau. De ces enregistrements, il conservera un certain nombre de séquences plus ou moins précises. C'est en faisant le tri et en classant les motifs à utiliser que la composition, sous forme virtuelle, commence à voir le jour. Cette « banque de sons », ainsi que l'appelle le compositeur, ressemble à une « œuvre ouverte » pouvant servir à la réalisation de plusieurs pièces indépendantes ou regroupées en cycle, sinon utilisées collectivement par un groupe de créateurs. Quoi qu'il en soit, la pièce sera achevée une fois le montage des éléments enregistrés effectué, donnant lieu à une forme précise et immuable.

L'étape du montage peut se faire de plusieurs façons et avec plusieurs objectifs. Dans le cadre de cet article, nous nous intéressons aux techniques de Laurent Aglat. Le compositeur enregistre ses instruments directement du micro, à une console, vers son ordinateur, sous forme de « blocs » (enregistrés sous format *.WAV*) faciles à manipuler et sur lesquels sont dessinées, à l'instar d'un diagramme de sonomètre, les vibrations du motif musical. La manipulation est aisée, car il est possible d'isoler chacun de ces blocs musicaux pour travailler sur ses détails (en couper une partie, changer l'amplitude ou la hauteur, modifier la vitesse, y ajouter réverbération ou filtres divers, etc.). Une fois les détails fixés, on place le bloc sur une piste disponible (il existe plusieurs programmes imitant les consoles de mixage multipistes traditionnelles), on répète le processus pour l'ensemble des blocs, puis l'on mixe le tout sur support (dont le CD gravé) pour la diffusion.

Même si ces manipulations semblent laisser une très grande place au domaine d'expertise de la musique concrète, Aglat insiste sur le fait instrumental avant tout, en s'imposant des limites précises. Ces limites se résument au montage en tant que tel à la prise de son, ainsi qu'à la répartition spatiale des éléments. Autrement dit, le compositeur ne *transforme* pas le son au point de le rendre méconnaissable (comme, par exemple, Jonathan Harvey dans son œuvre *Advaya*, en 1994) : il joue avec la multiplication polyphonique des pistes, des prises de son très éloignées de l'instrument (son global) ou très rapprochées (son détaillé), d'originales répartitions du matériau dans l'espace stéréophonique (technique dite de « panning »), ou encore des rapports timbre/amplitude incongrus (par exemple, instrument joué *fortissimo* mais mixé *pianissimo*, ou vice-versa). Aglat présente ainsi une musique instrumentale qui ne saurait se passer des techniques de la musique concrète. Partant, deux innovations riches en potentiel sont maintenant proposées au compositeur de musique instrumentale : l'orchestration par mixage/montage, et la composition à partir de matériaux limités et plus ou moins finis.

ANALYSE

À l'écoute des diverses *Études* d'Aglat (2005-2009), on note d'emblée un avantage majeur que suggère le concept d'orchestration par mixage/montage, soit la possibilité de multiplier facilement, rapidement et économiquement le nombre et la nature des voix. Cet avantage est partagé avec la *live electronic* et surtout la musique dite acousmatique. La particularité que propose cette approche par rapport à l'instrumentation traditionnelle se trouve dans l'indépendance du timbre des voix. On le sait, faire jouer trente violons ensemble sur une scène va créer un effet de *fondu* du timbre, les voix s'harmonisant et s'influençant mutuellement. C'est un effet riche et agréable qu'il faut savoir conserver. La *live electronic* telle qu'utilisée par Boulez va, quant à elle, dépendre du timbre de l'instrument-source pour ses modifications (créant une dichotomie dynamique entre la source acoustique et ses *doubles* amplifiés), tandis que les synthétiseurs se rapprochent plutôt des préoccupations de la musique électronique. Au contraire, chez Aglat, chacun des motifs de l'ensemble étant *isolé*, une plus grande part de ses caractéristiques est conservée, éliminant par ailleurs le fondu du jeu instrumental en concert. Pour le compositeur, cela représente la possibilité d'enrichir la complexité contrapuntique tout en conservant une certaine clarté, une précision dans la perception des trames qui composent le discours. Un complément fantastique à l'acoustique de concert voit donc le jour, inversant ses qualités et ses défauts.

Conserver les caractéristiques du timbre d'un motif devient encore plus important si l'on songe aux variétés sonores qui peuvent être extraites d'une prise de son qui se veut un élément morphologique déterminant. En effet, on entendra une grande différence, surtout des points de vue des transitoires d'attaque et du grain, entre une prise de son où le micro est très rapproché de l'instrument, ou vice-versa. Il en va de même pour d'autres aspects du timbre dans les cas d'un environnement avec peu ou beaucoup de réverbération naturelle, ou selon le type de micro employé, par exemple. Ce qui est souvent difficile à noter sur une partition de type traditionnel gagne ici en précision.

Une fois ces subtilités mises sur support avec l'assurance d'une perception claire dans un ensemble, l'avantage le plus intimement lié à l'orchestration proprement dite peut commencer à être exploité au niveau du dosage des amplitudes. L'orchestration est ici pensée d'une manière nouvelle. Prenons, par exemple, le plus doux *pianissimo* de son filé de violon (qui peut maintenant, par dosage d'amplitudes, dominer le plus puissant *fortissimo* de cuivres) : grâce aux jeux possibles des effets stéréophoniques, ce son peut être *promené*, de la gauche vers la droite, et réciproquement. Le compositeur propose ainsi à l'auditeur une promenade analytique au sein de l'orchestre (voire au sein du son lui-même, pour parler en acousmate), mais avec le même trajet pour tous les auditeurs. Pareilles techniques ne pouvaient être utilisées dans des œuvres comme *Gruppen*, de Stockhausen, ou *Terretekhtor*, de Xenakis, contraintes à un espace variable selon la position de l'auditeur dans la foule. Et il n'est pas impossible que le compositeur de *La Mer* aurait été impressionné par cette nouvelle ressource…

Devant tant de possibilités, Aglat n'oublie pas les principes d'économie et de cohérence chers à la tradition compositionnelle savante occidentale : le musicien y recourt grâce à la banque de sons, liée au concept précédemment mentionné de composition, à partir de matériaux limités et plus ou moins finis. À titre de comparaison, dans une fugue de Bach, la cohérence et l'économie viennent du thème constamment repris par différentes voix, alors que les autres l'accompagnent et lui font écho. Dans la forme-sonate classique, c'est la dynamique d'une tension développée et résolue entre deux thèmes de tonalités au départ différentes. Il en va de même dans certaines œuvres de Brahms mais avec des thèmes souvent tirés d'une même structure intervallique. Ce qui nous amène au dodécaphonisme, éléments tirés d'une même série, et à la musique sérielle où tout est extrait d'une même structure de base transférée par isomorphie aux différents paramètres. Construire une banque de sons, c'est agir avec la conscience du poids de l'histoire, mais aussi avec le pragmatisme de l'œuvre à accomplir et ses exigences propres. En forçant un peu le trait, afin de démontrer le potentiel artistique de la pensée d'Aglat, on pourrait dire que l'utilisation de matériaux limités et plus ou moins finis permet une répétition intelligemment modulée de motifs comme chez Bach, une tension dynamique entre éléments comme chez Mozart, ainsi que la capacité de générer des thématiques et structures formelles à partir de presque rien, comme chez Brahms et les sériels. Aglat écrit d'ailleurs sur son site Internet que « la cohérence est presque inévitable » – pour qui a le génie de la réalisation efficace, pourrions-nous ajouter.

LIENS AVEC LA MUSIQUE CONCRÈTE

Avant de poursuivre l'exploration des liens à établir avec d'autres types d'écriture plus récents, je souhaiterais à présent souligner quelques corrélations plus détaillées avec la musique concrète – celle-ci ayant vu le jour en partie grâce à des œuvres instrumentales montées sur support. Pensons notamment aux *Études de bruit 3* (*concertante*) et *4* (*composée*), à la *Suite n° 14*, et surtout au *Bidule en ut*, toutes de Schaeffer et datant des débuts de la musique concrète. Dans son recueil *De la musique concrète à la musique même*[3], Schaeffer énonce trois postulats et cinq règles à suivre que l'on retrouve chez Aglat, mais de façon inconsciente ainsi que cela me l'a été confirmé, rendant alors le parallèle saisissant. Voici les trois postulats :

1) Primauté de l'oreille
2) Retour aux sources acoustiques vivantes
3) Rechercher un langage

Et les cinq règles :

1) Apprendre un nouveau solfège
2) Créer des objets sonores
3) Apprendre des procédés, *i.e.* manipuler des appareils qui ne sont pas des instruments de musique
4) Avant de concevoir des œuvres, réaliser des études
5) Le travail et le temps

Nonobstant le caractère général des postulats 1 et 3 et des règles 1 et 5, le réflexe de la réalisation d'études ou le retour aux sources acoustiques ont de quoi étonner tant d'années plus tard. Il en va ainsi des quatre « manipulations sur les formes » décrites dans le *Traité des objets musicaux*[4] et, pour la plupart, déjà analysées :

1) Manipulations sur le profil dynamique (ou dosage des amplitudes)
2) Manipulations sur le contenu harmonique (position du micro, ajout de filtres discrets)
3) Modulations de forme (ce que s'interdit Aglat, mais qui demeure disponible pour d'autres approches esthétiques)
4) Les mixages, les montages (soit la technique principale d'Aglat)

Il en est également question dans l'opuscule de Michel Chion intitulé *La Musique électroacoustique*[5]. Dans son inventaire de onze manipulations du son, deux ou trois ne s'appliquent pas chez Aglat : opérations sur la masse, lecture à l'envers, manipulations spéciales ou composées. Le reste, ainsi qu'on a pu l'observer, est disponible : montage, mise en boucle, transpositions, réverbération et écho, lectures avec retards, mixage et répartition spatiale, etc. Dans ce même ordre d'idées, on peut mentionner l'un des concepts les plus importants de François Bayle : l'*i-son*, ou image de son, développé à loisir dans son recueil d'articles *Musique acousmatique. Propositions...positions*[6]. Brièvement, l'acousmate compare avec raison le son fixé sur support, ou i-son, avec

3. Pierre Schaeffer, *De la musique concrète à la musique même*, Paris, Mémoire du livre, 2002.
4. Pierre Schaeffer, *Traité des objets musicaux*, Paris, Seuil, 1966.
5. Michel Chion, *La Musique électroacoustique*, Paris, Presses Universitaires de France, 1982.
6. François Bayle, *Musique acousmatique. Propositions ... positions*, Paris, Buchet/Chastel, 1993.

l'image d'un objet quelconque (photo, tableau, etc.) en opposition avec sa manifestation réelle. C'est un fait que l'image d'un coucher de soleil est différente du coucher de soleil en tant que tel : au-delà de la notion de permanence de l'objet, celle-ci possède ses propres qualités morphologiques : le coup de pinceau de l'artiste, le grain de la photo, etc. Il en va de même pour le son, même non modifié, à cause, entre autres, des microphones et haut-parleurs. En voulant légitimer, de façon apparemment exclusive, la musique acousmatique abstraite et non référentielle, Bayle semble oublier que des sons *anecdotiques*, comme ceux des instruments de musique auxquels il ne recourt pas pour des raisons esthétiques, peuvent également profiter des avantages du concept d'i-son. De même que la photo figurative *analyse* l'image réelle, l'i-son instrumental analyse le son.

DU PASSÉ AU PRÉSENT II

Pour conclure, nous souhaiterions réfléchir sur la façon dont l'*acousmatique instrumentale*[7] pourrait contribuer au développement ultérieur de certaines techniques d'écriture des grands maîtres de l'avant-garde récente. Outre les exemples déjà cités, il est possible de mentionner la *micropolyphonie* selon Ligeti, dont les structures rythmiques et harmoniques, parfois fort complexes, pourraient bénéficier de la générosité du multipiste. Faut-il rappeler qu'*Atmosphères* (1961) n'aurait sans doute pas pu voir le jour sans les études de Ligeti effectuées aux studios de Cologne? Considérons aussi les *Studies* (1948-1992) pour piano mécanique de Nancarrow ou les œuvres virtuoses de Berio, Xenakis et Ferneyhough, qui ont tant incité les interprètes à se surpasser: l'acousmatique instrumentale s'inscrit dans cette perspective historique d'évolution des techniques d'interprétation dans la mesure où des interprètes téméraires seraient tentés de reproduire en concert certaines œuvres. Les compositeurs de musique de film ou de danse pourraient voir leur travail (et leurs dépenses...) diminuer considérablement s'ils considéraient davantage la malléabilité précise du matériau enregistré. Les recherches sur la forme et la matière du son, chères à l'école spectrale, pourraient également se développer plus avant grâce à cette technique.

Mais, de l'avis d'Aglat, les démarches esthétiques de Lachenmann représentent un domaine potentiellement riche de progrès. La *musique concrète instrumentale*, selon l'expression de Lachenmann[8], reste quelque peu limitée par cette lutherie qu'elle cherche précisément à pénétrer un peu plus : certains bruits ou timbres ne peuvent s'exécuter qu'à des intensités extrêmes, bloquant alors le discours dans certains registres dynamiques. Or l'acousmatique instrumentale pourrait régler un grand nombre de problèmes de ce genre et ouvrir la porte à un monde sonore, certes déjà ancien, mais encore peu exploité. Ne manquent finalement à l'appel que quelques cultivateurs curieux et passionnés.

---

7. Au cours de nos entretiens, Laurent Aglat utilisait cette expression empruntée au compositeur français Michel Pascal.

8. *Cf.* Jean-Noël Von der Weid, *La Musique du XXe siècle*, Paris, Hachette, 1997.

TROISIÈME PARTIE

ÉCRITURE, LANGAGES ET NOUVELLES TECHNOLOGIES

DE LA DIMENSION PRODUCTIVE DE L'INTENSITÉ ET DU TIMBRE ET LEUR INTÉGRATION AU SYSTÈME DES « ÉLÉMENTS PORTEURS DE FORME »

Hugues DUFOURT

La musique occidentale s'est construite sous l'empire d'une harmonie logique. Elle se renouvelle au contact d'une physique dynamique qui pense le déploiement ondulatoire de l'énergie. La micro-analyse du phénomène sonore montre que l'information utile se situe dans les irrégularités ou les déviations de la structure. Nous sommes entrés dans l'ère du timbre. Avec l'informatique musicale, la musique dans son ensemble a effectué un changement radical d'échelle. Les objets de la musique moderne n'appartiennent plus à la physique des objets macroscopiques. Les paramètres acoustiques sur lesquels on opère, les détails du signal codé que l'on contrôle sont de l'ordre de la milliseconde. Et c'est à cette échelle infinitésimale que l'on sait, par exemple, aujourd'hui modéliser et reproduire la différence entre un son intense mais lointain et un son doux mais proche. Changeant d'échelle, la musique change aussi de langage. Elle a cessé d'utiliser le langage et les concepts de l'acoustique, de la physique et de la psychophysiologie classiques. Elle a également cessé de concevoir la musique comme une polyphonie.

La musique électronique a représenté un nouveau pas dans la direction du contrôle du matériau musical qui permettait de composer le timbre et représentait une sorte d'accomplissement historique de la musique occidentale.

Max W. Mathews, John R. Pierce et Jean-Claude Risset ont également montré, au milieu des années 1960, que le son ne se caractérise pas par des fonctions de conservation de constantes initiales. Les anomalies, les écarts, les accidents, les infimes perturbations qui composent la morphologie du son musical expliquent la singularité des timbres instrumentaux, dont l'attaque et la décroissance de l'enveloppe d'amplitude sont des paramètres fondamentaux. L'informatique musicale a fondé la théorie de la musique sur les nouveaux concepts de modulation d'amplitude et de fréquence.

L'électronique et l'automatisme conjugués dans l'ordinateur constituent une étape qualitativement nouvelle. Les trois concepts de l'informatique – l'information codée, la simulation et la rétroaction – joints aux capacités de l'automatisation du calcul ont représenté, dès 1970, la vraie révolution de pensée par rapport à laquelle la technologie de la musique électroacoustique n'a constitué qu'une étape antérieure. Le trait spécifique de la nouvelle musique est la représentation fonctionnelle des variables de la dynamique. Le temps y intervient comme agent d'organisation des formes. Le son est un complexe dynamique dont l'unité n'est pas celle d'un assemblage de parties mais d'un processus déterminé. La synthèse additive, en simulant les sons instrumentaux, a découvert des types particuliers de propriétés qui obligent à traiter l'être physique que représente le son comme une totalité, comme un ensemble de caractéristiques dynamiques en constante interaction. Le timbre musical s'assimile à un spectre dynamique où le rang des vibrations ainsi que leurs rapports de combinaison et de sélection sont dans une relation définie avec les profils d'évolution de l'amplitude de chaque partiel. La pensée du timbre musical remonte au XVIIe siècle. Mais elle ne devient effective qu'au XXe siècle. C'est la conquête de cette effectivité que nous nous proposons d'examiner. Car l'un des facteurs les plus déterminants de l'évolution récente des langages musicaux a été l'intégration de l'intensité et du timbre au rang d'« éléments porteurs de forme », au même titre que les paramètres jusqu'alors prépondérants dans l'élaboration formelle que sont la hauteur et le rythme. La psychoacoustique et les technologies informatiques de la fin du XXe siècle ont permis au compositeur de développer une approche véritablement pluridimensionnelle, globale et intégrée, non seulement du phénomène sonore, mais bien de l'œuvre musicale elle-même.

La séparation de l'acoustique et de la musique au XVIIe siècle

Le problème du timbre est né de la séparation de l'acoustique et de la musique. Au cours du XVIIe siècle, parallèlement à la mécanique dont elle est une branche, l'acoustique se dégage de l'art musical pour devenir une véritable science du phénomène sonore. Au cours de ce siècle, la théorie musicale a évolué des mathématiques vers la physique et la psychophysiologie : elle doit ses bouleversements à la théorie de la vibration. Selon Sauveur, les sons harmoniques correspondent aux vibrations partielles engendrées par le mouvement de la corde. Sauveur a ainsi mis en évidence les différents modes de vibration d'une corde vibrante. Mais il n'a pas établi le principe de leur coexistence. En revanche, le son musical est désormais défini par la richesse harmonique qu'il enveloppe. C'est à Malebranche que l'on doit l'établissement du concept de vibration ainsi que la formulation d'une première hypothèse touchant la nature du timbre. Introduisant le concept de vibration, Malebranche émet alors l'idée qu'il peut y avoir une analogie entre la hauteur du son et la tonalité de la couleur. Il en irait de même du timbre, dont Malebranche suppose qu'il pourrait résulter d'une combinaison de fréquences.

L'idée que la cause du timbre est dans la concomitance des sons faibles accompagnant le son principal, idée parfaitement exprimée par Monge puis développée par Biot, a persisté jusqu'aux expériences de Helmholtz. Ainsi, peu à peu se sont précisées les vues des physiciens sur la cause hypothétique du timbre, mais il restait à en démontrer la logique profonde, ce qui fut l'œuvre de Fourier. Le théorème de Fourier montre qu'une forme d'onde quelconque peut être décomposée en une série d'ondes simples de longueurs différentes. Le théorème de Fourier établit le principe de la réunion d'ondes de différente longueur. Helmholtz substitue ses résonateurs à l'oreille et propose donc un mode mécanique d'analyse des sons. Il établit définitivement l'objectivité des termes de la série de Fourier. On est ainsi conduit à attribuer une valeur physique au développement de Fourier : le timbre est l'effet de la réunion d'ondes de différente longueur. Le timbre dépend de la forme des ondes. Alors que la conception classique du timbre se caractérise par une recherche d'invariants, la conception contemporaine du timbre est marquée par la recherche de caractéristiques d'ordre dynamique.

LA PROBLÉMATIQUE CONTEMPORAINE DU TIMBRE : LES CARACTÉRISTIQUES D'ORDRE DYNAMIQUE

La science du son numérique se situe au carrefour de cinq disciplines : physique, informatique, traitement du signal, psychoacoustique et musique. Elle fut l'œuvre de Max Mathews, John Pierce et Newman Guttmann, auxquels se sont adjoints Jean-Claude Risset et John Chowning. La science numérique du son présente plusieurs traits spécifiques. C'est une science affranchie des contraintes de la mécanique. C'est une science qui a changé d'échelle et de langage. C'est une science de nouveaux objets. Il s'agit également d'une science de la modélisation du timbre. De plus, les catégories de l'explication ont muté. La science du timbre s'attache au statut intercatégoriel des êtres sonores. Il s'agit également d'une science de caractéristiques dynamiques ; et enfin d'une science mathématique de la durée.

UNE SCIENCE AFFRANCHIE DES CONTRAINTES DE LA MÉCANIQUE

La synthèse logicielle est une science de relais et de modules. Le module logiciel dissocie le traitement de la fréquence de celui de l'amplitude et les rend indépendants l'un de l'autre. Cette séparation de principe suffit à couper l'informatique de la mécanique.

En 1957, Mathews eut l'idée de simuler la fonction d'un oscillateur par la consultation d'une table. Cet oscillateur algorithmique virtuel pouvait remplir plusieurs fonctions et donc constituer une variété de modules – oscillateur, additionneur, multiplicateur, générateur de nombres aléatoires, filtres numériques. Un module est un segment de programme. Ces modules étaient connectés entre eux de manière tout aussi virtuelle de manière à constituer des blocs fonctionnels. La mécanique n'y avait pas part.

En l'absence de contraintes mécaniques, la question de la perception devint primordiale. Risset le montra en déliant la programmation du timbre de toute référence à un modèle physique. Risset a subordonné l'investigation du son à celle des indices de perception afin d'explorer un monde illusoire, mais prégnant. Risset a souligné que le statut du timbre est différent quand il s'agit de musique instrumentale et de musique numérique, car celle-ci s'ordonne directement aux modèles de perception. La simulation des sons instrumentaux a d'ailleurs fini par revêtir moins d'importance pour lui que l'étude du rôle que joue le timbre dans l'identification du son. L'un des aspects les plus originaux de la pensée de Risset est sa conception du timbre comme fonction d'intégration biologique de l'être vivant à son milieu. Car on ne peut plus se satisfaire, pour expliquer la fonction physiologique du timbre, des schémas d'excitation par stimulus. Les spéculations sur le timbre ne peuvent plus ignorer l'environnement. Le timbre, comme les illusions sensorielles, doit être considéré comme le résultat d'une opération biologique. Il faut l'appréhender comme une forme de relation spécifique entre l'organisme et son milieu. Or, l'étude du timbre et des illusions sonores montre des mécanismes déconcertants, proches de l'extravagance fonctionnelle. S'agit-il d'aberrations de la perception ? L'illusion sonore semble suggérer que la nature n'est ni simple ni économe.

On parle d'illusion auditive chaque fois que notre perception du son est en désaccord avec sa description physique. Roger Shepard conçut, dès 1963, une illusion auditive de sons dont la hauteur semble croître à l'infini. Cette illusion a ouvert la voie à l'étude des phénomènes auditifs d'ambiguïté et de mouvement apparent.

Aussi déconcertants soient-ils, les caractères insolites de la perception s'interprètent cependant comme autant de stratégies dans l'analyse de l'information sensorielle. Les illusions sensorielles ne sont pas des ratés de la perception, elles révèlent au contraire son fonctionnement essentiel. Ainsi l'anomalie procure-t-elle l'explication de la formation du normal.

La bizarrerie de l'illusion sensorielle n'est donc pas l'effet d'un caprice de la vie, d'un désordre de la nature, mais bien l'indice d'une réussite exceptionnelle de l'organisation biologique.

C'est pour Risset, qui reprend là les thèses de James Jerome Gibson [1], la solution d'un problème d'optimum qui compose les données de fait du milieu avec les exigences du vivant.

La perception semble agencée pour exploiter au mieux les particularités physiques du signal, ses possibilités différentielles. L'oreille ne s'attache qu'aux associations essentielles et caractéristiques, dussent-elles avoir l'allure de figures fluentes. Les traits singuliers de la perception auditive paraissent inventés par la vie afin de remonter le cours d'une certaine forme d'entropie, à savoir la distorsion qui est nécessairement liée à la propagation du signal acoustique. L'audition semble donc s'instituer en une fonction de résistance à la distorsion du signal. L'oreille est à la recherche non pas d'éléments, mais de signatures, d'essences de pur rapport. Le timbre ne se définit donc plus, dans ces conditions, par un seul paramètre, c'est-à-dire par un invariant, mais par une relation fonctionnelle entre plusieurs paramètres, relation dont le propre est précisément de résister à la distorsion.

De plus, l'oreille effectue des inférences complexes à partir d'indices très subtils. Elle débusque la source et l'identifie. Elle extrait donc de l'environnement des informations utiles à la survie. Le timbre sert de la sorte à repérer et identifier la source sonore. Il en indique la position, en évalue l'éloignement. Il permet surtout de répondre à la question de savoir s'il s'agit d'une seule source ou de sources groupées, qui s'approchent de concert, et à quelle vitesse.

Comment l'oreille distingue-t-elle parmi les bruits anodins du vent et de la pluie ceux qui révèlent le prédateur ou la proie ? La perception n'est précise que pour nous aider à réagir en situation de danger. Tel est le sens philosophique des recherches menées sur l'analyse des scènes auditives par Albert Bregman, John Chowning, Denis Smalley et Steeve McAdams. Bregman et Shepard ont d'ailleurs étendu le postulat de Gibson à l'organisation perceptive, en y incluant les fonctions cognitives.

---

1. James Jerome Gibson, *The Senses Considered as Perceptual Systems*, Boston, Houghton Mifflin, 1966.

UNE SCIENCE QUI A CHANGÉ D'ÉCHELLE ET DE LANGAGE

La science du son numérique a effectué un changement radical d'échelle, passant de la macroanalyse à la microanalyse du phénomène sonore. Elle trouve là tout un champ nouveau de problèmes. Les informations nécessaires à la détermination d'un son musical se situent dans l'infime, à l'échelle de la milliseconde que seule la simulation numérique peut appréhender et vérifier. C'est à cette échelle que se localise l'information utile.

Ainsi, les stimuli obtenus à l'aide de l'électroacoustique – sons sinusoïdaux, ondes carrées ou triangulaires, trains d'impulsion, bandes de bruit – se situaient-ils à une échelle encore trop grossière pour permettre une comparaison réelle entre paramètres physiques et aspects sensibles des sons musicaux. L'équipement analogique – générateurs de sons et dispositifs de commande par tension asservie – n'offre ni la précision ni la stabilité suffisantes pour égaler la subtilité et la complexité des sons instrumentaux. En particulier, l'électroacoustique achoppe sur la question du timbre, car elle échoue à reproduire le profil dynamique du son, les fluctuations et les transitoires. Le traitement analogique du timbre se limite au filtrage, à la modification de l'attaque, à celle de la courbe dynamique, à la réverbération artificielle.

Cette limitation technique a d'ailleurs des conséquences scientifiques, car l'outillage électronique n'offre pas un niveau de détermination suffisant pour permettre une confrontation entre l'allure physique d'un son et la sensation qu'il produit. Le codage numérique offre des traitements beaucoup plus précis et rapides que les procédés électroniques. Le son électroacoustique est devenu numérique. Le traitement du son au XXe siècle a ainsi connu deux révolutions successives : la transduction, à l'époque de la première guerre mondiale, le codage, au cours de la seconde.

La psychoacoustique numérique atteint la microstructure du phénomène sonore. Mais pour parvenir à la connaissance des phénomènes perceptifs de cette échelle, il est impossible de faire des expériences directes. Il n'est donc plus question, à ce stade, d'une recherche de structures. La science du son numérique est passée de la structure aux liaisons de caractère intermédiaire. Son objet fondamental, c'est l'effet des sons non-stationnaires.

Les liaisons véritables se révèlent aux travers de processus de perturbation, de transition. En particulier, les hypothèses sur la structure du son consistent avant tout à interpréter les métamorphoses de la perception – illusions auditives, discrimination et fusion, franchissement de seuils, transformation continue de timbres.

John Grey a ainsi réalisé, dans les années 1970, des *glissandi* de timbres à partir de la synthèse additive. John Grey et David Wessel ont également trouvé des transpositions de mélodies de timbre. À la même époque, Morill, Chowning, Bennett, Risset, Haynes ont fait des recherches systématiques sur tous les modes de développement et de transformation du son : contrôle du halo harmonique d'un son, interpolations, extrapolations, prolongations, contrastes, contrôle de la fusion et de la dispersion auditive, jeu sur leurs interactions. Le but recherché est la détermination d'une sorte d'échelle d'altérations que subissent les phénomènes (inharmonicité, distorsion, intermodulation). La science du son numérique a donc changé d'échelle. Elle a aussi changé de langage. Au cours des années 50, Abraham Moles[2] et Werner Meyer-Eppler[3] ne considèrent plus les sons comme des stimuli physiques, mais comme des éléments de messages. Le débit d'information y devient un paramètre essentiel. Les nouveaux procédés de mesure révèlent que l'oreille, les circuits nerveux n'ont qu'une capacité limitée à discriminer, sélectionner et transmettre de l'information. Le nouveau langage consiste à appliquer aux sons musicaux les méthodes de traitement des signaux.

UNE SCIENCE DE LA MODÉLISATION DU TIMBRE

La psychoacoustique a, en trente ans, sensiblement transformé sa conception du timbre. Au cours des années 1970, on considérait que le timbre musical dépendait principalement du nombre des composants harmoniques, de leurs rapports de fréquence, d'amplitude et de phase, de la présence éventuelle de partiels inharmoniques ainsi que de l'intensité sonore globale. On estimait pouvoir modifier convenablement un timbre en altérant son contenu fréquentiel ou en faisant varier l'intensité relative des composantes fréquentielles indépendamment de la hauteur.

Sans récuser ces vues, la psychoacoustique a caractérisé le timbre de manière plus contractée. En 1977, John Grey a mis en évidence trois paramètres primordiaux pour caractériser les timbres instrumentaux : le taux de synchronisme des attaques des différents harmoniques, la brillance du son qui est proportionnelle au barycentre de l'enveloppe spectrale et le flux spectral, c'est-à-dire le degré de fluctuation dans le temps des constituants harmoniques du son.

Steeve McAdams distinguera plus nettement encore l'étude des propriétés macrotemporelles du timbre et celle des propriétés microtemporelles. Dans cette vue, le timbre musical résulte de la combinaison variable, diversement engagée et d'évolution irréversible, de trois paramètres : le profil de l'enveloppe d'amplitude, la fréquence des formants et l'évolution temporelle des composantes spectrales, modulées en nombre, en énergie et en répartition.

La complexité d'évolution de chacun des composants du spectre contribue à la chaleur du son. Schaeffer avait précisé le rôle de l'évolution harmonique et de la courbe dynamique dans la sensation de timbre. Il avait montré que les fluctuations et les transitoires jouent un rôle essentiel dans la vie d'un son. Harvey Fletcher a révélé en 1962 le rôle primordial de l'inharmonicité des partiels dans la détermination de la chaleur du son.

Cette idée sera développée par Chowning qui, dans *Stria* (1977), réussit à créer un son global fusionné avec des fréquences combinées dans un rapport exclusivement irrationnel. *Stria* est une recherche sur l'inharmonicité et sur l'utilisation du nombre d'or en musique. Le nombre d'or – dûment irrationnel – régit les composantes spectrales des sons, détermine l'échelle des hauteurs de la pièce, contrôle les enchaînements mélodiques, la densité des accords, prescrit également l'agencement des durées et articule la forme d'ensemble. Il en résulte de beaux timbres à la couleur métallique, transparents, sans dissonance ni rugosité. Le timbre ainsi composé par la modulation de

---

2. Abraham Moles, *Théorie de l'information et perception esthétique*, Paris, Flammarion, 1958.
3. Werner Meyer-Eppler, « Statistische und psychologische Klangprobleme », *Die Reihe*, I, 1955, p. 55.

fréquence est devenu l'image même du dynamisme génétique. Chowning fait dépendre la fusion de la cohérence intime de la corrélation des phases, phénomène que Plomp et d'autres chercheurs avaient mis en évidence dans des conditions de laboratoire. Les textures inharmoniques ainsi agencées grâce au nombre d'or se mélangent sans frottement, s'interpénètrent sans obstruction. La pièce se développe comme un mirage acoustique. La largeur de bande du son conditionne sa brillance. Un seul facteur régit le déploiement des tessitures et la qualité de brillance : c'est l'indice de modulation.

UNE SCIENCE DE CARACTÉRISTIQUES DYNAMIQUES

Les travaux de Risset (1969), de Grey (1975, 1977), de Chowning (1977), de Wessel (1978, 1979), de Bregman (1981, 1990) et de McAdams (1982) ont été sur ce point décisifs. On sait aujourd'hui comment une modulation d'amplitude affecte des constituants fréquentiels. Le changement dynamique d'un signal périodique multiplie son contenu fréquentiel et augmente en proportion la complexité du timbre. On sait également, après Moorer et Beauchamp, suivre séparément la dynamique propre de chaque partiel d'un son. Le concept fondamental est celui de modulation.

Risset a montré en 1965 que la caractéristique des sons cuivrés est l'élargissement du spectre lorsque l'intensité du son augmente. Le timbre ne correspond pas à un invariant, mais à une relation dynamique et fonctionnelle entre le spectre et l'intensité.

Robert Moog conçut par la suite un filtre dont la largeur de bande était commandée par une tension. En couplant cette largeur de bande à l'intensité, on obtenait la relation caractéristique et générique des sons cuivrés.

John Chowning a étendu à la modulation de fréquence le principe de production des sons cuivrés formulé par Jean-Claude Risset. *Stria* (1977) est un exemple d'inharmonicité consonante, ce qui signifie que la catégorie du timbre absorbe en elle les déterminations de l'harmonie et que les critères d'harmonicité et de consonance ne sont plus isomorphes. Risset a d'ailleurs lui-même aussitôt employé le procédé de modulation de fréquence en 1969, dans sa pièce *Mutations*.

Daniel Arfib obtint en 1981 un brevet touchant la création des spectres complexes par la distorsion non-linéaire. La synthèse par distorsion non-linéaire du signal permet de produire une variété de sons quasi-périodiques, dont le spectre varie suivant la fonction de distorsion et les variations d'amplitude de la sinusoïde d'entrée.

Ces études ont permis de mettre à jour une loi fondamentale : plus l'intensité croît, plus le poids des partiels de rang élevé augmente.

LE TIMBRE COMME ÉLÉMENT PORTEUR DE FORME

ORIGINE DU PROBLÈME : *MUTATIONS* DE JEAN-CLAUDE RISSET

En 1969, Risset crée *Mutations*, qui est la pièce pivot, la pièce-manifeste, qui résorbe l'harmonie dans le timbre et qui promeut le timbre à la dignité d'un élément porteur de forme. On peut considérer *Mutations* comme la pièce véritablement fondatrice de la musique spectrale, car elle se propose de synthétiser des sons évoquant des gongs ou des cloches, tout comme on compose des accords. L'idée directrice est de libérer la fréquence et l'intensité des partiels de leur camisole instrumentale. La nouveauté radicale consiste dans le traitement séparé et autonome de la fréquence et de l'intensité d'une sinusoïde au cours du temps. Ce principe permet de composer des sons qui n'existent pas dans la nature.

Lorsque tous les partiels décroissent de manière similaire, ils fusionnent, et l'on obtient un timbre, celui d'un gong. Mais si chaque sinusoïde est pourvue d'harmoniques et d'un vibrato, le son défusionne, et l'on perçoit un concert de voix chantées. On peut donc passer d'une manière continue de la perception d'un timbre à celle d'un complexe de hauteurs, ou d'un timbre à un autre.

Le parcours continu dans l'espace des timbres est-il techniquement possible, et, à supposer qu'il le soit, est-il musicalement viable? Une composition élaborée de la microstructure sonore suffira-t-elle à procurer une perception assez différenciée pour permettre d'articuler un discours et d'échapper à l'informe?

On ne sait pas contrôler la composition harmonique d'un gong acoustique, par contre, on sait trouver des équivalents. L'idée était de transformer les sons percussifs du gong en adoucissant le profil dynamique de leurs composantes. L'harmonie sous-jacente reste la même, mais les percussions sont capables de se muer en des textures fluides.

Le procédé consiste à dissocier par synthèse les composantes sinusoïdales, dont la fusion constitue la dimension spectrale du timbre. Sur une harmonie immuable, on modifie les profils et les enveloppes des composantes inharmoniques.

Ce type de transformation n'est possible que parce que l'ordinateur peut dissocier le traitement de l'amplitude de celui de la fréquence. La transformation sélective de l'amplitude, sur un fond fréquentiel immuable, provoque chez l'auditeur une transformation du mode perceptif. Il passe d'une écoute d'objets prégnants à une écoute de textures, plus analytique.

L'intérêt est de se situer aux frontières de la fusion, car ce sont toutes les fonctions cognitives, créatrices de l'audition qui sont sollicitées. L'oreille ne sait pas si l'agrégat qu'on lui propose appartient au timbre ou à l'harmonie. Mais il apparaît tout de même que la fonction prégnante est celle du timbre.

Le problème n'est donc pas de savoir si le timbre peut s'intégrer aux processus formels de l'écriture, mais s'il peut en susciter et en soutenir de nouveaux.

Dix ans plus tard, Risset composait *Inharmonique* (1977) et *Songes* (1979), où la forme est agencée en fonction du parcours d'occupation de l'espace spectral et en fonction de la dialectique fusion/dispersion.

THÉORIE TRADITIONNELLE ET THÉORIE CRITIQUE DU TIMBRE

On sait que Varèse et Messiaen ont systématisé la question des accords-timbres. Par la suite, *Metastasis*, pour cordes, de Xenakis, et *Atmosphères* de Ligeti traitent la polyphonie comme une fonction de synthèse de textures. La polyphonie ne s'entend plus comme telle, elle crée une globalité sonore qui traduit d'ailleurs l'expérience de la musique électroacoustique.

Le timbre n'apparaît là comme un élément porteur de forme que parce qu'il est conçu comme une propriété suscitée, une propriété résultante, qui absorbe dans ses déterminations les paramètres devenus secondaires de la hauteur, de la durée et de l'intensité.

L'une des leçons de l'informatique a été d'ailleurs l'émancipation de l'intensité, dont le domaine de structuration est devenu autonome et qui, dans l'orchestration, a atteint la dimension d'un geste instrumental.

Il ne s'agit donc pas de montrer que le timbre ou l'intensité jouent, dans l'orchestration, un rôle fonctionnel – ce qui est l'évidence –, mais que toutes les fonctions de l'écriture peuvent converger et concourir à la réalisation d'une dimension nouvelle : un timbre global et différencié, doté d'articulations internes et de dimension évolutive.

Au cours des années 1950-1960, l'esthétique de l'écriture du timbre est une esthétique de la globalité; ce n'est pas encore, comme ce sera le cas pour Risset, une esthétique sensorielle, fondée sur les études de caractérisation d'un timbre et sur l'exploration de l'espace perceptif des timbres (qui relie un timbre à des structures de relation entre paramètres).

D'un même geste, Risset prône la destitution de l'ancienne esthétique de la globalité et l'instauration d'une esthétique scientifique différentielle.

Notre époque a voulu fonder l'écriture du timbre. Elle l'a fondée directement et lui a conféré une valeur apodictique autonome, une valeur de nécessité que rien ne raccorde aux modes anciens d'écriture. La composition du timbre implique la réorganisation de tout le savoir musical.

L'idée véritablement nouvelle est que l'on peut envisager de fonder une musique sur des relations de timbres et non plus de hauteurs, même si l'on ne maîtrise pas encore la notion d'espace de timbres dégagée par David Wessel. Donner des exemples d'élaboration compositionnelle des timbres ne suffit pas à justifier le propos. Le problème est : nos nouvelles connaissances sur le timbre permettent-elles d'en déduire des processus formels ?

On objecte aujourd'hui encore que le timbre n'est pas morphophorique, qu'il est insuffisamment structuré pour être le support d'un discours musical. Mais de quelles formes parle-t-on : des formes vieillies, des formes anciennes, des formes stabilisées du discours néoclassique ? L'art du siècle dernier nous a appris à percevoir les formes comme des mouvements de genèse, comme des flux, comme des polarités ou des orientations au sein d'un système dimensionnel.

La production musicale de ces cinquante dernières années porte à peu près exclusivement sur des transitions insensibles, des effets de seuil, des passages progressifs d'une catégorie à l'autre, sur des illusions perceptives, sur des équivoques structurelles ou fonctionnelles. Ce qui a vieilli, c'est la théorie traditionnelle, une théorie d'inspiration néoclassique, qui est toujours à la recherche d'une structuralité radicale et de formules figuratives. Comme la peinture, la musique met en œuvre toutes les possibilités de compénétration des intervalles et des figures, elle fait apparaître des gradations, des transitions entre des valeurs polarisées.

Enjeux de la synthèse sonore

C'est à Mathews, Pierce, Risset et Chowning que revient le mérite d'avoir formulé l'unité du monde sonore. Ils n'y sont parvenus que parce qu'ils ont compris les sons selon une nouvelle dimension. Cette dimension, c'est le temps. Il serait illusoire de vouloir tirer le temps du côté d'une conception bergsonienne, ce qui ne donnerait d'ailleurs qu'une idée assez pauvre de la musique spectrale, alors réduite à un simple processus orienté. Le temps que propose la synthèse numérique est celui du calcul, des nombres réels, des fonctions. La continuité n'est pas au principe, elle est au terme de la détermination fonctionnelle.

L'orchestration du XXe siècle a poursuivi une voie parallèle. Récusant la logique des hauteurs, elle a conféré aux modifications de couleur, de timbre et d'intensité un rôle décisif dans l'articulation de la forme musicale. Le jeu des couleurs a permis, au cours des trois dernières décennies, de développer une dialectique de l'identique et de l'ambigu.

Mais alors que la musique des années 1950 est une simulation consciente de la musique électronique à l'orchestre, l'enjeu musical de la synthèse sonore s'est déplacé depuis, et même retourné. La psychoacoustique a révélé que l'instabilité, l'irrégularité et l'irréversibilité sont des caractères essentiels au phénomène qualitatif du timbre. Ce qui vaut pour la caractérisation psychoacoustique du timbre s'applique aussi à l'orchestre. La couleur sonore joue un rôle fondamental dans les effets dynamiques de la musique. La couleur, la brillance s'obtiennent à l'orchestre par des propriétés relationnelles. La musique atteint, par la qualité sonore, l'équivalent de la profondeur, de la fluidité, de la luminosité. La musique de ces cinquante dernières années traite l'espace sonore comme un milieu de transitions, elle exclut les délimitations fixes et développe un style de la couleur et du mouvement. La couleur rejoint le mouvement lorsqu'elle excède toute limite définie, qu'elle montre une capacité d'oscillation, qu'elle se manifeste dans des expansions ou des concentrations, qu'elle s'affranchit de toute tectonique rigide.

LIMITES DE LA PSYCHOACOUSTIQUE. DE L'ANATOMIE À LA PHYSIOLOGIE DU TIMBRE

Nous avons hérité de la psychoacoustique une anatomie du timbre, qui distingue l'attaque, l'enveloppe, la phase, les bandes de bruit, les microvariations, les processus de micromodulations comme autant de facteurs constitutifs de la vie et de la couleur d'un son. Nous sommes entrés dans l'ère de la physiologie du timbre. Il ne s'agit plus d'exploiter des catalogues d'effets, mais d'entrer dans une écriture différentielle et intégrée.

Dans *Atmosphères*, Ligeti était parvenu à la composition d'un son global en soumettant tous les paramètres – hauteurs, dispositions verticales, dynamique – à un impératif d'intégration. Mais cette intégration est encore imparfaite, car elle est soumise aux lois de la micropolyphonie et non à celles des contraintes spécifiques du matériau. La méthode demeure partiellement extérieure à son objet. De même, les opérations d'interpolation, d'extrapolation, de synthèse croisée, de paradoxe présentent-elles l'inconvénient de proposer des structures encore trop prégnantes pour l'écriture musicale. À l'inverse, on peut faire varier un timbre par l'introduction de signaux non-périodiques, par les battements, par la modulation d'amplitude, par d'autres procédés encore, mais il faut bien convenir qu'aucun n'est susceptible de porter en lui-même une forme. De même, le changement de couleur instrumentale obtenu par des phénomènes d'interférence – battements, effets de chœur, masquage – ou par l'introduction de composantes de bruit relève-t-il encore d'une acoustique appliquée et n'atteint pas la dimension de l'écriture.

APERÇU RÉTROSPECTIF DU DÉVELOPPEMENT DE L'ÉCRITURE DU TIMBRE DURANT CES CINQUANTE DERNIÈRES ANNÉES

À l'orchestre, la qualité sonore est une propriété suscitée, une réalité supérieure dans laquelle les éléments traditionnels de la composition – harmonie, contrepoint, rythme, métrique, instrumentation – sont niés comme tels. La qualité sonore est un terme général pour indiquer que les hauteurs, les rythmes ou les timbres instrumentaux cessent de jouer un rôle prépondérant dans l'organisation du discours. Les timbres instrumentaux sont absorbés dans un continuum de transformations. Ils ont une fonction plastique, ce sont des moments dans le déploiement d'un continuum fluent de qualités.

Les caractères d'organisation de l'œuvre se situent, aujourd'hui, au moins à trois niveaux différents. On distingue le niveau du microphénomène, qui commande l'élaboration des textures fines, plus ou moins denses, plus ou moins resserrées ; le niveau traditionnel de la perception des formes musicales, niveau auquel on perçoit l'harmonie, le timbre, le rythme, les articulations en tant que tels ; le niveau macroscopique, mis en évidence par exemple dans les phénomènes statistiques, dans les expériences de globalité sonore ou dans la lente différenciation tendancielle, à la manière des strates géologiques de Gérard Grisey.

La musique des années 1960 fut principalement macroscopique, comme celle des *glissandi* de *Metastasis*, en 1958. De nouveaux concepts apparaissent, comme ceux de la densité des nuages de sons, de la vitesse des *glissandi*, des degrés d'ordre contrôlant les masses sonores. La densité sonore est assujettie à un certain taux de fluctuations. Xenakis distingua, dans les structures musicales, différents niveaux de l'intégration temporelle – du stade matriciel de la pure abstraction aux vicissitudes du déploiement de l'œuvre dans le temps effectif. Le rapport qualitatif ordre-désordre fut principalement réduit à un rapport de fréquence statistique.

La musique a effectué un changement d'échelle radical au cours des années 1970. Il s'agit d'une musique essentiellement microscopique, monocellulaire, fondée sur la mise en œuvre de cellules qui ont une vie indépendante. Les fréquences, les durées, les intensités se développent selon leur logique propre, et les différentes classes de phénomènes s'organisent entre elles selon un régime d'interférences. Il n'est nul besoin de construction volontariste puisque le régime des interférences y supplée, modelant des espaces et des courbes, distribuant les rapports dynamiques. La logique profonde de ce que l'on appelle « la musique spectrale » est tirée du principe de modulation de fréquence, elle consiste dans la multiplication d'un signal par un autre. La musique spectrale s'instaure comme un changement orienté, et pourtant dépourvu d'un sens de l'orientation. Car on n'y parle plus de progrès, mais d'intégration croissante. C'est le propre de presque toute la production musicale des années 1970 que d'inscrire le passé de l'organisation dans l'organisation même. C'est la définition même du processus. Mais ce dernier inclut également l'émergence.

La musique des années 1980 a été dominée par la question de l'avantage sélectif. Elle a recherché l'augmentation des degrés de liberté dans le choix des réponses. La production musicale semblait se calquer sur le modèle de l'évolution du système nerveux, qui tend précisément vers la plus grande capacité à choisir les réponses. Elle se faisait par là l'emblème de la maîtrise de l'évolution par la connaissance. Elle est revenue au niveau des formes appréciables.

La musique des années 1990 a vécu sous l'emprise du programme génétique. Elle a procédé par recombinaison et réassortiment de caractères. La dialectique des mutations aléatoires et du message héréditaire fut son modèle, sinon son fantasme. Les microprocessus dominent et entraînent la musique de la surface vers la profondeur.

Dans la musique toute récente, c'est plutôt la confrontation intercatégorielle qui prévaut, qui explore un régime d'objets hybrides et de mixité méthodique. Il s'agirait plutôt d'une dialectique entre les effets de surface et les effets de profondeur.

Conclusion

Les divers niveaux de détermination des textures créent des échelles de profondeur, une sorte de stratification du discours dans le sens de la profondeur. On perçoit une pluralité de structures d'ordre ainsi qu'une pluralité de systèmes de dimensions. La polyphonie consiste à opérer simultanément sur des ordres distincts de propriétés. Ces ordres de propriétés spécifiques sont enchevêtrés dans la perception et n'apparaissent pas comme tels.

Les processus de la musique nouvelle sont intimement liés à la perception d'une profondeur de l'espace. L'impression d'espace résulte de la tension qui persiste entre les trois niveaux d'intégration, d'échelle différente. Le ressort principal des tensions n'est plus l'harmonie, ni même l'orchestration, mais la multidimensonnalité du matériau, la diversité de ses structures d'ordre. Un processus d'une certaine échelle ne se déploie qu'en opposition à ceux des autres échelles.

Il s'ensuit que la forme n'est plus que sa propre genèse. Le processus de transformation se substitue au découpage syntactique. Une transformation est habituellement multidirectionnelle, parce qu'elle opère à plusieurs niveaux du matériau en même temps. C'est pourquoi la question du timbre comme élément porteur de forme est devenue une question centrale. La question de l'articulation ne disparaît pas pour autant, mais prend un sens nouveau : la forme est le devenir de la texture, c'est-à-dire de l'organisation interne de l'espace sonore.

Il ne suffit plus de penser la musique selon la durée, selon l'interdépendance, mais désormais selon la polyphonie d'un ordre de déploiements.

ÉCRITURE INSTRUMENTALE, ÉCRITURE DE L'INSTRUMENT

Bruno BOSSIS

Lorsqu'une musique instrumentale autonome s'est développée pendant la Renaissance, la voie a été ouverte vers une reconnaissance de la spécificité de chaque instrument. L'évolution de l'écriture a progressivement permis aux compositeurs de noter de plus en plus précisément l'instrumentation. Puis l'orchestration a délibérément placé le choix des instruments au cœur du métier de compositeur. Hector Berlioz en a formulé les contours dans son *Grand Traité d'instrumentation et d'orchestration modernes* paru en 1843. L'art de l'orchestration est ensuite devenu un élément important de l'apprentissage des compositeurs. Les instruments, anciens et même nouveaux, y sont considérés comme des objets aux caractéristiques physiques et acoustiques déterminés. Par ailleurs, les modes de jeu novateurs et des appendices comme les sourdines, élargissent les possibilités des instruments déjà connus. Selon Adorno :

> On exige à juste titre que l'instrumentation soit intégrée à la composition, qu'elle devienne un « paramètre » de la composition. [...] Celui qui instrumente de façon constructive est plutôt celui qui, à travers chaque timbre, et surtout à travers la répartition orchestrale, réalise tous les éléments constructifs renfermés dans la composition, éléments dont la saisie est essentielle pour que puisse être perçu le sens musical : il y a là une procédure qui, à la différence de ce que dit la formule des critiques, ne drape pas la musique dans un vêtement orchestral, mais transpose sa propre articulation dans une articulation sonore. Le principe de l'instrumentation constructive n'est pas le calcul des timbres, mais la clarté compositionnelle [1].

Et il précise :

> Au lieu de manier l'instrumentation comme un paramètre qui n'est relié aux autres qu'abstraitement, la composition devrait développer l'instrumentation à partir du sens des événements musicaux eux-mêmes : elle deviendrait alors véritablement un paramètre, une fonction concrète de la musique. Elle lui profiterait comme l'un des moyens d'objectivation dont la musique a besoin depuis qu'elle n'est plus à l'abri à

1. Theodor W. Adorno, « Musique et technique », traduction de l'allemand par Marianne Rocher-Jacquin, *Figures sonores, Écrits musicaux I*, Genève, Contrechamps, 2006, p. 200-201.

l'intérieur des anciens schémas. Pour instrumenter ainsi de façon constructive, il faut certes savoir instrumenter. Mais tout autre maniement de la palette n'est que jeu [2].

Selon *Le Trésor de la langue française* [3], le mot écriture possède différents sens dont trois peuvent s'appliquer à la musique. L'écriture correspond tout d'abord au désir de noter une langue, de la représenter graphiquement. Le second est l'action d'écrire, de composer un ouvrage littéraire tandis que le troisième sens concerne la manière de s'exprimer par écrit, le style littéraire. L'écriture de l'instrument abordée ici concerne avant tout le second sens, l'action de *composer* un instrument de musique. Les technologies électroniques puis l'informatique entrant dans le champ de la lutherie, l'instrument devient un dispositif complexe dont les caractéristiques, le mode d'action de l'interprète, le comportement aux sollicitations et la production sonore peuvent également être formulés, programmés et implémentés par le compositeur et non par le luthier. Se prêtant à des choix créatifs dans le domaine de la lutherie, l'instrument programmable donne lieu à une *écriture de l'instrument* dont les conséquences sont très importantes.

Mais une première remarque s'impose. Un instrument de musique ne peut être considéré comme tel que s'il comprend la chaîne complète du geste à l'émission sonore ou au moins à un signal électrique analogue à cette émission. Un amplificateur n'est pas considéré comme un instrument de musique, contrairement à une guitare électrique, un synthétiseur avec clavier, un échantillonneur (*sampler*) ou un synthétiseur modulaire. Un ordinateur n'en est pas un, mais s'il est muni d'une entrée son ou d'une interface gestuelle, d'un logiciel de synthèse ou de traitement et d'une sortie son, alors l'ensemble du dispositif peut être considéré comme un instrument de musique.

Après avoir décrit différentes approches technologiques, de l'enregistreur à la programmation informatique en passant par le synthétiseur modulaire, nous nous concentrerons sur les conséquences pour le métier du compositeur et les enjeux esthétiques de cette nouvelle lutherie en nous appuyant finalement sur un exemple de composition d'opéra en cours. Il ne s'agit pas tant de décrire la nouveauté de la technologie, des textures sonores, des outils informatiques d'aide à la composition, mais de montrer la rupture, pour le créateur, dans le fait de concevoir lui-même un instrument de musique pour les besoins d'une pièce, et mieux encore, d'en écrire l'évolution de la configuration. En effet, contrairement à l'instrument traditionnel, l'*instrument composé* n'est pas entièrement défini avant le travail d'écriture par le musicien. Le compositeur prend ainsi en charge une partie du métier de luthier.

Composer le timbre : l'enregistreur et le synthétiseur

Deux procédés ont donné accès à l'écriture du timbre : d'une part, l'enregistreur qui transforme tout son existant en un son mémorisé utilisable à tout moment dans une œuvre musicale, et, d'autre part, le synthétiseur qui simule artificiellement des sons préexistants ou qui produit des sonorités inouïes.

---

2. Theodor W. Adorno, « Musique et technique », p. 201.

3. Cf. *Le Trésor de la langue française*, dictionnaire des XIXe et XXe siècles en 16 volumes, Paris, CNRS, Gallimard, 1971-1994. Disponible en ligne : http://atilf.atilf.fr/, consulté en juillet 2008.

Le premier procédé, l'enregistrement, met en œuvre une mémorisation qui distancie le phénomène sonore de son origine acoustique, de sa source physique, et qui éloigne temporellement le moment de la perception de celui de la production. Un enregistreur, qu'il soit analogique ou numérique, ne possède pas de timbre propre. Son fonctionnement peut se définir simplement : il mémorise et restitue les fragments sonores. Dans ce cas, le compositeur écrit l'instrument en lui attribuant une sonorité, mais ne crée pas son comportement. De plus, un enregistreur n'est pas un instrument composé, seul le timbre est beaucoup plus ouvert que dans un instrument traditionnel. Depuis les débuts du phonographe, plusieurs générations technologiques se sont succédées sur l'établi du compositeur : le disque souple, le magnétophone à bande et l'enregistreur numérique.

De la même façon qu'un magnétophone, un échantillonneur (*sampler*) numérique est un instrument vide de timbre. Le choix du matériau sonore sous la forme du contenu de la mémoire entre dans l'écriture de l'instrument par la mise en place d'un timbre. *A contrario*, le timbre d'une véritable clarinette est bien dépendant de sa constitution matérielle et le compositeur ne peut que préciser à l'interprète le mode de jeu souhaité pour cet instrument prédéfini. Même dans le cas de l'orgue pour lequel le choix du timbre est laissé au compositeur, celui-ci est limité par la construction de l'instrument. Par contre, un échantillonneur peut accepter absolument tous les types de sons, sans aucune limitation. La responsabilité du choix incombe alors au compositeur qui considère l'échantillonneur comme un instrument au timbre composable. Il écrit véritablement le timbre de l'instrument, situation très différente d'un choix effectué parmi plusieurs instruments ou timbres au sein d'un ensemble prédéfini. De plus, pour l'échantillonneur, des banques de sons peuvent être chargeables dynamiquement les unes après les autres au cours de l'œuvre comme dans *L'Estuaire du temps* de François-Bernard Mâche.

Dans les cas précédemment évoqués, la fonction d'enregistrement est située dans la phase de composition. Mais un concept fondamentalement différent consiste à prévoir des possibilités d'enregistrement pendant le concert. Le principe est très spécifique puisque le compositeur n'écrit pas le timbre en tant que fragment sonore composé et entièrement contrôlé, mais prévoit les circonstances de l'enregistrement en définissant le type de microphones, leurs positions respectives, ou plus généralement la conformation des entrées son à capturer, l'instant ou l'élément déclenchant l'enregistrement et la durée de ce dernier. Quelle que soit la technologie utilisée, une nouvelle frontière est alors franchie dans l'écriture de l'instrument mémorisant. Le compositeur ne prévoit plus le timbre lui-même, mais le contexte déclenchant sa capture.

Le second procédé d'écriture du timbre n'agit pas par mémorisation du son lui-même, mais par celle des caractéristiques qui lui donnent naissance au sein d'un procédé de synthèse ou de transformation. Le compositeur choisit donc la technique de synthèse ou de manipulation, puis les valeurs des paramètres de cette synthèse. L'acte de création comporte donc le choix du type de méthode ou de technique utilisé et des caractéristiques précises du processus attendu. Deux possibilités s'offrent alors au compositeur. Dans la première, la combinaison de ces données produit directement la texture sonore désirée dans le cas d'un travail de composition entièrement terminé avant le concert et dont le résultat sonore est enregistré sur support. La synthèse ou la transformation est alors dite *en temps différé* et le résultat musical appelé *musique fixée sur support*[4]. La seconde possibilité consiste à attendre le moment du concert pour mettre en action le processus d'élaboration ou de transformation du son. Ce processus est dit *en temps réel*[5]. De nombreuses variantes techniques de ces différents concepts ont été développées depuis un demi-siècle, aussi bien avec l'utilisation de technologies analogiques que numériques.

La synthèse additive consiste à concevoir séparément, puis à assembler les partiels. Ce principe était déjà employé dans le telharmonium sous forme électromécanique, puis avec des oscillateurs électroniques dans *Studie I* de Stockhausen. La synthèse soustractive procède à l'inverse. Des éléments sont retirés d'un signal au spectre complexe, par filtrage par exemple, comme dans *Mikrophonie I* (1964) du même compositeur pour six exécutants réunis autour d'un tam-tam. Le principe peut devenir particulièrement attractif lorsque le signal d'entrée est constitué de sons captés par des microphones et que le filtrage est élaboré à partir de bancs de filtres accordés. Dans certaines pièces de Kajia Saariaho, comme son opéra *L'Amour de loin* (2000), les instruments traditionnels peuvent ainsi acquérir une sonorité colorée par l'harmonie associée à un personnage. Le timbre participe à la dramaturgie non en tant que résultat d'une instrumentation exogène, c'est-à-dire par combinaison de timbres disponibles dans un ensemble instrumental physiquement constitué, mais par une ré-écriture du timbre d'un instrument traditionnel, passé à travers le prisme d'une personnalité, d'un profil psychologique incarné sur scène par un chanteur et traduit musicalement par un contexte harmonique. D'autres types de synthèse sont plus directement associés à la construction mécanique de l'instrument, comme la synthèse par modèle physique. Par ailleurs, la synthèse par FOF produit des signaux formantiques. Elle est donc souvent utilisée pour la simulation des voyelles de la parole, par exemple dans *Chréode* (1983), œuvre sur support fixe de Jean-Baptiste Barrière.

D'autres procédés s'avèrent particulièrement efficaces dans un grand nombre de situations, telles que la modulation en anneau et la modulation de fréquence; celles-ci existaient déjà avant les technologies numériques. Stockhausen introduit la modulation en anneau en situation de concert dès 1965 dans *Mikrophonie II* pour 12 chanteurs et orgue Hammond. Quatre modulateurs en anneau analogiques y transforment en temps réel les voix des chanteurs en les modulant par le signal de sortie de l'orgue. Les modulateurs sont *joués* par des interprètes qui en règlent l'efficacité pendant le concert grâce à des potentiomètres. Par ailleurs, la modulation de fréquence analogique a été utilisée très tôt pour le multiplexage des transmissions téléphoniques. Cette méthode de transposition des signaux sur différentes porteuses sera ensuite adaptée aux technologies numériques puis détournées de leur première fonction pour devenir un puissant outil de synthèse musicale grâce au compositeur américain John Chowning. Sa pièce *Stria*[6] (1977) est ainsi entièrement conçue en temps différé par ordinateur selon des règles formelles et timbrales extrêmement précises et congruentes. Enfin, la synthèse par granulation reprend, avec des technologies informatiques, le principe de la machine de Springer,

4. C'est le cas de *Stria* (1977) de John Chowning.

5. Par exemple *Répons* (1981-1984) de Pierre Boulez.

6. *Cf.* Bruno Bossis, « *Stria* de John Chowning ou l'*oxymoron* musical : du nombre d'or comme poétique, *John Chowning* », Paris, Éditions Michel de Maule/Ina, 2005, p. 87-115.

mais l'ordinateur rend l'utilisation de ce type de manipulation beaucoup plus souple et efficace.

Dans tous les cas, définir les paramètres d'un dispositif de synthèse ou de traitement du son peut être considéré comme faisant partie de l'écriture musicale : d'une part, en tant que technique de composition, et, d'autre part, comme notation des décisions du compositeur. En effet, les différents choix nécessaires à la production des textures musicales qui participeront à l'œuvre achevée constituent l'action de composer. Par exemple, Jean-Sébastien Bach établissait un certain nombre de lignes mélodiques formant un contrepoint. Ces différentes notes composaient une matrice abstraite de hauteurs et de durées qui, comme dans *L'Art de la fugue*, ne comportait pas d'indication d'instrumentation, mais parfois, comme c'est le cas notamment dans ses *Concertos brandebourgeois*, il en suggérait précisément une. Pour Berlioz, la composition ne consistera pas seulement en l'habillage d'un ensemble complexe de hauteurs par un certain nombre de couleurs instrumentales ou vocales judicieusement choisies en second lieu : il intégrera le choix instrumental à la phase d'écriture proprement dite. Si l'instrument lui-même peut être paramétré et si cette écriture participe à l'action de composer, un autre niveau de composition peut être envisagé. De plus, l'instrument, s'il a été abordé jusqu'ici comme une unité simple et cohérente de production sonore, peut également être constitué d'un assemblage de ces unités pour former un instrument plus complexe de type modulaire.

L'INSTRUMENT MODULAIRE

Tout instrument a toujours été un objet fabriqué, ou détourné de son usage initial, pour émettre des sons. La modularité a ainsi existé de manière limitée depuis très longtemps (anches, embouchures, archets, tubes supplémentaires, sourdine...), mais il s'agissait avant tout de constituer un objet dont les différentes parties étaient intimement liées physiquement et acoustiquement. Après la mise au point des synthétiseurs électroniques, une seconde rupture importante se produit lorsque les oscillateurs ont pu être contrôlés en tension. Auparavant, ils devaient être réglés manuellement par l'intermédiaire de boutons ou de potentiomètres. La commande en tension, dispositif technique qui date de l'époque des technologies analogiques, rend possible la construction de synthétiseurs modulaires. Plus tard, lorsque la commande en tension devient numérique, la configuration de l'instrument acquiert une grande souplesse tout en conservant les technologies analogiques de synthèse ou de manipulation des sons. Enfin, la synthèse elle-même est numérisée. Ainsi, l'ensemble de la chaîne de production sonore électronique peut être intégrée sous forme logicielle.

Le synthétiseur modulaire, qu'il soit entièrement analogique ou non, n'est pas conçu comme un objet formant un tout et répondant à une tâche précise comme une contrebasse ou un hautbois, mais comme un assemblage malléable de différentes fonctions. De plus, cet assemblage est le fait du compositeur, pas du luthier. Les premiers oscillateurs et amplificateurs contrôlés en tension sont construits en 1964 par l'ingénieur américain Robert Moog à partir de son expérience acquise dans la fabrication de Theremins. Moog travaille alors à New York et fabrique son premier modèle contrôlé en tension pour le compositeur Herbert Deutsch[7]. Moog[8] diffusera le résultat de ces premières recherches dans une communication pendant la seizième conférence de l'Audio Engineering Society en octobre de la même année.

A la même époque, sur la côte ouest, Morton Subotnick et Ramon Sender cherchent également à améliorer les dispositifs de synthèse électronique disponibles au Tape Music Center de San Francisco[9]. Ils s'associent alors à Donald Buchla pour développer un synthétiseur modulaire. Le Modular Electronic Music System est ainsi progressivement mis au point à partir de l'année 1963[10], module par module. Proche du synthétiseur modulaire de Moog, celui de Buchla s'en différencie par deux caractéristiques importantes. D'une part, il possède un séquenceur capable de mémoriser et de produire à la demande une série de valeurs successives pour les tensions de contrôle. D'autre part, au lieu d'un clavier classique, les premiers Buchlas intègrent 16 zones sensibles à la pression des doigts. Pour chaque touche, une sortie délivre une tension proportionnelle à la pression exercée par le doigt de l'interprète[11]. Une caractéristique similaire avait déjà été expérimentée dans certaines versions du Monochord au début des années 1950[12]. Mais le contrôle en tension va bien au-delà d'un réglage du synthétiseur pour produire un timbre fixe. Il autorise le compositeur à *écrire* l'instrument lui-même pour lui faire produire à la demande, pendant l'exécution d'une œuvre, des variations de hauteur, de spectre, d'intensité et d'attaques.

En 1964-1965, un troisième ingénieur s'intéresse à ce principe de modularité. Paul Ketoff imagine un synthétiseur portable contrôlé en tension, le Synket, pour le compositeur John Eaton. Ce synthétiseur ne sera jamais commercialisé. En 1966, Moog et Buchla lancent indépendamment leurs entreprises de fabrication de synthétiseurs modulaires. Et à la fin des années 1960, deux autres marques ARP[13] aux USA et EMS[14] en Angleterre commercialisent des synthétiseurs contrôlés en tension. En 1969, l'ARP 2500 remplace les cordons de liaisons entre les modules par des matrices de 10x10 interrupteurs chacune. Puis EMS produit le VCS3 en 1968 et l'énorme Synthi 100 en 1971. Les quatre fabricants, Moog, Buchla, ARP et EMS connaissent un certain succès jusqu'à l'arrivée de la concurrence japonaise.

Les premiers synthétiseurs modulaires possèdent donc un câblage matériel entre les modules. Il est bien évidemment très difficile de modifier dynamiquement ce câblage ou la position des interrupteurs de la matrice au cours de l'œuvre. Par contre, la commande en tension et la présence d'un séquenceur favorisent tout de même une plus grande souplesse d'écriture musicale. L'étape suivante est la virtualisation du câblage et des modules eux-mêmes dans des logiciels devenant des hôtes pour des insérables (*plug-ins*)

7. Source : http://www.hofstra.edu/academics/hclas/music/music_deutsch.cfm, consulté en juillet 2008.

8. Robert Moog, « Voltage-Controlled Electronic Music Modules », *Sixteenth Annual Fall Convention of the Audi Engeneering Society*, 14 octobre 1962, dans Peter Manning, *Electronic and Computer Music*, New York, Oxford University Press, 2004, p. 412.

9. Centre créé en 1962 par les deux compositeurs Morton Subotnick et Ramon Sender.

10. Source : http://www.buchla.com/historical/index.html, consulté en juillet 2008.

11. Source : http://www.buchla.com/historical/b100/index.html, consulté en juillet 2008.

12. Peter Manning, *Electronic and Computer Music*, Oxford-New York, Oxford University Press, 2004, p. 105.

13. D'après les initiales de son fondateur Alan R. Pearlman.

14. Electronic Music Studios avec Peter Zinovieff.

de synthèse ou de traitement placés en insertion (*insert*) ou en envoi (*send*). La plupart des logiciels séquenceurs ou des logiciels d'édition sonore sont ainsi construits virtuellement selon un principe proche des premiers synthétiseurs modulaires.

OBTENIR UN COMPORTEMENT VARIABLE : LA PROGRAMMATION INFORMATIQUE

Dans le domaine de la musique, le langage de programmation provoque des relations complètement différentes entre le compositeur et l'instrument. Le compositeur n'est plus seulement celui qui prescrit une utilisation de l'instrument à l'interprète; il définit l'instrument en programmant les processus compositionnels qui s'interposent entre l'action de l'interprète et la réponse de l'instrument. En effet, en tant que partie constitutive de l'instrument programmable, l'ordinateur traite des informations dans un langage dont le sens musical n'est pas clairement établi. Contrairement à l'anche, à l'air ou au corps d'une clarinette, il ne vibre pas ni ne participe d'une quelconque manière à une résonance; il calcule. Une distance s'installe, qui rompt avec les contingences physiques et permet l'introduction du temps de la composition, de l'écriture musicale, dans la réalité même de l'instrument. Dans la phase de genèse de l'œuvre, le compositeur détermine l'instrument. De plus, en appliquant la théorie générale de von Neuman à la lutherie informatique, un instrument de musique programmable est théoriquement capable de reproduire le comportement de n'importe quel instrument ou plutôt de tout instrument que le compositeur est en mesure d'imaginer. De plus, ce comportement n'est pas obligatoirement fixe. Il peut varier pendant le déroulement temporel de l'œuvre. En conséquence de cette distanciation computationnelle alliée à cette possibilité de comportement indéfiniment malléable, le musicien est ainsi en mesure d'intégrer une écriture de l'instrument à sa technique de composition. Il s'agit bien d'une écriture puisque le temps de la composition ne se confond pas avec celui de l'interprétation. Il s'agit bien d'un instrument puisque l'ordinateur peut être couplé en entrée avec une interface gestuelle et en sortie avec un convertisseur numérique-analogique, lui-même connecté à un amplificateur de puissance puis à des haut-parleurs. Pour la première fois dans l'histoire de la musique, les différentes parties constitutives sont recombinables et modifiables souplement et précisément dans la temporalité de l'œuvre. L'ensemble de l'instrument possède une structure non fixée par construction et l'identité de chacun de ses éléments doit être partiellement ou totalement définie par le compositeur. L'interface d'entrée comme le système de diffusion peuvent eux-mêmes être programmés et composés. L'exemple le plus courant est l'écriture de la spatialisation mis à contribution dans de nombreuses œuvres[15].

Les technologies numériques programmables ont ainsi libéré l'instrument de musique de sa réalité physique et acoustique. Il n'est plus un objet standardisé dont les compositeurs, les interprètes et les mélomanes connaissent l'apparence, les possibilités virtuoses et le timbre. La responsabilité du compositeur n'est plus seulement

15. Comme *Gesang der Jünglinge* (1956) de Stockhausen sur cinq groupes de haut-parleurs, *Poème électronique* de Varèse sur les 425 haut-parleurs du pavillon Philips de l'Exposition universelle de Bruxelles en 1958, ou encore *Hibiki Hana Ma* de Xenakis sur les 800 haut-parleurs du pavillon d'Acier Japonais de l'exposition d'Osaka en 1970.

d'instrumenter au sens d'habiller une écriture musicale, ni même de concevoir la musique en liant le choix des instruments et la composition dès les premières étapes de l'écriture. De plus, la programmation rend difficile le classement lui-même des possibilités musicales. En effet, s'il est aisé de déterminer une typologie des technologies, des techniques et des méthodes de synthèse ou de traitement, le résultat sonore est par définition extrêmement ouvert et dépendant de la programmation qui entre dans le champ de l'écriture musicale. Le dispositif électronique programmable est à la fois un instrument et un outil à fabriquer les instruments.

COMPOSER SES INSTRUMENTS, CONSÉQUENCES ESTHÉTIQUES

Si le compositeur n'est plus contraint par la lutherie traditionnelle, il se trouve cependant confronté à une nouvelle difficulté : la complexité et l'instabilité des technologies. L'aide d'un assistant ou d'un programmeur spécialisé est alors souvent indispensable, en contrepartie d'une délégation de certains aspects de l'acte créatif. Depuis les origines du développement d'une lutherie électronique, les domaines de la science, de l'industrie, des médias et de la composition musicale ont été appelés à se rapprocher et à s'interpénétrer. Ainsi, le rôle des grandes institutions radiophoniques et de l'industrie du téléphone a été extrêmement important dans le développement des studios analogiques et de l'informatique musicale. Si les relations entre sciences et art ont toujours été très fortes, comme en attestent le *quadrivium* du Moyen Âge, les encyclopédistes ou même l'harmonie des sphères de Platon, l'émergence des technologies programmables a modifié considérablement les enjeux de ces rapports plus ou moins complexes. Cette fois, il ne s'agit plus de sciences que les modernes appelleraient fondamentales, mais de sciences appliquées ou de technologies. La facture instrumentale est directement en cause, et non seulement une réflexion sur la musique et les instruments. Le compositeur, en intégrant une part de programmation à son écriture musicale, doit donc posséder les connaissances appropriées. Maîtrisant bien évidemment la nomenclature de l'orchestre, une dimension nouvelle s'ajoute à son métier lorsqu'il s'intéresse aux nouvelles technologies : l'écriture de l'instrument.

LE RÔLE DE L'ASSISTANT MUSICAL

Devant les difficultés inhérentes à cet élargissement considérable des compétences requises pour écrire, le compositeur peut choisir la solution de l'assistant musical, solution d'ailleurs proposée *de facto* par des institutions, comme l'Ircam, qui regroupent scientifiques et musiciens. Se pose alors la question de savoir jusqu'où la compétence musicale de l'assistant influe sur la composition. Les conséquences esthétiques sont souvent peu mises en avant dans le monde de la musique contemporaine, mais elles ne peuvent être niées. A partir de ses connaissances techniques et des possibilités de la technologie mise à sa disposition, l'assistant suggère des pistes musicales au compositeur. Le phénomène n'est pas nouveau, ni propre aux technologies numériques. Les premières recherches du studio de Paris doivent beaucoup à la compétence de techniciens comme Jacques Poullin. Plus généralement, il est bien évident que le choix des timbres et des matériaux sonore est de la responsabilité finale du compositeur, mais les propositions émanent parfois de l'assistant. Lorsque les technologies utilisées permettent une véritable écriture de l'instrument, le rôle de l'assistant est encore plus prégnant.

Un instrument à la conformation et au comportement dynamiques

Dans un article rédigé en octobre 1958 et publié en 1959, Stockhausen affirme que :

> La musique « harmonique » (« tonale ») s'était distinguée par une parfaite cohérence entre le matériau sonore, le mode de construction des instruments et la forme musicale. [...] Les sons instrumentaux dont nous disposons ont déjà quelque chose de préformé. S'ils dépendent de la facture de l'instrument et de la manière dont nous en jouons, ils n'en restent pas moins des « objets ». Les compositeurs actuels ont-ils construit le piano ? Le violon ou la trompette ? Ont-ils déterminé la manière dont ces instruments devaient être joués ? [...] C'est ainsi que naquit l'idée de dépasser le stade des sons instrumentaux préformés. Il s'imposa alors à nous de créer des sons destinés à une composition particulière et de les assembler artificiellement en accord avec la loi formelle de l'œuvre à laquelle ils se verraient attribués [16].

Traditionnellement, le compositeur considère l'instrument comme une entité acoustique autonome, stable, repérable et catégorisable. Ce n'est plus possible avec la lutherie électronique modulaire ou programmable. La programmation informatique permet d'intégrer à l'écriture musicale les caractéristiques définissant habituellement l'instrument (interfaces gestuels et processus de production sonore). De plus, les différentes entités d'interfaçage ou de production peuvent être rendues interdépendantes au sein même de l'instrument électronique : le compositeur imagine le dispositif dont il a besoin. La morphologie de l'instrument dépend donc du projet esthétique du compositeur et non l'inverse. Et pour la première fois dans l'histoire de la musique, cette morphologie peut évoluer en un continuum au sein même de l'œuvre. L'interface et sa réponse acoustique ne sont plus fixées à l'avance, mais deviennent programmables et modifiables pendant le temps de l'œuvre. Cette malléabilité dynamique pose évidemment le problème de la classification instrumentale de la lutherie électronique et, par voie de conséquence, celui de l'apprentissage de *l'écriture de l'instrument* par le compositeur.

Virtualisation instrumentale

La situation devient encore plus difficile pour les compositeurs lorsque la morphologie instrumentale se virtualise. Le numérique rompt les rapports directs entre la vibration d'un corps sonore, le geste de l'interprète et le son perçu par l'interprète et les auditeurs. Le compositeur ne peut donc plus continuer à écrire pour une virtuosité directe, charnelle et bornée précisément par les caractéristiques mécaniques et acoustiques de l'instrument. Les limites ne sont plus seulement celles du corps de l'interprète, de la conformation avec l'instrument, mais celles du programme et de la machine. La

16. Karlheinz Stockhausen, « Musique électronique et musique instrumentale », traduit de l'allemand par Sylvie Raphoz, *Contrechamps*, n° 9, 1988, p. 66-67.

programmation transforme l'instrument en une entité non plus physique, mais conceptuelle. Les limitations du dispositif électronique ne sont pas une donnée aussi facilement appréhendable que dans la lutherie traditionnelle. Selon l'efficacité des logiciels, la quantité de mémoire vive, la configuration des processeurs, la machine est capable de générer un nombre plus ou moins important de traitements ou de simulations simultanées. La configuration de l'ensemble matériel et logiciel influe de manière complexe sur les performances de l'instrument. De plus, la conception logicielle est parfois très ouverte, par exemple dans une architecture acceptant des plug-ins ou des objets externes.

Par ailleurs, s'il est relativement aisé de reconnaître à l'oreille un instrument acoustique, il serait intéressant d'étudier précisément dans quelle mesure un type de traitement ou de synthèse est reconnu par l'auditeur. En réalité, la virtualisation de l'instrument a entraîné une autre vision de l'acte de composer. Le choix ne porte plus sur un type d'instrument, ni même sur une catégorie de logiciels, choix pour lequel le musicien n'est pas toujours compétent, mais sur un résultat sonore et un fonctionnement de l'œuvre. Paradoxalement, le compositeur perd ainsi une partie de ses prérogatives sur le dispositif instrumental tout en s'appropriant la clé d'une plus grande souplesse.

Les compositeurs semblent adopter le plus souvent deux attitudes face à cette virtualisation du dispositif instrumental : soit ils travaillent eux-mêmes avec un instrumentarium électronique, mais se servent de fonctionnalités préétablies dans des séquenceurs ou réorganisent des fonctionnalités dans les logiciels possédant une interface de programmation graphique, soit ils se font aider par un assistant musical pour concevoir à un niveau plus approfondi des solutions logicielles originales. Mais dans tous les cas, l'écriture de l'instrument, et non plus le choix des instruments, fait partie de l'acte de création. Il existe ainsi un niveau supplémentaire dans le métier du compositeur utilisant des instruments électroniques programmables. Il doit les concevoir ou les configurer. De la même façon que, depuis Berlioz, l'écriture musicale ne sépare plus l'acte d'instrumenter et celui de composer, vouloir identifier deux étapes successives dans la composition – tout d'abord la programmation ou la constitution de l'instrument, puis son insertion dans une texture musicale pré-existante – n'a guère de sens. La réalité est plus complexe.

Distanciation entre cause et effet

Avec les technologies numériques faisant appel à la programmation, la conformation de l'instrument n'existe qu'en puissance jusqu'au moment où les calculs sont lancés. Le programme est une abstraction logico-mathématique. Programmer l'instrument, c'est donc lui reconnaître un statut abstrait. Il ne reprend une dimension acoustique que par le truchement de la vibration des membranes des haut-parleurs, tout à la fin de la chaîne de fabrication du son. *A contrario*, dans l'instrument traditionnel, les vibrations acoustiques sont déjà présentes dès l'étape de l'excitation et se poursuivent lors de la résonance et de l'émission. Ce n'est pas le cas dans la lutherie électronique. Selon Marcelo Wanderley et Philippe Depalle :

> En désolidarisant cause et effet, l'incursion de l'électricité dans la lutherie a profondément modifié la nature du jeu des instruments de musique. Et bien qu'une prodigieuse diversification des moyens de production sonore en ait résulté, ce

> changement de nature n'a pas encore engendré de stratégies de contrôle permettant de développer la même subtilité et la même ampleur de jeu que celle que l'on trouve pour les instruments traditionnels [17].

Ces deux auteurs insistent également sur la qualité du lien entre les variables gestuelles et les variables de synthèse : « C'est le lien instrumental qui, en réalité, donne un sens au paramètre de sortie du contrôleur [...]. Ce lien doit permettre au musicien de contrôler l'instrument selon l'approche voulue (de bas niveau, perceptive, ou abstraite) tout en assurant précision et expressivité. » [18] Et ils précisent :

> En ce qui concerne la simulation du jeu instrumental, il faut ensuite différencier deux cas selon que le synthétiseur contrôlé repose sur un modèle de signal ou bien sur un modèle physique. Dans ce dernier cas, une partie du lien instrumental est déjà intégrée à l'algorithme de synthèse sous forme de contraintes mécaniques ou acoustiques [19].

Dans un instrument traditionnel, l'interface gestuelle fait partie de l'instrument. Elle est fixe et connue d'avance par le compositeur. Dans un dispositif de lutherie électronique, l'interface prend son indépendance. Il est alors possible de programmer le comportement de l'interface et de l'associer à différents dispositifs par l'intermédiaire d'un format d'échange de données. La conséquence d'une telle possibilité de programmation est la faculté pour l'instrument d'accueillir un programme évolutif écrit par le compositeur et mis au service d'une œuvre particulière. Le méta-instrument développé dans le cadre de l'association Puce Muse et conçu par Serge de Laubier illustre cette évolution vers une autonomie de l'interface par l'apport d'actions programmées, qu'elles soient visuelles ou sonores. Composer l'instrument, c'est non seulement inventer un instrument, mais pouvoir en écrire musicalement son comportement au cours de la forme musicale. Le rapport de la lutherie à la matérialité, au temps musical, à l'espace et à la forme s'en trouve profondément modifié.

L'INSTRUMENT MÉMORISANT

La situation est encore rendue plus complexe par l'introduction de l'effet de mémoire dans l'instrument électroacoustique, qu'il s'agisse d'un travail sur le matériau sonore ou le matériau symbolique (des paramètres). Cette propriété, en rupture totale avec la lutherie traditionnelle, s'applique aussi bien sur les hauteurs, les durées, les timbres, que sur tous les paramètres internes à l'instrument programmable. Depuis le séquenceur du synthétiseur Buchla et le Chamberlin, la mémoire instrumentale s'est élargie à divers domaines. Il est ainsi possible d'établir une typologie entre mémoire à court terme (écho, réverbération, granulation) ou à long terme (mémorisation de phrases ou de gestes musicaux). La première catégorie concerne une écriture du matériau alors que la seconde implique la dimension formelle. Lorsque les données ne sont pas enregistrées pendant l'étape de la composition, les choix du compositeur portent alors sur les circonstances de

---

17. Marcelo Wanderley, Philippe Depalle, « Contrôle gestuel de synthèse sonore », dans Hugues Vinet, François Delalande (dir.), *Interfaces homme-machine et création musicale*, Paris, Hermès, 1999, p. 145.

18. *Ibid.*, p. 155.

19. *Ibid.*, p. 156-157.

l'enregistrement dans la mémoire et sur celles de sa lecture, et non sur le fragment musical. Les données sonores mémorisées ne seront présentes qu'au moment de l'interprétation. Il faut également remarquer qu'il n'existe pas d'intermédiaire entre mémoriser ou ne pas mémoriser. Le compositeur doit faire le choix d'un instrument mémorisant ou pas, et il doit déterminer le type de mémorisation nécessaire à ses choix esthétiques. Contrairement à l'instrumentation traditionnelle, il ne s'agit plus de sélectionner un mode de jeu ou une caractéristique acoustique, mais d'imaginer et d'écrire un comportement temporel de l'instrument.

Notation de l'écriture de l'instrument

Par ailleurs, composer implique le plus souvent un processus de notation. Malheureusement, il n'existe pas de correspondance univoque entre la représentation de la configuration d'un instrument et le rendu musical généré, ni de système symbolique fiable et reconnu par tous pour noter les parties électroniques sur la partition. Dès l'époque des technologies analogiques, la partition de réalisation de *Kontakte* est l'un des rares exemples d'une volonté d'établir une notation précise du choix des appareils électroniques, de leurs réglages et de leur assemblage. La notation du matériau sonore pour faciliter la lecture et la synchronisation, notamment dans le cas de la musique mixte ou pour une analyse musicologique, a déjà fait l'objet de nombreuses recherches. Par contre, la situation est différente pour la notation de la configuration d'instruments faisant l'objet d'une écriture. Les événements successifs ne correspondent plus à une texture sonore, mais à des états du comportement de l'instrument. La lecture des lignes de code ou des *patches* ne permettant pas un déchiffrage aisé, linéaire et dans la temporalité musicale, la solution souvent adoptée par les compositeurs est d'ajouter des commentaires textuels adaptés à chaque cas particulier. Dans les logiciels de programmation orientés objet comme Max/MSP, PureData et Kyma, la réalisation de l'instrument se confond avec sa notation. Éventuellement, un graphique symbolisant le résultat sonore peut compléter ces pseudo-didascalies. Mais un processus non défini, en partie aléatoire, ou une interpolation rythmique comme dans *Jupiter* de Philippe Manoury, rendent par essence impossible une notation précise. Composer l'instrument suppose pourtant pour le compositeur de définir un système personnel de notation à des fins mnémotechniques d'une part, et d'autre part d'être capable de fournir aux interprètes une partition aisée à lire pour la préparation du concert, surtout dans le cas d'une pièce comprenant des instruments traditionnels ou des voix.

Prendre en compte l'interprète

Le compositeur doit également prévoir les spécificités de son écriture instrumentale en vue d'une bonne prise de contact par l'interprète. Pour Marc Battier, deux voies ont été explorées dans la seconde moitié du XXe siècle :

> La première consiste en la liaison d'un instrument traditionnel à un ordinateur, réclamant de la part de l'instrumentiste non de nouveaux gestes, mais une attention particulière à la réaction de l'ordinateur à son jeu. [...] Dans la seconde voie, de

nombreuses recherches musicales s'appliquèrent à créer des interfaces novatrices, accompagnées de gestes qui ne relèvent pas de la tradition musicale, comme tourner un bouton, déplacer une souris, glisser le doigt sur une surface sensible, manœuvrer un levier…[20].

Dans le cas de l'instrument traditionnel augmenté, le compositeur définit le comportement de l'extension électronique, pas de l'ensemble de l'instrument. Les exemples sont nombreux, comme la flûte MIDI de la première version de *Jupiter* et le shofar augmenté de Bob Gluck[21]. Autour de l'instrument pré-existant, le compositeur ne peut ignorer une tradition de l'écriture, une forme de standardisation du jeu, et une certaine virtuosité décrite par des traités d'interprétation. Si l'instrument est augmenté, les résultats sonores le sont également et la virtuosité de l'interprète doit s'étendre à de nouveaux concepts et aux nouvelles réactions de l'instrument. Que l'interface gestuelle soit ou non basée sur un instrument traditionnel, son apprentissage est bien entendu facilité si les gestes ne sont pas complètement inconnus des interprètes et si le comportement du dispositif reste stable pendant au moins une section entière de l'œuvre. De nouvelles interfaces voient le jour, comme des surfaces de contrôles basées sur des écrans tactiles. Ainsi, la forme des graphiques et leurs comportements sont entièrement programmables et les données issues des gestes des interprètes peuvent être récupérées dans des applications musicales comme Max/MSP. En cours de réalisation de l'opéra *Wagner Dream*, le compositeur Jonathan Harvey et son assistant musical Gilbert Nouno sont ainsi passés, début 2007, de la technologie des tablettes graphiques avec stylet de commande à celle des écrans tactiles du Lemur fabriqué par la société française JazzMutant[22].

L'EXEMPLE DE *WAGNER DREAM* DE JONATHAN HARVEY

Le travail de composition de Jonathan Harvey pour *Wagner Dream*, qui a été créé à Luxembourg le 28 avril en 2007, aura duré presque cinq ans[23]. S'appuyant sur l'expérience acquise dans les œuvres précédentes, les parties électroniques réalisées à l'Ircam avec l'aide de Gilbert Nouno sont très développées. Le suivi musicologique de la genèse de l'opéra en collaboration avec le compositeur donne certaines clés d'une *écriture de l'instrument*. Ce suivi met en évidence l'impact des technologies sur l'acte de création. Il ne s'agit pas d'écrire seulement pour la voix ou les instruments acoustiques, mais de configurer simultanément l'instrument et d'imaginer la production musicale de celui-ci.

Wagner Dream[24], sur un livret de Jean-Claude Carrière, est un opéra dont la narration se situe en partie dans l'imaginaire de Wagner pendant le court instant de son passage de

20. Marc Battier, « Science et technologie comme source d'inspiration au XXe siècle », dans Jean-Jacques Nattiez (dir.), *Musiques, une encyclopédie pour le XXIe siècle*, Vol. 1, Arles, Actes Sud, 2003, p. 526.

21. Source : http : //www.electricsongs.com/eShofar/, consulté en juillet 2008.

22. Installée à Bordeaux, http://www.jazzmutant.com, consulté en juillet 2008.

23. Partition éditée chez Faber Music, 2006.

24. *Cf.* Bruno Bossis, « Wagner Dream ou le temps immobile d'un dernier soupir », *L'Étincelle, journal de la création de l'Ircam*, 1, novembre 2006, p. 16-17.

la vie au trépas. Wagner s'est longtemps intéressé à la philosophie de Schopenhauer, mais aussi au bouddhisme. Il a même désiré composer un opéra bouddhiste dont le bref synopsis s'intitule *Die Sieger*. Le livret de Jean-Claude Carrière raconte la vision que Wagner a de son propre opéra. Dans celui-ci, Prakriti, une jeune fille indienne de la plus basse extraction, brûle d'un amour impossible pour Ananda, un proche de Bouddha. Elle ne pourra vivre auprès de son amant qu'en entrant dans son ordre religieux et en faisant vœu de chasteté. Renoncement au monde comme rédemption, l'histoire de Prakriti et d'Ananda est également une métaphore de l'inégalité entre les hommes et les femmes.

Pour Wagner, la musique savante occidentale de l'époque était dans une impasse. Il tentera de la renouveler en puisant notamment dans l'imaginaire des mythes. Dans un contexte très différent, Jonathan Harvey nourrit sa musique avec une spiritualité profonde influencée aussi bien par la pensée chrétienne que par le bouddhisme. Une esthétique d'une grande finesse, allant jusqu'à l'ambiguïté, est mise en œuvre par une écriture instrumentale et vocale délicate, mais aussi par une utilisation très efficace de l'électroacoustique dès les années 1970. L'une de ses pièces les plus connues composées à l'Ircam est sans doute *Mortuos Plango, Vivos Voco*, œuvre sur support réalisée en 1980.

Dans *Wagner Dream*, le dispositif électronique s'intègre totalement, non seulement au sens musical de l'opéra, mais également à sa signification profonde. La dissolution des sons par l'électroacoustique est une métaphore du retrait du monde bouddhiste, le néant n'étant pas vécu comme un renoncement, mais comme une vertu supplémentaire. Le rôle dramaturgique du dispositif est de rendre impalpable la différence entre la réalité de l'agonie de Wagner, son imaginaire et la spiritualité bouddhiste. La partie électronique est une expression musicale de la mise à distance, dans un monde où rien n'a d'existence efficiente. Rêve d'un opéra bouddhiste et réalité de la scène se confondent dans une esthétique sonore à la fois complexe et lumineuse.

L'ensemble du dispositif électronique est géré directement dans Max/MSP à travers des interfaces gestuelles constituées de deux claviers de type piano, d'une console MIDI de 16 potentiomètres, d'un Lemur. Cet environnement complexe prend ses sources sonores aussi bien dans un échantillonneur virtuel Halion hébergé dans Max/MSP, des fichiers sons pré-enregistrés et une capture en temps réel à partir des microphones disposés devant les instrumentistes de l'orchestre. Les traitements applicables à ces sources comprennent trois harmonizers, deux granulators, deux modulateurs en anneau, deux filtres résonnants, deux Loop buffers[25], une réverbération et un chorus. Le dispositif est complété par deux spats attaquant huit canaux de diffusion. Globalement, il s'agit donc d'un instrument malléable comprenant des sources sonores, des interfaces de commande, une programmation dans Max/MSP, et des amplificateurs/haut-parleurs. La synchronisation avec le reste de l'effectif instrumental et vocal est réalisée par le déclenchement d'une succession d'événements[26], parfois très rapprochés, sur l'un des claviers MIDI. Chaque événement modifie les entrées du dispositif, le rôle des interfaces, le choix des traitements et leurs paramètres associés. Sa conformation n'est pas statique.

---

25. Scène 5, page 216, événement 36 : LOOP BUFFER boucle sur tous les instruments et le spat1 est joué pendant le spectacle sur le Lémur avec quelques indications (*PEN fast*) p. 217.

26. Les exemples seront principalement pris dans la scène 2 de l'opéra qui comprend 49 événements, et dans la scène 5 qui en contient 20+50.

Il s'agit bien d'un instrument programmable, dont les caractéristiques malléables sont écrites précisément par le compositeur et entièrement mises au service de la dramaturgie. Cet instrument comprend le matériel et le dispositif logiciel. Leur configuration constitue un véritable acte de composition. Les fichiers sons préparés à l'avance[27] et lus dans Max/MSP pendant le spectacle imposent plusieurs niveaux d'écriture de la part du compositeur : la composition de ces textures sonores, le choix du moment de déclenchement, les traitements éventuels puis leur spatialisation. Il en est de même pour les sonorités de piano préparé ressemblant à des sons de gamelan chargés dans le Halion et joués par le grand clavier de 88 touches[28], mais aussi pour la capture en temps réel du jeu des instrumentistes de l'ensemble orchestral. L'écriture sollicite à la fois la source sonore, la gestion des déclenchements, les traitements et la spatialisation. La configuration de la matrice de redistribution des micros et du Halion vers les effets et les spatialisateurs change également à chaque événement.

Le compositeur a organisé l'ensemble de façon à l'intégrer parfaitement à l'esthétique musicale et au sens du texte du livret[29]. Par exemple, le choix d'un second clavier de 66 touches[30] uniquement prévu pour les changements d'événements facilite la synchronisation avec les moments essentiels de l'expression musicale[31]. Par ailleurs, le Lémur est utilisé pour programmer souplement les parcours sonores dans l'espace de la salle à partir de six rythmes automatiques[32], et, pendant la représentation, pour des improvisations guidées[33], toujours sur la spatialisation. La tablette est donc une interface concernant aussi bien l'acte de création et l'acte d'interprétation.

La petite console MIDI de 16 potentiomètres permet de jouer en direct les enveloppes d'amplitude notées sur la partition et correspondant à des effets[34] ou des fichiers sons. Des graphiques suggèrent l'enveloppe[35], ou des indications textuelles précisent l'allure de l'enveloppe[36]. La même volonté d'affiner l'interprétation et la notation se traduit par des détails significatifs, montrant la précision de l'écriture[37]. Pour les deux modulateurs en anneau, l'entrée micro est indiquée ainsi que la seconde entrée qui est une sinusoïde de

27. Les fichiers sons peuvent contenir des voix dont les paroles sont en rapport avec le texte chanté par les protagonistes au même moment (scène 9, p. 428, événement S9 e6).

28. Lower keyboard.

29. Scène 2, p. 23, événement 16 : un harmonizer et une modulation en anneau sont appliqués avec une enveloppe aux cordes exceptées les contrebasses. Deux mesures plus tard, le traitement s'applique à d'autres instruments, puis revient sur le premier groupe de microphones. C'est à ce moment que Wagner commence à avoir des visions.

30. Upper keyboard.

31. Scène 1, p. 5, le fichier son contient le Lied de Schubert *Praise of Tears* joué au piano, avec la mélodie à la main droite du piano et un effet diffus de distanciation puisque Cosima joue imaginairement dans une autre pièce. Pendant ce temps, les violons et les alti sont captés par les micros et traités par un harmonizer pour donner des clusters très denses. Scène 2, p. 32, événement 28 : lancement du fichier Thunder 1 sur les deux spats. Il y aura 5 fichiers différents de Thunder 1 à Thunder 5, événements 28, 30, 32, 33, 35.

32. Scène 2, p. 8, événement 1 : la spatialisation (spat1) possède un rythme nommé Rhythm 1 et un tempo défini variable.

33. Scène 5, p. 216, événement 36.

34. Scène 2, p. 8, événement 1 : un fader permet de mettre en évidence l'harmonizer.

35. Scène 2, p. 10, événement 3.

36. Scène 2, p. 15, avant l'événement 9 : *fade out GRAN slowly.*

37. Scène 5, p. 137, événement S5 e4 : le chemin entre les différents traitements est indiqué HARM/CHORUS/REVERB/FILTERS/SPAT.

fréquence donnée[38]. La granulation permet avant tout d'obtenir des *glissandi* de bonne qualité en temps réel[39]. Pour l'effet de *cutter*, le compositeur a pris tardivement la décision de remplacer la granulation par une modulation d'amplitude commandée par des impulsions trapézoïdales dont la fréquence est notée sur la partition[40]. La matrice est programmée très précisément de façon à contrôler parfaitement les notes générées dans les harmonizers[41]. Les voix sont également traitées en temps réel[42].

UNE ÉCRITURE COMPORTEMENTALE

Dans l'histoire de la lutherie, le savoir-faire du luthier a souvent été de très haut niveau. Ce professionnel a toujours su profiter des avancées de la technologie en utilisant de nouveaux matériaux et des outils de fabrication plus efficaces. Les systèmes de clés sur les instruments à vent ont ainsi évolué avec les progrès de la métallurgie. Les mèches et les tours modernes ont considérablement amélioré la justesse des instruments de la famille des bois. Avec l'arrivée des technologies électroniques analogiques, numériques puis programmables, la lutherie a connu non des améliorations successives comme dans les siècles précédents, mais des ruptures conceptuelles fondamentales.

Pour les compositeurs, il ne s'agit plus seulement de connaître, de maîtriser l'écriture instrumentale et de les faire vivre musicalement dans une esthétique en évolution ou non. La ductilité de l'instrument modulaire ou programmable, sa distanciation en tant qu'objet obéissant aux lois de l'acoustique, la séparation des rôles de l'interface gestuelle et de la production sonore, la dématérialisation des causes du comportement et de la sonorité modifient radicalement le champ d'intervention du compositeur. L'écriture musicale, les techniques d'écriture et l'esthétique qui en dépendent, ne sont plus seulement appliquées à des instruments de musique clairement définis et catégorisés, aux caractéristiques physiques et acoustiques connues des interprètes et standardisées. Le compositeur doit élaborer lui-même le timbre, la conformation et le comportement de l'instrument, et tout cela de manière abstraite par le truchement de langages de programmation.

Pour la première fois dans l'histoire, le geste instrumental et la réponse acoustique sont liés, non par la construction physique de l'instrument, mais par une sorte de fonction

38. Scène 5, p. 199, événement 6.

39. Scène 2, p. 12, événement 6 : la granulation permet d'obtenir un *glissando* descendant sur 4 octaves sur le micro de la percussion 1 (le son de la cloche tibétaine jouée avec des baguettes très dures descend lentement jusqu'à un gong rituel joué dans les percussions 1 à l'événement 10 p. 16, puis par un sfile sur les deux spats à l'événement 11). La cloche est celle que Wagner possède sur son bureau. Le sens est très fort puisqu'on se situe juste après la crise cardiaque. Le compositeur annonce ainsi les visions bouddhistes de Wagner. Scène 2, p. 25, événement 22 : les deux spats diffusent les cordes sur des notes tenues avec harmonizer, modulation en anneau et réverbération sur le premier spat. Les percussions comprennent la cloche tibétaine, le crotale bâton de pluie et les maracas. L'éclairage de la scène devient plus vif. Quelques instants plus tard, Vairochana apparaît à Wagner.

40. Scène 5, p. 226, événement 49 : les réglages de la granulation 2 changent vers un cutter de 420 accélérant en 5 secondes jusqu'à 500.

41. Scène 2, p. 10, événement 3 : le trombone seul est passé dans l'harmonizer avec les intervalles 7+12+16+19+21, pendant ce temps, le tempo du spat 1 est accéléré progressivement de croche à 88 jusqu'à 184 en 7 secondes.

42. Scène 2, p. 52, événement S2be0 : les voix SATB sont passées dans l'harmonizer1 (+5/+2/-3/-5/0).

de transfert, une représentation abstraite de la relation entre l'entrée et la sortie d'un système physique ou virtuel. Bien entendu, à un instant donné, cette relation doit être invariante et linéaire, sinon l'instrument n'est pas défini. Mais transgresser cette loi représente une possibilité d'ouverture : le compositeur peut choisir un comportement en partie aléatoire dont seuls des types de paramètres ou des registres dans lesquels les données peuvent évoluer sont précisés[43]. C'est cette fonction de transfert que le compositeur intègre dans l'acte de composition. Et cette fonction peut évoluer pendant l'œuvre, pendant le concert. De plus, la voix elle-même devient un instrument par son prolongement technologique ou la simulation. Le compositeur peut ainsi déterminer la conformation d'un organe vocal virtuel selon ses besoins esthétiques et l'intégrer dans son écriture. Le musicien n'écrit plus pour un type de voix, mais en compose les caractéristiques, soit par simulation comme dans *Phoné* (1981) de John Chowning ou *Chréode* (1983) de Jean-Baptiste Barrière, soit par traitement de la voix naturelle comme dans *En Echo* (1993-1994) de Philippe Manoury.

La malléabilité de l'instrument modulaire ou programmable nécessite une écriture spécifique de celui-ci. Lorsque la variabilité de la lutherie va bien au-delà de la registration des jeux de l'orgue d'église ou des différentes sourdines disponibles, le métier de compositeur en est profondément modifié. Malgré les progrès des interfaces graphiques de programmation et de contrôle des logiciels, le haut degré de technicité de ces dispositifs rend souvent indispensable une collaboration avec un assistant musical. Ainsi, non seulement les techniques d'écriture changent, mais l'acte de création devient en partie collectif. Écrire l'instrument, c'est le fait, non d'inventer un nouvel instrument, mais de pouvoir en imaginer son comportement et ses variations au cours de la forme musicale.

43. Par exemple, dans *Wagner Dream* de Jonathan Harvey, la programmation de la spatialisation comprend parfois l'introduction de variables aléatoires.

RÉFLEXION SUR LA NOTION D'HYBRIDE DANS *EXPRESS* DE JEAN PICHÉ

Ariane COUTURE

Considérant qu'à l'aube du XXIe siècle la musique électroacoustique classique est en « crise terminale »[1], Jean Piché[2] tente de lui ouvrir une nouvelle voie pour lui permettre de se renouveler. Avec la vidéomusique, genre médiatique où sons et images naissent d'un même geste, le compositeur montréalais propose une approche synesthésique. Celle-ci repose sur un travail rigoureux de la plasticité du matériau et entraîne une perception double oscillant entre l'abstrait et le concret. Par son travail, Piché en arrive à créer des œuvres hybrides où une vision désincarnée des objets, des paysages et des personnages s'amalgame à la musique électroacoustique.

Dans le but de légitimer sa démarche compositionnelle, Piché se donne une tâche en apparence assez élémentaire dans un article qu'il signe en 2003 : définir ce qu'est la vidéomusique. À la toute fin de son texte, après avoir fait l'exercice de réfléchir assez ouvertement à cette question, Piché suggère que la vidéomusique n'est autre que « de la musique devenue image »[3]. Au premier abord, cette réponse peut paraître d'une simplicité désarmante. Elle n'en demeure pas moins une tautologie puisque, même d'une logique évidente, elle n'apporte aucune solution satisfaisante. Pour le compositeur, il peut s'agir d'une définition acceptable, mais pour l'avenir du genre, il semble nécessaire de se positionner. Ceux et celles qui ont fait l'expérience de la vidéomusique savent qu'il s'agit d'un genre musical difficile à définir et dont le paramétrage est encore loin d'être fixé. En effet, la vidéomusique bouscule les fondements de la musique électroacoustique tout en continuant de s'inscrire dans cette tradition expérimentale plaçant le bruit au cœur même du phénomène musical. Piché souhaite révolutionner le langage électroacoustique en revalorisant l'aspect visuel habituellement absent des concerts acousmatiques, tout en contribuant à la pérennité du médium électronique en musique. Il crée ainsi « de la

1. Jean Piché, « De la musique et des images », *Circuit, musiques contemporaines*, Vol. 13, n° 3, 2003, p. 41.

2. Une courte biographie du compositeur est disponible sur son site Internet personnel http://www.piche.com. Pour la liste complète de ses œuvres, il est possible de se référer à notre mémoire de maîtrise « *Bharat*, *Spin* et *eXpress* de Jean Piché. Réflexion sur la notion d'hybride », Université de Montréal, 2006.

3. Piché, « De la musique et des images », p. 49.

musique devenue image ». La difficulté pour définir la vidéomusique relève principalement du brouillage des catégories car elle vient baliser un espace où les genres se heurtent et s'interpénètrent. D'où son statut particulier : celui de l'hybride.

Dans les quelques textes consacrés à la vidéomusique[4], il semble que les compositeurs[5] cernent difficilement la relation entre audio et visuel au sein d'une même œuvre. Par conséquent, le concept de l'hybride pourrait être l'un des angles d'approche pour aborder la vidéomusique et fournir des pistes de réflexion permettant l'analyse et la compréhension de ce genre nouveau. Toutefois, son caractère fuyant explique en partie pourquoi peu d'auteurs ont tenté jusqu'à présent de la décrire de façon précise. Ainsi, l'article de Piché se conclut sur une cadence interrompue : en définissant la vidéomusique en terme d'hybridité, il pose plus de questions qu'il ne trouve de réponse. Quel sens alors donné à l'hybride dans le genre de la vidéomusique ? Les domaines de la littérature (notamment Domique Budor et Walter Geerts) et du cinéma (Georges Ciubotaru et Michel Chion) énoncent des pistes de réflexion intéressantes pour explorer la notion d'hybride dans la musique de Piché, en particulier l'œuvre *Express*.

LE PHÉNOMÈNE HYBRIDE : DÉFINITIONS ET PISTES DE RÉFLEXION

Depuis les années 1980, le phénomène de l'hybride est devenu un concept clef que les diverses sphères des sciences humaines (philosophie, anthropologie ou beaux-arts) ont emprunté aux sciences naturelles : à la biologie, plus précisément à la génétique. Considéré par les chercheurs des sciences naturelles pour son sens premier, c'est-à-dire du latin *hybrida*, « de sang mêlé », l'hybride s'est insinué dans le discours des penseurs des sciences humaines notamment en linguistique[6], dans les Beaux-Arts et en littérature. En effet, l'hybride est un trait marquant de notre époque où des tendances multiples *se mêlent* les unes aux autres :

> L'intérêt s'accroît pour les marges, pour les opérations de déconstruction, de dissémination et de brassage. Et dans ce contexte, il apparaît inéluctable que des concepts permettant l'accueil des brouillages, la conciliation des contraires et une jouissance de la différence connaissent une grande fortune : ainsi celui d'*hybride* occupe-t-il aujourd'hui une place nodale dans la pensée politique, l'histoire des mentalités, la production des arts contemporains et la réflexion sur la modernité culturelle [7].

Le concept d'hybride permet non seulement de créer un lieu de rencontre entre les arts, mais également des zones *grises*, des « espaces entre deux » où les médias entrent en collision, interagissent et se transforment. En ce qui concerne la création artistique, il

---

4. Piché, « De la musique et des images », p. 41 à 49 ; Khrystell Burlin, *Culture numérique et impureté : Réflexions autour du rapport son et image*, mémoire de maîtrise, Université de Montréal, 2003 ; Jerry Holsopple, « Toward a Poetic of Visual Music », thèse de doctorat, European Graduate School, 2003 Michel Chion, *L'Audio-vision*, Paris, Nathan, 2004 qui traite du rapport entre le son et l'image au cinéma.

5. Étant donné la nouveauté du genre, ce sont les compositeurs qui ont précédé les musicologues dans la publication de textes au sujet de la vidéomusique.

6. Selon le dictionnaire Larousse, en linguistique l'hybride désigne « un mot formé d'éléments empruntés à des langues différentes (ex. : *automobile*, du grec *auto* et du latin *mobilis*). »

7. Dominique Budor, Walter Geerts (éd.), *Le Texte hybride*, Paris, Presses Sorbonne Nouvelle, 2004, p. 8.

s'agit d'une porte ouverte sur une panoplie de nouvelles possibilités artistiques en rupture totale d'avec le système traditionnel de l'Art occidental.

Au contraire, certains auteurs affirment de façon un peu provocante que « l'hybridité a toujours été là »[8]. Nous substituons la question de la présence de l'hybridité à celle de sa perception par les récepteurs[9]. La notion d'hybride est intrinsèquement liée avec l'essor de la biologie génétique à la fin du XIXe siècle. De même, il est prouvé que l'organicisme avait déjà passionné Goethe et ses admirateurs, dont l'impact se faisait sentir dans leurs œuvres, et il est tout aussi probable que les expériences sur les croisements végétaux et animaux aient inspirés les artistes à, consciemment et volontairement, travailler à la fusion des genres. Au niveau cognitif, la pratique d'hybridation devient de plus en plus consciente et se dissocie de la tradition. De plus, le système occidental des Arts est un système évolutif où il n'y a pas de croisement de genres. Par exemple, la forme sonate va muter non pas par un mélange avec d'autres formes, mais par sa propre évolution interne ce qui pourrait aboutir à un renouvellement du genre.

DÉFINITIONS GÉNÉRALES

Même s'il est d'usage de considérer l'hybride comme le fruit de l'alliage entre plusieurs éléments de nature différente, il semble important de s'attarder sur cette définition pour l'approfondir. Il s'agit de trouver un point d'ancrage dans ce large ensemble sémantique avant d'étudier le discours des littéraires sur le concept d'hybride et de l'adapter à notre objet.

Ainsi, les outils institutionnels du langage (les dictionnaires de noms communs, synonymes et autres) associent l'hybride à ce qui est métissé, croisé, hybridé, brassé, mâtiné, mélangé, mêlé[10]. Le dictionnaire *Petit Robert* considère l'hybride comme « composé de deux éléments de nature différente *anormalement* réunis » (je souligne) et « qui participe de deux ou plusieurs ensembles, genres et styles ». Le dictionnaire *Larousse* définit l'hybride au sens figuré par ce qui est « composé d'éléments disparates ; composite ». Issus d'une combinaison féconde d'éléments différents, le puzzle, la marqueterie, la mosaïque, le patchwork ou le kaléidoscope sont autant de phénomènes qui correspondent à ces définitions de dictionnaire. Or ils ne désignent pas l'hybride. On pourra ainsi retenir de ces définitions trop généralistes que : « tous insistent sur le *morcellement, le fragmentaire, la discontinuité des multiples composants travaillant à la totalité* »[11]. En revanche, l'hybride, pour le distinguer des phénomènes qui lui ressemblent, « n'implique *pas de destruction préalable* et affirme, à partir de la *coexistence d'éléments disparates mais compatibles, la force créatrice de la réunion* »[12]. À partir des multiples définitions existantes, l'hybride pourrait facilement être compris comme un

8. Wladimir Krysinski, « Sur quelques généalogies et formes de l'hybridité dans la littérature du XXe siècle », *Le Texte hybride*, *ibid.*, p. 32.

9. Selon la perspective historique nombreux sont les genres hybrides. Néanmoins aujourd'hui, ils sont perçus comme des productions conventionnelles, c'est-à-dire homogènes. Ex. opéra, théâtre, etc.

10. Pour une cartographie lexicale complète de l'hybride, voir Budor, Geerts (éd.), *Le Texte hybride*, p. 25.

11. *Ibid.*, p. 13. Nous soulignons.

12. *Ibid.* Nous soulignons.

ombrello, au sens qu'Umberto Eco donne à ce terme, car il a une fonction d'hyperonyme et couvre des phénomènes très variés. Il faudra donc dépasser les balises de l'usage courant. À la lumière des différents éléments précédemment énoncés, je peux d'ores et déjà avancer une première définition générale de l'hybride : c'est un objet résultant de l'association forcée de deux ou plusieurs entités opposées mais conciliables, devenant chacune les éléments féconds de la création.

Cette définition de l'hybride ne fera sans doute pas l'unanimité compte tenu de son caractère limitatif, mais elle a l'avantage de susciter plusieurs questions concernant l'origine du phénomène hybride. Comment un tout peut-il naître de deux ou de plusieurs entités ? L'hybride étant le fruit d'une union anormale, comment se construit la relation / médiation entre les entités qui le composent ? Leur nature demeure-t-elle intacte ? Dans ce cas, quelles sont alors les frontières ? Sinon, comment calculer le degré de « contamination »[13] ? Ces questions ainsi posées posent certains repères qui, à partir d'une définition élargie de l'hybride, aident à sa compréhension en tant que phénomène artistique.

Les manifestations de l'hybride dans le roman

Pour cerner de plus près la notion d'hybride, le passage par la littérature est nécessaire en raison des nombreuses réflexions suscitées par le sujet. De tous les textes littéraires, le roman reste celui sur lequel les chercheurs se penchent le plus étant donné la rupture qu'il impose avec les règles établies de sa catégorie. Par conséquent, le genre romanesque est invité à explorer ses propres frontières, ses propres marges. L'art d'écrire s'appuie alors sur la capacité de l'écrivain à allier plusieurs médias à partir d'un fil conducteur pour donner au lecteur le sentiment d'unité à travers la diversité. Or reconnaître que l'œuvre est hybride ne suffit pas à sa compréhension.

13. Il existe en biologie un champ de recherche entièrement dévoué à la génétique quantitative qui étudie la variation de caractères quantitatifs et leur héritabilité par le développement de modèles mathématiques et statistiques. Sans les années d'études nécessaires, nous ne saurions nous y retrouver. Toutefois, précisons que le calcul de l'hybridation se base sur les expériences de Gregor Mendel (1822-1884), considéré comme pionnier de la génétique moderne, publiées en 1865 dans un article de génétique « Recherche sur les hybrides végétaux » où il énonce les lois de transmission de certains caractères héréditaires. Les lois de Mendel sont :

Uniformité des hybrides en première génération (F1).

Les individus obtenus par croisement des lignées P1 et P2 sont des hybrides identiques (F1).

Ségrégation des caractères en seconde génération (F2).

En F2 (génération produite par autofécondation des F1), il y a séparation des allèles (variantes d'un gène qui déterminent l'apparition de caractères héréditaires) lors de la méiose (ou division cellulaire).

Disjonction indépendante de caractères en F2.

Les caractéristiques héréditaires des vivants sont gouvernées chacune par une double commande (une paire d'allèles) et que seule une sur deux est transmise au descendant par chaque parent.

Cette théorie défend l'impossibilité de la transmission des caractères acquis (néolamarckisme) et demande une pleine adhésion au darwinisme (les êtres vivants dérivent les uns des autres par petites variations fortuites continues passées au crible de la sélection naturelle).

Hybridité générique

Toujours lié à la notion de mélange, l'hybride remet en question les grandes catégories littéraires admises depuis le milieu du XIXe siècle, comme la poésie, le théâtre ou le récit. En tant que croisement entre des styles très variés, voire disparates, l'hybride offre à l'écrivain un « terrain de jeu » qui agit comme moteur dynamique, tant au niveau des formes et des modes d'expression que du rapport entre la littérature et la réalité. Le récit à la première personne du singulier est une illustration intéressante de cette distinction entre les deux niveaux puisqu'il feint le genre autobiographique ; l'hybridité tend ainsi à brouiller les frontières entre la réalité et la fiction par le mélange entre l'autobiographie et le romanesque. En ce sens, l'hybride correspond à la définition générale que j'ai proposée plus haut : il est le fruit de la conciliation et l'interpénétration de formes d'expression en apparence éloignées.

Hybridité structurelle

Au niveau structurel, la présence de l'hybridité se manifeste également par la coexistence d'époques différentes dans le roman. À cet effet, Milan Kundera explique, dans *Les Testaments trahis*, que « Chez Sollers : les tableaux et les livres, vus et lus par les personnages, servent de fenêtres donnant sur le passé. Chez moi, le passé et le présent sont enjambés par les mêmes thèmes et les mêmes motifs »[14]. De la même façon, des lieux différents peuvent cohabiter si un personnage évoque des souvenirs de voyages dans un autre pays ou, comme c'est le cas dans les romans fantastiques, si un personnage possède le don d'ubiquité. L'hybride se manifeste également au niveau de l'utilisation de la langue. Un premier exemple est le multilinguisme, en témoigne l'*Ulysse* (1922) de James Joyce qui forme un véritable tissu polyglotte. Un second exemple concerne les références scientifiques intégrées au récit, notamment dans *Lector in fabula* où Eco propose la formule « (_x) [Homme (x)- (Marié (x, z, Wn, s0<s1] _ (_y) [Homme (y) _ Marié (y, z, Wn, s0<s1)_(z= _x2)] – (y = _x1) (x1 = Raoul) »[15] pour identifier le personnage de Raoul.

Plurivocité

Cependant, cette définition de l'hybride en littérature ne concerne que l'aspect formel du roman et les moyens de production de l'œuvre hybride. Le niveau de la réception et de l'interprétation du discours a été négligé. Il importe donc de s'intéresser à la volonté de l'auteur à produire un discours hybride et plus particulièrement aux moyens grammaticaux et rhétoriques que l'auteur utilise pour arriver à émettre un discours qui a la capacité d'être perçu différemment par les lecteurs.

Les travaux de Mikhaïl Bakhtine, historien et théoricien de la littérature d'origine russe, confirment le lien qui existe entre le développement et l'effet de la plurivocité dans un texte déterminé :

> Nous qualifions de construction hybride un énoncé qui, d'après ses indices grammaticaux (syntaxiques) et compositionnels, appartient au seul locuteur, mais où se confondent en

14. Milan Kundera, *Les Testaments trahis*, Paris, Folio, 1993, p. 25-26.
15. Umberto Eco, *Lector in fabula*, Paris, Grasset, 1985, p. 205.

réalité deux énoncés, deux manières de parler, deux styles, deux « langues » deux perspectives sémantiques et sociologiques [16].

Contrairement au discours scientifique, qui a pour vocation d'être clos jusqu'à nouvel ordre, le discours hybride est plurivoque, c'est-à-dire qu'il est capable de susciter chez le lecteur des interprétations et des échos divers. La plurivocité du discours hybride peut se manifester au niveau de sa structure et/ ou au niveau de sa structure de surface. Au niveau de la structure, le texte littéraire est considéré comme une reconstruction du monde dont l'organisation et la délimitation reposent sur plusieurs codes (personnels, culturels) ; il est donc susceptible de posséder plusieurs sens en fonction de la capacité du lecteur à les reconnaître et à les interpréter. La structure de surface (niveau de l'écriture), que Michel Butor, dans *Répertoire II*, désigne par l'expression « écriture polyphonique [17], », est la conséquence de l'introduction d'(au moins) un sens nouveau chez certains mots ou syntagmes. La métaphore, par exemple, donne au texte une valeur de plurivocité en composant une pluralité d'images.

La plurivocité est un jeu entre l'écrivain et le lecteur dans lequel les conditions d'énonciation, c'est-à-dire la (les) façon(s) dont le premier manipule les niveaux de structure et d'écriture, doivent être décodées par le second. Au sein du discours hybride, la plurivocité manifeste l'intégration ou la marginalisation des différentes classes sociales selon que le lecteur est apte ou non à en saisir et interpréter les sens. Dans *Le Nom de la rose* d'Umberto Eco [18] par exemple, l'ironie est un facteur qui met en jeu la capacité d'interprétation du lecteur : celui-ci doit, en plus de posséder des compétences linguistiques, culturelles et idéologiques particulières, avoir une certaine sensibilité à cette figure de style.

La notion de plurivocité est importante dans l'étude du genre de la vidéomusique, car elle permet de rejoindre plusieurs types de publics. Par exemple, dans *Bharat* (2002) et *Sieves* (2004-2005), deux autres vidéomusiques de Piché, le discours oscille constamment entre deux énoncés : d'une part, une abstraction audiovisuelle qui est la perception subjective du compositeur sur le monde l'entourant (l'Inde, la nature) et, d'autre part, une prise de position pacifiste face aux politiques mondiales (par le biais des discours de Gandhi et de Martin Luther King).

L'HYBRIDE AU CINÉMA

En utilisant les images comme signes, le langage cinématographique est essentiellement métaphorique. Pour y voir clair, le cinéaste italien Pier Paolo Pasolini, s'inspirant de la linguistique, dégageait deux sortes de cinémas : le cinéma de poésie et le cinéma de prose. Le premier est caractérisé par un discours indirect (diachronique et subjectif) et plus préoccupé par la forme, par l'élaboration de sa propre langue ; c'est le cinéma de Michelangelo Antonioni et de Jean-Luc Godard. Le second propose un langage direct (synchronique et objectif) et est associé au cinéma américain (les films

---

16. Mikhaïl Bakhtine, *Esthétique et théorie du roman*, Paris, Gallimard, 1978, p. 125-126.

17. Michel Butor, *Œuvres complètes*, tome 2 : *Répertoire* 1, Mireille Calle-Gruber (dir.), Paris, Éditions de la Différence, 2006, p. 435.

18. Umberto Eco, *Le Nom de la rose*, Paris, Grasset, 1982.

« réels ») ainsi qu'au néoréalisme italien. Le cinéma de prose s'intéresse à la nature réaliste du cinéma et tire ses images d'un (hypothétique) dictionnaire d'images. Le film hybride pourrait donc correspondre à un cinéma de combinaison où, par exemple le dessin animé (cinéma de poésie) et les images filmées en prises de vues réelles (cinéma de prose) allient les deux modes de représentation en une seule esthétique [19]. C'est le cas, notamment, du film *Who Framed Roger Rabbits ?* (1988) de Robert Zemeckis. Dans ce film, un glissement esthétique du faux propre au dessin animé, c'est-à-dire une esthétique qui se situe hors de la réalité, conduit les spectateurs à croire que le surréalisme fait partie du monde réel [20]. Il est possible d'atteindre ce niveau d'hybridation en supposant que des personnages de dessin animé ont toujours existé dans le cadre concret du cinéma de prose. L'hybride dans le cinéma se reconnaît à ce glissement attribué à un processus de « socialisation » des deux modes cinématographiques jusqu'alors inconciliables, mais qui deviendront chacun des éléments d'une relation symbiotique. Ainsi, dans le système clos du film, l'abstrait peut être ponctuellement perçu par le spectateur comme faisant partie du concret.

À la lumière de cette analyse, il me semble pertinent d'envisager l'application de ces résultats à l'étude de la vidéomusique comme genre hybride notamment en ce qui concerne le rapport entre concret et abstrait. De plus, Georges Ciubotaru constate que le cinéma hybride génère une multitude d'objets sémiotiques (textuels, visuels et sonores) résultant de diverses hybridations dont il différencie trois niveaux : 1) l'hybridation entre les formes mêmes constituant l'image, 2) l'hybridation entre le processus de génération de l'image combinée et ses modes de perception et de socialisation, et 3) l'hybridation de perméabilité entre des éléments sémiotiques. Le premier niveau d'hybridation concerne la capacité de l'image à « s'hybrider avec elle-même pour engendrer une infinité d'images différentes ou de se combiner avec toutes sortes d'autres images déjà existantes, d'origines techniques, scientifiques ou artistiques les plus diverses » [21]. Le deuxième niveau suppose qu'en offrant la possibilité de produire un nombre illimité d'images abstraites et/ou concrètes, le cinéma hybride s'adresse à un public bien plus large ; de plus, chaque catégorie de spectateurs peut choisir le système perceptif qui lui convient sans pour autant altérer le fil narratif [22]. Enfin, le dernier niveau d'hybridation s'intéresse à la circulation des idées au cours du processus de création de l'œuvre.

L'HYBRIDE EST-IL UN PARAMÈTRE MUSICAL ?

Nous avons précédemment éludé l'hypothèse de Wladimir Krysinsky sur la présence de l'hybride [23] en lui substituant la question de sa perception par les récepteurs. Pourtant, l'hybride aurait toujours été là… En musique, l'hybride n'est pas un phénomène nouveau

19. Georges Ciubotaru, « La combinaison des images en prises de vues réelles et du dessin animé : vers un cinéma hybride. Analyse du film *Who Framed Roger Rabbit?* (1988) de Robert Zemeckis », Mémoire de maîtrise, Université de Montréal, 1995, p. 112.

20. *Ibid.*, p. 118.

21. *Ibid.*, p. 133.

22. C'est, en d'autres termes, le concept de plurivocité que nous avons décrit plus haut.

23. Krysinski, p. 32.

apparu avec la vidéomusique. Depuis fort longtemps, les compositeurs ont travaillé avec des éléments sonores hétérogènes. Déjà à la Renaissance, les chansons descriptives de Clément Janequin (*Les Cris de Paris* (s.d.) ou *La Guerre* : (s.d.) mélangeaient savamment voix chantée et onomatopées, créant ainsi un « décor » réaliste au monde imaginaire de la chanson; restée marginale, cette pratique a cependant eu très peu d'impact sur le développement de la chanson. Dans le répertoire de la musique classique, la présence de certains thèmes folkloriques[24] peuvent être considérés comme des « hybridations ». En effet, dans la *Symphonie n°85 en si bémol majeur*, « La Reine » (1785), Joseph Haydn s'inspire pour son deuxième mouvement, d'une romance populaire française qu'il traite en thème et variations. Caractérisé principalement par les oppositions entre les modes majeur et mineur ainsi que par des accords à contretemps et le tempo rhapsodique, le style hongrois a influencé aussi bien le *Trio avec piano n°25 en sol majeur* (s.d.) de Haydn que la composition du 3e mouvement du *Concerto pour piano n°1 en do majeur*, opus 15 (1795) de Beethoven. Le style hongrois réapparaît chez Brahms (*Quatuor avec piano en sol mineur*, opus 25, 1861) et surtout chez Liszt qui s'en servira comme une revendication nationaliste.

C'est au tournant du XXe siècle qu'augmentent perceptiblement les manifestations de l'hybride : Schoenberg s'inspire du cabaret pour déterminer l'instrumentation du *Pierrot Lunaire* (1909), Varèse, dans *Hyperprism* (1924) et Cage, dans *Imaginary Landscape n°5* (1952) intègrent à l'orchestre des instruments du quotidien, alors que Kagel accorde une place plus grande à la mise en concert avec le théâtre musical (*Ludwig van*, 1969). Les technologies s'en sont mêlées avec l'avènement de la musique concrète en 1948. Ainsi, l'apparition d'orchestres de chambre non traditionnels témoigne, chez Schoenberg, d'une volonté de rompre avec la tradition et de poursuivre sur de nouvelles bases ouvertes au mélange, à l'hybridation. Quant aux instruments du quotidien que Cage et Varèse incorporent à leurs œuvres, ils proposent des possibilités sonores jusqu'ici inexploitées qui s'amalgame dorénavant à l'univers musical. En somme, les compositeurs repoussent les frontières de la musique le plus loin qu'ils peuvent du cadre conventionnel en pratiquant diverses hybridations. Or la présence constante de l'hybride au cours des siècles et l'augmentation délibérée de son usage en fait-il pour autant un paramètre musical ? Le sens de cette présence doit être évalué en fonction de l'importance relative que les différents courants modernes du XXe siècle lui ont accordée. L'hybride pourrait être un paramètre musical s'il était perçu indépendamment des autres paramètres et si la perception des différences définissait des catégories distinctes d'hybridation. L'objet hybride en musique peut être considéré selon trois axes que l'on retrouve également dans la définition de l'hybride en littérature et au cinéma : 1) la juxtaposition des éléments constitutifs, 2) la perméabilité des modes d'expression, et 3) la plurivocité qui se caractérise par l'élargissement du matériau formel afin d'exprimer des expériences culturelles et idéologiques hétérogènes.

Pour conclure, en définissant la notion esthétique de l'hybride, d'abord de manière générale puis plus spécifiquement afin de l'adapter au genre, j'ai tenté d'établir un certain nombre de principes régissant l'hybridité. C'est à partir des paramètres et caractéristiques identifiés que nous pourrons maintenant aborder *eXpress* de Jean Piché,

---

24. Le style « hongrois » ou « tzigane » était aussi très en vogue à l'époque classique.

dont l'analyse devrait nous permettre d'étendre notre réflexion sur l'hybride en musique contemporaine. L'œuvre musicale *eXpress* a été choisie parce que les matériaux qui la constituent serviront efficacement à l'identification et à la définition des paramètres de l'hybride selon les différents niveaux de la trame audiovisuelle en jeu.

LES MANIFESTATIONS DE L'HYBRIDE DANS *EXPRESS*

Dans ce qui est donné à « audio-voir », qu'est-ce qui fait de la vidéomusique un hybride ? L'analyse audio-visuelle d'*eXpress* (2001-2002) de Piché répondra à cette question et éclairera, du moins en partie, l'esthétique de l'hybride.

L'examen de l'œuvre s'est fait à partir de son enregistrement sur disque numérique vidéo, seule trace existante puisqu'il n'existe aucune partition : les vidéomusiques sont fixées sur support numérique. L'écoute et le visionnement constituent les principales approches des œuvres choisies. Ces approches serviront à expérimenter l'hybridité de la vidéomusique et seront pratiquées dans l'esprit de ce que Pierre Schaeffer a baptisé l'écoute réduite[25]. Je préférerai toutefois lui substituer l'expression d'« écoute visualisée » pour signifier que les deux paramètres seront étudiés en présence l'un de l'autre et pour me distancier quelque peu de l'attitude d'écoute propre au courant acousmatique (où il n'y a rien à voir). Il s'agit d'une démarche féconde mais exigeante qui incite l'audio-spectateur[26] à parler des sons – et dans ce cas-ci des images –, pour eux-mêmes, à rendre compte des caractéristiques propres aux sons et aux images indépendamment de leur cause et de leur sens. Cependant, certains chercheurs pourraient objecter que faire l'inventaire de ce que l'on entend et voit dépend de l'expérience subjective de chacun face à l'œuvre. Loin d'adhérer à cette hypothèse relativiste, Michel Chion précise, dans *L'Audio-vision*, que la perception n'est pas un phénomène individuel : selon lui, elle relève d'une objectivité particulière, celle des perceptions partagées[27], car l'objet sonore est le fruit d'une action acoustique *réelle*. Il sera donc important pour nous, dans notre compréhension des traces de l'hybride dans la vidéomusique, de pratiquer l'écoute visualisée de façon objective tout en ayant conscience de cette « intersubjectivité ».

Analyse de la vidéo

Écrite pour projection sur triple écran de trois vidéos synchronisées et son stéréo, *eXpress* est une commande de l'Institut International de Musique Électroacoustique de Bourges. L'œuvre a été créée en France en juin 2002. Les images ont été filmées à bord du train Bourges-Paris et l'impression de vive allure est due à l'augmentation de la vitesse d'occlusion et à l'ouverture du diaphragme de la caméra vidéo. Le train traverse champs, villes et villages alors que l'audio-spectateur éprouve une sensation de mouvement dans le temps (vitesse) et dans l'espace (trajectoire).

---

25. Pierre Schaeffer, *Traité des objets musicaux*, Paris, Seuil, 1966, p. 270-272.

26. L'expression « audio-spectateur » est une alternative au terme « spectateur » proposée par Chion dans *L'Audio-vision*, p. 3.

27. *Ibid.*, p. 29.

Dans *eXpress*, on est d'abord frappé par la remarquable qualité graphique de la vidéo. Certains analystes vont même jusqu'à la comparer à « du Jean-Paul Riopelle dernière manière »[28]. Il y a effectivement dans *eXpress* une poésie visuelle semblable à celle de certaines grandes œuvres du maître telle *Pavone* (1954) ou *Suivez le guide* (1969). La partie visuelle consiste essentiellement en un flux de couleurs représentant métaphoriquement le monde vu depuis la fenêtre d'un train à vive allure. Il est possible d'apercevoir brièvement quelques images concrètes (paysages, oiseaux, graffitis, monuments historiques parisiens comme l'Arc de Triomphe ou la place de l'Étoile) qui se combinent toujours avec l'abstraction lyrique des couleurs en mouvement. L'œil est constamment stimulé par les changements de couleurs et de direction, la vitesse de déroulement et les nombreux plans qui se juxtaposent.

Toutefois, malgré son apparence désordonnée et son allure mouvante, *eXpress* est une œuvre très organisée sur le plan formel. La partie visuelle se divise en onze séquences d'images concrètes et/ou abstraites d'une grande richesse. Dès le générique du début, l'audio-spectateur fait l'expérience de la poésie visuelle alors que des lignes verticales de couleurs et de lumières se déploient de la droite vers la gauche de l'écran. La section suivante devient psychédélique avec une explosion de couleurs vives. Viennent ensuite trois sections qui se rejoignent par les matériaux utilisés : des moires colorées, des images de la nature, qui seront traitées en synchronisme avec la musique. La sixième section, qui empiète sur la section précédente[29], utilise de nouveau la poésie des lignes colorées mais de façon à procurer une sensation de mouvement dans l'espace. Cette section est caractérisée par la multiplicité des plans – une quarantaine, tous construits avec le même matériau et se superposant. La sensation de déplacement dans l'espace tridimensionnel vient du fait que ces plans évoluent entre un arrière-plan et un avant-plan relativement stables et peuvent adopter des angles de vue différents (rotation de droite à gauche). De plus, chaque plan possédant son propre micro-rythme, cela contribue à la richesse de la composition visuelle de la séquence. La septième section est composée d'images évoquant le voyage en train. Les trois suivantes se regroupent également : reviennent les images psychédéliques du début, celle d'une ville puis la combinaison des deux pour l'apothéose finale. La dernière section, le générique de fin, fait une brusque et radicale transition avec l'apothéose : les images sont floues et nébuleuses et, pour la première fois depuis le début de l'œuvre, la caméra est mobile : le caméraman se déplace et filme des personnages et des objets mouvants.

eXpress possède donc une trame visuelle extrêmement chargée et complexe. Elle combine dans un discours cohérent le concret et l'abstrait, le connu et l'inouï. Le tableau I fait la synthèse du parcours de la partie visuelle de l'œuvre.

---

28. Réjean Beaucage, « Elektra 2002 : Le poids du passé », *Circuit, musiques contemporaines*, Vol. 13, n° 3, 2003, p. 76.

29. L'audio-spectateur remarquera l'apparition discrète d'un rectangle de lignes verticales au centre de l'écran panoramique à. Traité en transparence, ce nouvel élément ne deviendra vraiment évident qu'au début de la section suivante à laquelle il appartient.

Tableau I. Plan des sections de la vidéo dans *eXpress*

Section	**Durée**	**Images**	**Abstrait (A) ou concret (C)**
1	1 min.	Lignes colorées	A
2	39 sec.	Psychédélisme de couleurs vives	A
3	37 sec	Moires et champs	A+C
4	41 sec.	Nature	
5	1 min. 19 sec.	Moires et herbes	
6	1 min. 1 sec.	Plans multiples	A
7	43 sec.	Train	C
8	38 sec.	Psychédélisme de couleurs vives	A+C
9	28 sec.	Ville	
10	4 min. 22 sec.	L'apothéose : psychédélisme et ville	
11	1 min. 32 scc.	Génériquc dc fin	C
Fin	---	---	---

LA VISUALISATION DU SON

Comment une trame vidéo aussi riche que celle d'*eXpress* peut-elle être combinée à une musique dans le cadre d'une relation hybride ? La question est pertinente car la partie visuelle est tellement prépondérante qu'elle pourrait asservir la bande sonore à son usage plutôt que de participer à un échange réciproque tel que le conçoit la notion d'hybride au sein de l'œuvre.

En fait, le papillotement visuel que l'on retrouve dans *eXpress* est conçu pour atteindre la rapidité de l'oreille. Chion explique ce phénomène par le fait que, dans la chaîne de perception, l'oreille est plus habile que l'œil pour décoder et mémoriser le flux temporel des événements[30]. Ainsi, une certaine rapidité donnée à l'image s'adresse à « l'oreille qui est dans l'œil »[31]. Ce sont alors les fines vibrations, la mobilité perpétuelle et la fluidité de l'image qui sont perçues pour être converties dans la mémoire en impression sonore.

Piché tente précisément de construire un visuel qui laisse des traces sonores à travers le genre hybride de la vidéomusique :

> Ce que j'essaie de traduire, c'est que l'un (l'image) et l'autre (le son) amènent une synergie, une perception symétrique. Certaines personnes ont d'ailleurs la capacité,

30. Chion, *L'Audio-vision*, p. 21.
31. *Ibid.*, p. 114.

nommée synesthésie, de visualiser le son soit dans leur tête, soit par les vibrations du son même[32].

Le résultat est d'autant plus évident dans la dixième section de l'œuvre, l'apothéose, où son et image sont en parfaite symbiose et se justifient réciproquement par la synchrèse[33] (ou synchronicité). Les points de synchrèse sont des témoins importants de l'esthétique de l'hybride. En créant des lieux d'échanges sur le plan de la verticalité – c'est-à-dire des moments précis où, le son et l'image arrivant en même temps, il y a interpénétration des médiums –, la synchrèse engage l'audio-spectateur à associer le stimulus audio et le stimulus visuel comme s'il s'agissait d'un tout inextricable.

D'une durée de 4'22'', l'apothéose est la section la plus riche et la plus développée d'*eXpress*. La bande sonore inclut, en plus des sons électroacoustiques, plusieurs sons instrumentaux (synthétiques) dont la guitare électrique et des percussions (batterie, hi-hat et tablas). Le rôle de la bande sonore est très précis. Tout au long de l'œuvre, la bande sonore renforcera certaines séquences visuelles grâce à la synchrèse et soutiendra la sensation de vitesse des images par son rythme rapide et régulier.

Dans *eXpress* la synchrèse est employée abondamment et de différentes façons. Il y a d'abord synchrèse au niveau des timbres et du jeu instrumental : le son distordu de la guitare électrique et son jeu improvisé – qui semble ne mener nulle part mais qui va toujours plus loin – correspondent parfaitement, pour l'un, à la qualité granuleuse des images psychédéliques et, pour l'autre, a l'apparence aléatoire de la vidéo. Il y a aussi synchrèse par la manipulation du matériau. Par exemple, l'image d'oiseaux réels est reprise en boucle dix-huit fois et à chaque occurrence, la guitare électrique joue un *mi* bémol 5. Le compositeur use du même geste compositionnel pour le son et la vidéo, renforçant ainsi l'idée d'une visualisation du son.

L'analyse de la partie rythmique de l'œuvre permet de reconnaître la mesure binaire du 4/4 où, pendant toute la durée de l'œuvre, le tambour appuie les premiers temps alors que le hi-hat ponctue les temps faibles. Le tempo est *allegro* à 120 pulsations à la noire. L'analyse révèle aussi que les images changent au rythme de la croche. Cela signifie qu'il pourrait y avoir jusqu'à quatre images différentes par seconde sans nuire à la sensation de mouvement à l'intérieur des images. Dans la section de l'apothéose, on découvre également que les images concrètes arrivent toujours sur le premier temps de la mesure. Par conséquent, il y a lieu de constater que la concordance cinétique entre les éléments extatiques (le battement agressif du rythme, la rapidité des images maintes fois répétées mais jamais développées) et leur occurrence cyclique contribuent à créer un climat de tension qui trouve sa résolution dans le brouillard audiovisuel du générique final.

Enfin, la présence d'une section rythmique aussi importante dans *eXpress* n'est pas banale. En effet, les œuvres de Piché renouent avec un tempo musical qui appartient davantage aux musiques populaires qu'à la pratique électroacoustique. Il est à se demander si, dans le cas d'*eXpress*, il ne s'agirait pas plutôt de musique techno. En fait, la musique techno est employée ici comme un élément d'hybridation générique au sein du

32. Yves Pilon, « Jean Piché en vidéomusique », *Convergence*, n° 33, mai 2005, source : http://www.electrocd.com/bio.f/piche_je.prs.html#974000, consulté le 2 août 2006.

33. Chion décrit ainsi la « synchrèse » dans *L'Audio-vision* : « La synchrèse est la soudure irrésistible et spontanée qui se produit entre un phénomène sonore et un phénomène visuel ponctuel (p. 55) ». Il faut savoir que Piché n'utilise pas constamment la synchrèse dans ses vidéomusiques.

discours musical. Par hybridation, elle participe au renouvellement du médium électroacoustique.

MUSIQUE ÉLECTROACOUSTIQUE OU MUSIQUE TECHNO ?

La musique électroacoustique classique telle qu'elle est enseignée dans les institutions se caractérise par la particularité de son langage. La démarche électro-acoustique quitte le sentier de la tonalité au profit de l'exploration de la matière sonore. Il est donc évident que dans le langage de l'objet sonore, le rythme et la hauteur n'aient plus la même fonction. On remarquera, en effet, l'absence de leur articulation[34]. Dans le discours électroacoustique, rythme et hauteur appartiennent à un système de référence différent qui possède son propre code.

Probablement le mode d'expression le plus vivant de la musique électronique tous genres confondus, la musique techno est considérée comme une récupération de l'innovation sonore par les mouvements populaires ; paradoxalement, elle connaît mal les ressources et les gains acquis au cours des cinquante dernières années en recherche et création électroacoustique. La techno incarne la volonté d'ouvrir au plus grand nombre une démarche musicale initialement plus individualiste et où l'expérimentation occupe une grande place. Cette ouverture a été possible par la récupération du rythme (et pas forcément le plus simple) menant à la revalorisation du sensoriel, de la danse.

Pour Piché, la nécessité de la réconciliation du tempo dans la musique électroacoustique n'est pas guidée par le désir d'être compris par le plus grand nombre, mais plutôt pour se distancier du jeu de l'innovation absolue dans lequel il présentait un vide expressif[35]. Renouant avec la pulsation et la mélodie, ses œuvres font, en quelque sorte, le pont entre la musique électroacoustique d'origine académique et la musique techno « urbaine ». Il n'y a qu'à assister à une représentation de ses œuvres pour se rendre compte de la mixité du public, entre compositeurs de formation académique et artisans du milieu électronique et techno. En outre, ses œuvres sont le plus souvent diffusées lors des grands festivals de musique et d'art électronique (Mutek et Elektra à Montréal, Soundplay à Toronto, Ars Electronica à Graz en Autriche, le Festival Synthèse[36] à Bourges, etc.), c'est-à-dire des lieux importants de rassemblement populaire, des espaces de diffusion dont le mandat principal est la démocratisation de l'art.

Mon analyse de l'œuvre de Piché a montré que son œuvre *eXpress* réalise cette hybridation entre la musique électroacoustique « savante » et la culture populaire de la techno, notamment par le rythme qui occupe une place prépondérante sur la bande-son. Le mélange entre musique savante et musique techno n'est toutefois pas du seul fait de Piché : il est au cœur des préoccupations des compositeurs depuis les années 1970, notamment d'*Intelligent Dance Music* (IDM) tels que Kraftwerk (*The Robots*, 1978), Art of noise (*Beat Box*, 1984), Pan[a]sonic (*Johto 3*, 1999) et Aphex Twin (*Vordhosbn*, 2001). La différence entre les tenants de l'IDM et Piché se situe au niveau de la démarche

34. Piché, « De la musique et des images », p. 42.

35. *Ibid.*, p. 43.

36. Le Festival Synthèse est peu connu du grand public, mais cela ne l'empêche pas d'être un événement important pour la communauté électroacoustique.

compositionnelle. Pour les créateurs d'IDM, même si certains ont une formation (académique ou autodidacte) en électroacoustique et que leurs œuvres relève d'un travail de studio très élaboré et d'une pensée clairement structurée, la musique populaire prime sur la musique savante. Chez Piché, le processus est inversé : pour parvenir à une qualité supérieure d'hybridation, il puise dans la techno qui est ensuite absorbée par l'électroacoustique savante.

Cependant, la vidéomusique s'insère davantage dans la tradition de la musique électroacoustique par sa démarche exploratoire et spéculative sur la plasticité du matériau sonore et visuel. Par hybridation avec la musique techno, elle laisse toutefois une large place aux éléments de rythme et de hauteur, apportant un vent de fraîcheur et de spontanéité à son discours et contribuant ainsi à l'évolution la plus probable du genre.

L'examen des modalités d'hybridation employées par Piché dans *eXpress* permet de considérer l'hybridité comme une caractéristique essentielle de la vidéomusique. Elle se trouve présente, d'une part, dans la composition de la trame sonore où s'unissent musique électroacoustique, musique instrumentale et discours historique et, d'autre part, dans l'interpénétration des images en mouvement abstraites ou réalistes.

Dans *eXpress*, j'ai dégagé le phénomène de visualisation du son par l'image à travers la grande complexité et variété d'images qui, mélangeant concret et abstrait et défilant à toute allure, créait un papillotement visuel qui laisse en mémoire une trace sonore[37]. Il en résulte que la musique permet d'animer davantage la sensation de vitesse temporelle contenue dans les images; premièrement par la concordance entre les couleurs timbrales et la qualité de l'image (la distorsion de la guitare électrique et les images psychédéliques); deuxièmement par l'utilisation des mêmes procédés d'écriture (improvisation libre et boucle) et troisièmement par une importante participation rythmique. L'insertion des rythmes dans la bande sonore est inspirée de la musique techno dont le compositeur offre une relecture qui s'intègre dans l'esthétique d'une démarche électroacoustique plus expérimentale. Dans *eXpress*, les rythmes temporalisent l'image en renforçant sa vitesse cinétique et en lui offrant le support d'un tempo régulier, d'une métrique binaire et cyclique.

LA VIDÉOMUSIQUE POUR LE RENOUVELLEMENT DE L'ÉLECTROACOUSTIQUE

Même si elle questionne les fondements de la musique électroacoustique, la vidéomusique s'inscrit dans cette tradition expérimentale en plaçant le bruit au cœur même du phénomène musical : « J'ai bien réfléchi pour me convaincre que mon travail de composition est, de fait, de la musique électroacoustique »[38], écrit Piché, qui ajoute : « L'électroacoustique est à la base de ce travail dans la mesure où la plasticité du matériau est un aspect central de mon expression artistique »[39]. Son article intitulé « De la musique et des images » témoigne d'un objectif double : écarter la musique électroacoustique des perspectives d'avenir et faire adopter la vidéomusique comme genre susceptible de renouveler le média électroacoustique de par sa nature hybride.

---

37. Chion, *L'Audio-vision*, p. 114.
38. Piché, « De la musique et des images », p. 41.
39. *Ibid.*

Ce discours du compositeur est possible parce qu'il maîtrise les outils technologiques. De même, les étapes d'apprentissage et d'approfondissement des interfaces de création audio et vidéo ne sont peut-être pas encore toutes franchies, mais Piché essaie d'oublier la composante technique qui entoure le nouveau genre afin d'étendre sa réflexion aux assises artistiques de sa pratique compositionnelle. Aussi se méfie-t-il des patrons et des trames prédéfinies qu'offrent les nouveaux logiciels audio et vidéo, au détriment des réels efforts d'un grand nombre de programmateurs dans l'élaboration de ces logiciels. La vidéomusique ne s'appuie pas sur une automatisation systématique des processus de composition et d'assemblage ; le compositeur reste ouvert à la surprise, aux aléas qui viendront donner une couleur à l'œuvre en gestation et qui susciteront fort probablement l'étonnement tant de son créateur que des auditeurs.

Il n'est donc pas surprenant de constater que Piché s'écarte des règles fixes et contraignantes des différentes techniques d'écriture en jeu. Il construit son propre langage au vocabulaire musico-visuel. Le compositeur n'emploie d'ailleurs pas la synchrèse de façon rigoureuse et l'utilise davantage comme technique métaphorique. Ainsi, en s'écartant des associations directes entre le son et l'image (un poing que l'on voit et que l'on entend frapper sur la table), il arrive à enrichir son vocabulaire (un poing que l'on voit frapper sans l'entendre crée un effet totalement différent). De la même façon, Piché tente d'aller au-delà de la narrativité des images pour centrer sa démarche, non sur ce que les images représentent, mais plutôt sur la façon dont elles peuvent s'enchaîner. Il arrive ainsi à composer dans un style discursif exempt de toute narration. Pour le créateur, il s'agit de dépasser le stade où l'œuvre raconte une histoire pour atteindre un niveau supérieur d'abstraction audiovisuelle en utilisant des images manipulées par les outils technologiques et une musique électroacoustique. Chez le compositeur, l'abstraction a pour fondement l'enrichissement de la palette expressive et l'aboutissement à « une vision poétique et ouverte de l'imaginaire »[40]. La synchrèse, l'absence de narration et l'abstraction participent donc à l'élaboration d'une nouvelle syntaxe propre à la vidéomusique.

À la lumière de cette analyse d'une œuvre et des écrits de Piché, il est possible de considérer la vidéomusique comme un élément clé du renouvellement du genre de l'électroacoustique par la réhabilitation en son sein des paramètres de la hauteur et de la pulsation rythmique, ainsi que d'une utilisation originale des techniques liées au caractère hybride des matériaux (son – image) et des techniques qui leur sont associées. C'est grâce à ces caractéristiques de la vidéomusique que Piché espère faciliter la création d'une relation entre le créateur, son œuvre et son auditoire. Mais au-delà de saisir un possible sens de cette musique, Piché souhaite se donner la possibilité d'écrire autre chose qu'une musique difficile parce qu'impossible à appréhender par un auditeur non initié aux codes de l'électroacoustique :

> Depuis des années, je compose des œuvres qui se situent en marge de la pratique électroacoustique, des musiques qui cèdent aux charmes pernicieux et combien suspects de la tonalité, qui tentent délibérément de se situer à un autre niveau que celui de l'exercice de style. Pas parce que j'avais envie de me faire comprendre du plus grand nombre, mais parce que mes activités de recherche sonore et de designer de logiciels

40. Piché, « De la musique et des images », p. 48.

> m'ont permis de constater le vide expressif de l'innovation pour elle-même, surtout en musique[41].

Avec l'expérience et le recul, Piché constate les limites de la complexité pour elle-même : à un certain point, elle ne veut plus rien dire. Il préfère donc la simplicité au vide expressif. Cela n'écarte pas pour autant le fait qu'il ne s'agit souvent que d'apparence et que ce sont les musiques qui semblent les plus simples qui sont les plus difficiles à composer. Je pourrais avancer l'hypothèse que l'hybridité des matériaux et des techniques de la vidéomusique cache son hybridité stylistique mais aussi esthétique au profit d'une communication élargie où l'impureté est garante de succès.

La vidéomusique permettra-t-elle de rétablir l'expérience publique du concert en musique électroacoustique ? Alors que le son seul est désincarné, combiné avec l'image il appartient à la réalité et incidemment au sens commun. Par la collaboration symbiotique de l'image et du son, la vidéomusique permet de recréer une stimulation multisensorielle propre à l'espace public. Lors des concerts, les spectateurs ne sont plus assis isolément dans le noir mais ensemble, face à l'écran. Sans vouloir porter de jugement sur la musique électroacoustique qui n'a certainement pas dit son dernier mot, force est de constater, à la lumière des propos de Piché, qu'elle semble être arrivée à un moment charnière de son évolution. Il y aura, sans aucun doute, de grandes œuvres électroacoustiques à l'avenir, mais est-ce que la richesse de sa matière sonore, renouvelable à l'infini, et les constants développements technologiques favorisant sa production seront suffisants pour lui assurer une pérennité ? La vidéomusique n'est peut-être pas l'unique voie de développement pour le domaine, mais en considérant la maîtrise des outils technologiques et leur sublimation, la réintégration de l'organisation hiérarchique des hauteurs et du rythme et le désir des vidéomusiciens de se rapprocher de l'audio-spectateur, elle est probablement l'un des genres musicaux les plus prometteurs dans le domaine des musiques non-instrumentales.

---

41. Piché, « De la musique et des images », p. 43.

ANALYSE *DE*, *PAR*, ET *SELON* PIERRE BOULEZ : UN PARCOURS À TRAVERS LES ÉCRITS ET LES ŒUVRES

Jonathan GOLDMAN

« Pierre Boulez l'analyste » et « l'analyse de Pierre Boulez » : ce sont là deux sujets complémentaires. Montrer, d'une part, comment Boulez analyse les œuvres musicales (d'autrui) et, d'autre part, comment ses propres œuvres peuvent être abordées, nous amène à observer son langage musical ainsi que son approche théorique de la musique. Rappelons toutefois que Pierre Boulez n'est pas analyste musical au sens professionnel ou institutionnel du terme : son point de vue est toujours celui d'un compositeur pour qui l'analyse, selon l'expression de Gianmario Borio, est un « processus d'appropriation historique » [1]. Que Boulez n'appartienne pas à la communauté des analystes musicaux est affiché clairement dès 1963, année de la parution de *Penser la musique aujourd'hui*. Dès la première page de ce livre, Boulez déplore les modes courants d'analyse de la musique contemporaine de son époque :

> Nous sommes saturés de ces immenses tableaux aux symboles dérisoires, miroirs de néant, horaires fictifs de trains qui ne partiront point ! On constate l'existence des phénomènes sans leur chercher d'explication cohérente [2].

Son propos exclut, visiblement, des analyses du type « comptabilité de notes », comme s'il était possible de dire quelque chose de significatif sur la macrostructure d'une composition sans avoir préalablement regardé de près le niveau microscopique. Or, c'est bien connu, ce passage s'était voulu une attaque *ad hominem* dirigée contre René Leibowitz, en particulier à sa façon d'aborder la musique dodécaphonique, telle qu'élaborée, par exemple, dans son *Introduction à la musique de douze sons* (1949). Boulez estimait que les analyses faites par Leibowitz des œuvres de l'École de Vienne manquaient de profondeur car elles considéraient la découverte de la série de douze notes, qui était à l'origine de l'œuvre, comme l'aboutissement de l'analyse. L'analyse se voit ainsi réduite à une comptabilité élémentaire de notes, ressemblant parfois à ces « horaires fictifs de trains » que Boulez déplore. Pourtant, Boulez lui-même ne s'abstenait pas d'un comptage de notes quand cela lui était nécessaire, ainsi que l'illustre

1. Gianmario Borio, « L'analyse musicale comme processus d'appropriation historique : Webern à Darmstadt », *Circuit, musiques contemporaines*, Vol. 15, n°3, 2005, p. 87.

2. Pierre Boulez, *Penser la musique aujourd'hui*, Paris-Genève, Gonthier/Denoël, 1963, p. 12.

l'exemple suivant, extrait des cours que Boulez a donnés à l'académie de musique de Bâle entre 1960 et 1962 (Figure 1). Dans ces cours, qui ont été méticuleusement reconstruits et transcrits par Sophie Galaise[3] à partir des notes de Boulez ainsi que de celles de ses élèves, Boulez se penche tout particulièrement sur les deux *Cantates* de Webern. Dans le tableau suivant[4], par exemple, Boulez examine (avant de lui-même s'en servir[5]) la façon dont Webern enchaîne ses séries :

Anton Webern, *opus 31*, 2e mouvement, série employée dans la partie vocale

3. Sophie Galaise, *Les Analyses d'œuvres d'Anton Webern par Pierre Boulez. Essai de reconstitution*, Mémoire de Maîtrise, Université de Montréal, 1991.

4. Cf. *ibid.*, p. 47.

5. Cf. *ibid.*, p. 59. Son étude de l'évolution de la cantate se trouve aux pages 66 à 77.

Toute ressemblance avec des horaires de trains ou à des chemins de fers est l'œuvre du hasard pur… Ces tableaux témoignent donc d'un intérêt, chez Boulez, pour la construction de la forme à partir des enchaînements de la série chez Webern, c'est-à-dire des enchaînements déduits de propriétés intrinsèques de la série, donc du niveau microscopique. Cet exemple montre qu'avant d'arriver à des observations un tant soit peu éclairantes, utiles ou surprenantes sur une œuvre ou sur son auteur, Boulez ou n'importe quel autre analyste doit décortiquer l'œuvre afin de pouvoir observer son fonctionnement, y compris au niveau du *note à note*. Une analyse du type « comptage » cherche à trouver le point de départ de l'œuvre. Or pour Boulez, du moins dans sa première période, la composition commence par une structure simple et remarquablement précise (par exemple une série de *n* notes) ; à un stade ultérieur, des couches successives, des proliférations, des variations et toutes sortes d'autres ajouts (ce que Boulez désigne par des « accidents »[6]) tendent à rendre ces structures de départ non seulement inaudibles, mais également sans rapport significatif avec le produit final – donc l'œuvre. Le fait que *Répons*, par exemple, prenne pour point de départ un sigle musical de six notes sur le nom de son dédicataire, Paul Sacher, ne contribue pas outre mesure à la compréhension des cascades d'arpéges et de trilles qui constituent l'œuvre achevée. Il est donc compréhensible que Boulez constate que les points de départ d'une pièce ne soient pas très importants[7].

Le compositeur Gerald Bennett a mis en lumière cette idée dans une étude attentive des œuvres de jeunesse de Boulez, plus particulièrement les quatre versions successives de sa cantate *Le Soleil des eaux* (1948-1965). Après avoir comparé un même passage tel qu'il apparaît dans les quatre versions – qui s'étend sur près de vingt ans – Bennett en arrive à la conclusion suivante : l'œuvre n'évolue pas vers la clarté des structures. Tout au contraire :

> Nous avons examiné ce passage en détails car il démontre un procédé typique de la pensée de Boulez ; la dissimulation de la structure de la musique, comme si la musique perdrait de sa validité si les structures sous-jacentes devenaient visibles ou audibles. L'œuvre doit être hautement structurée, mais les structures doivent rester cachées. Il y a là une contradiction : Boulez a besoin d'employer des procédures de plus en plus complexes afin de rendre invisibles les structures préalablement bien organisées [8].

Parce que les couches successives ne peuvent en aucun cas être considérées comme de simples « ornements » mais plutôt comme la substance même de la pièce, Boulez, du

---

6. Voir, par exemple, Pierre Boulez, *Leçons de musique, Points de repère III*, Paris, Bourgois, 2005, p. 80.

7. « Je trouve que les points de départ ne sont pas très importants finalement », Transcription normalisée de l'entretien public entre Pierre Boulez et Peter Szendy, réalisée à l'occasion de la première française de *Anthèmes 2*, pour violon et dispositif électronique (Ircam, Paris, 21 octobre 1997), dans Jonathan Goldman, *Understanding Pierre Boulez's Anthèmes. « Creating a labyrinth out of another labyrinth »*, Mémoire de Maîtrise, Université de Montréal, 1999, http://www.andante.com/profiles/boulez/music.cfm, p. 126.

8. « We have examined this passage in such detail because it demonstrates a process very typical of Boulez's thinking ; the obscuring of the structure of the music, as though the music would lose its validity if the underlying structures became visible or audible. The work must be highly structured, but the structures must remain hidden. There is a contradiction here : Boulez needs to employ ever more complex procedures in order that originally well-organized structures become invisible », Gerald Bennett, « The Early Works », dans William Glock (éd.), *Pierre Boulez : A Symposium*, New York, Eulenberg, Da Capo, 1986, p. 77. (Nous traduisons)

moins dans cette œuvre, ne veut visiblement pas que le squelette de base soit perçu. Comment alors expliquer cette résistance face à l'analyse de ces propres œuvres, une activité à laquelle Boulez, par ailleurs, ne se livre presque jamais[9] ? S'il faut « décortiquer » l'œuvre musicale pour la comprendre, c'est peut-être là l'explication de l'aversion boulézienne à l'égard de l'analyse de ses propres œuvres. Même si Boulez, avec Stockhausen, est sans doute l'un des compositeurs de la seconde moitié du XXe siècle qui ait le plus écrit[10], son discours sur la musique tend d'habitude vers des principes abstraits et généraux ; les références spécifiques à ses œuvres – pour ne pas dire aux matrices précompositionnelles de celles-ci – sont plutôt rares. Cette résistance pourrait être motivée par une tentative de décourager une sorte d'écoute réductrice où l'auditeur se satisferait d'entendre le système plutôt que le produit réalisé, un peu à la manière d'un spectateur à Bayreuth qui, alors muni d'un catalogue de *leitmotive*, se contente de les identifier dès leur apparition, comme autant de monuments aperçus au cours d'un voyage touristique.

Or sa circonspection vis-à-vis de l'analyse de ses propres œuvres pourrait encore s'expliquer par le propos de Jacques Derrida, pour qui « le désir d'analyser est le désir de défaire l'œuvre »[11]. Il est clair qu'aucun compositeur ne souhaite pas voir placée son œuvre sur une table de dissection, et Boulez ne ferait pas exception. Cependant, depuis sa nomination au Collège de France où il a enseigné entre 1976 et 1995, Boulez semble avoir révisé ses idées sur la composition ainsi que sur l'analyse. Dans cette période plus tardive, où le compositeur tend à cacher la structure sous-jacente de ses œuvres, s'ajoute une autre, cette fois opposée : à présent, Boulez compose des œuvres qui *expriment* leur structure à l'auditeur attentif. La mise en évidence de la forme se fait souvent à l'aide de ce qu'il appelle des « signaux » et des « enveloppes », c'est-à-dire des guides pour la perception. Que l'on songe à une œuvre comme *Rituel* (1974-1975) qui commence par un accord aux cuivres : celui-ci contient en germe tout le matériau harmonique de cette œuvre de près de vingt-cinq minutes. Que l'on songe également à *Messagesquisse* (1976) qui s'amorce par une série de six notes, *sogetto cavato* sur le nom du dédicataire de l'œuvre (Paul Sacher), joué par le violoncelle principal. On pourrait alors parler d'une dialectique entre le révélé et le caché dans l'œuvre de Pierre Boulez.

BOULEZ SUR LA MUSIQUE ET SUR L'ANALYSE DANS SES COURS AU COLLÈGE DE FRANCE

En parallèle de cette nouvelle tendance vers la transparence dans ses compositions, Boulez modifie également son point de vue sur l'analyse. Pour lui, l'œuvre est le résultat de déductions effectuées à partir d'un geste initial transcrit par des notations, par l'écriture (au sens large de la raison graphique). Aussi, loin d'être à ce point ce comptage

9. Un atelier à l'Université McGill en 1991 sur *Mémoriale (...explosante-fixe... Originel)* qui sera discuté plus loin fait cependant exception.

10. Comme le démontre la thèse de doctorat de Sophie Galaise (*Les Écrits et la carrière de Pierre Boulez : catalogue et chronologie*, Université de Montréal, 2001), qui établit une chronologie de ses écrits.

11. Jacques Derrida, dans Yitzhak Sadaï, « D'une phénoménologie du style musical », *Analyse Musicale*, n° 32, 1993, p. 34.

de notes parodié dans *Penser la musique aujourd'hui*, l'analyse musicale assume-t-elle le rôle de la « poursuite – vaine, sans doute, dans l'absolu – du labyrinthe qui joint l'idée à la réalisation » [12]. Ailleurs, Boulez déclare que « l'analyse ne peut être que cette description de nous-mêmes par nous-mêmes à travers des modèles, le labyrinthe de l'auteur étant refermé sur lui-même et, dans ce sens, *inutilisable* pour qui n'est pas lui » [13]. Boulez explique alors que même si la compréhension intégrale des intentions du compositeur est impossible, l'analyse reste une activité essentielle pour un compositeur :

> L'œuvre étant à la fois dépassement de l'Idée première et même sa négation, le cheminement vers cette réalisation depuis l'idée première est difficile, sinon impossible à déchiffrer. Mais remonter de la réalisation à l'idée que l'on se fait de l'Idée, voilà ce qui va nous indiquer les moyens de notre propre chemin. Nous apprendrons ainsi la déduction et nous apprendrons à assumer les responsabilités qu'impose la déduction [14].

Le cheminement est impossible car bien que l'idée initiale d'une œuvre doive être, selon Boulez, abritée dans un système (une matrice précompositionnelle d'un type ou d'un autre) pour permettre les proliférations ultérieures qui donneront naissance à l'œuvre réalisée, le système n'est jamais respecté sans critique et sans appel. Interviennent toujours des déviations par rapport à ce système, que Boulez, dans l'une de ses formulations les plus radicales, compare à une simple béquille :

> Cela revient à considérer le système comme une aide, une béquille, un excitant pour l'imagination qui, sans lui, ne serait pas arrivée à concevoir réellement un monde rêvé : je choisis, donc je suis : je n'ai inventé le système que pour me fournir un certain type de matériau, à moi d'éliminer ou de gauchir ensuite, en fonction de ce que je juge bon, beau, nécessaire [15].

Il s'ensuit que l'analyse, qui était jadis considérée comme une poursuite vaine et marginale, est ici louée comme un moyen essentiel d'interaction avec l'œuvre du passé. D'un point de vue pratique, ce changement d'avis coïncide avec la décision de Boulez d'offrir ses esquisses et ses documents d'archives au Paul Sacher Stiftung, à Bâle. C'est ainsi qu'il confie curieusement son destin aux musicologues et aux analystes. L'ironie n'a pas échappé à Célestin Deliège :

> Sa méthode semble consister en une confiance acceptée envers le jugement de l'histoire. Les archives sont envoyées à Bâle à la Sacher Stiftung où, dès à présent, elles sont confiées au regard scrutateur du chercheur. Ainsi, paradoxalement, l'homme le moins amène qui soit à l'égard de la musicologie lui confie le destin de l'analyse de son œuvre [...] [16].

---

12. Boulez, *Leçons de musique, Points de repère III*, p. 74.
13. *Ibid.*, p. 105.
14. *Ibid.*
15. *Ibid.*, p. 75.
16. Célestin Deliège, *Cinquante ans de modernité musicale : de Darmstadt à l'Ircam*, Sprimont, Mardaga, 2003, p. 57.

L'ANALYSE FAUSSE OU MUTILANTE

Dans un propos récent, Martin Kaltenecker (2006) inscrit la position de Boulez sur l'analyse dans une perspective plus large : celle d'une vision contemporaine d'historiographie. Selon Kaltenecker, Boulez agirait comme un historien contemporain conscient de la « mise en scène » essentielle pour l'écriture de l'histoire. Cette position voit une ressemblance entre le travail de l'historien et celui de l'artiste qui compose avec des objets trouvés ou recyclés : l'artiste, tout comme l'historien, doit lui-même donner du sens aux artefacts « trouvés ». Kaltenecker écrit :

> L'œuvre du passé n'est plus alors un « en soi » (canonique) mais un « pour moi » (totémique), inscrite dans une généalogie, une intrigue personnelle, un manifeste, objet d'une lecture biaisée, d'une déviation, ou d'une de ces fausses analyses labyrinthiques qui sont bien plus fructueuses, d'après Boulez, que les lectures appliquées [17].

C'est précisément dans ce sens que Boulez utilise l'analyse : en tant que « pour moi », c'est-à-dire à la fois comme « processus d'appropriation de l'histoire », dirait Borio, et comme moyen de s'inscrire *lui-même* dans cette histoire. *Se servir* de l'étude des œuvres du passé pour ses propres fins, voilà, selon Boulez, l'essence même de l'instinct analytique. Souvent, cela a peu de choses à voir avec la validité, voire la vérité de l'analyse en question. Boulez décrit l'analyse en ces termes :

> La situation la plus séduisante est de créer un labyrinthe à partir d'un autre labyrinthe, de superposer son propre labyrinthe à celui du compositeur : non pas essayer en vain de reconstituer sa démarche, mais créer, à partir de l'image incertaine qu'on en peut avoir, une autre démarche. L'analyse productive est probablement, dans le cas le plus désinvolte, l'analyse fausse, trouvant dans l'œuvre non pas une vérité générale, mais une vérité particulière, transitoire, et greffant sa propre imagination sur l'imagination du compositeur analysé [18].

À titre d'exemple, Boulez se livre à ce type d'analyse fausse (ou du moins fantaisiste) mais néanmoins féconde, lorsqu'il étudie, dans l'un de ses cours au Collège, le *Concerto de chambre* d'Alban Berg (1925) ; Boulez y trouve une abondance de structures *binaires*, même s'il sait que cette œuvre est l'une des plus résolument ternaires jamais écrite, inscrivant le chiffre trois à tous les niveaux de la forme, en hommage au triumvirat viennois que Berg constituait avec Schoenberg et Webern [19]. Mais l'exemple capital d'une fausse analyse que Boulez cite fréquemment est celle d'une œuvre de Webern proposée par Stockhausen. En effet, dans un article de 1955 paru dans *Die Reihe*, Stockhausen décompose le *Quatuor* de Stockhausen, opus 28, en des volumes et des masses de densités variables, comme le démontre le tableau suivant, ou l'axe des abscisses correspond au temps, mesuré à la noire, et celle des ordonnées à la hauteur, mesurée en demi-ton [20] :

---

17. Martin Kaltenecker, « Le satire et l'épître », *Circuit, musiques contemporaines*, Vol. 16, n° 1, 2006, p. 25.

18. Boulez, *Leçons de musique, Points de repère III*, p. 75.

19. *Ibid.*, p. 274-276.

20. Karlheinz Stockhausen, « Struktur und Erlebniszeit », *Die Reihe*, n° 2, 1955, p. 69-79 ; repris dans *Texte zur elektronischen und instrumentalen Musik*, Vol. I, Cologne, Dumont-Schauberg, 1963, p. 94.

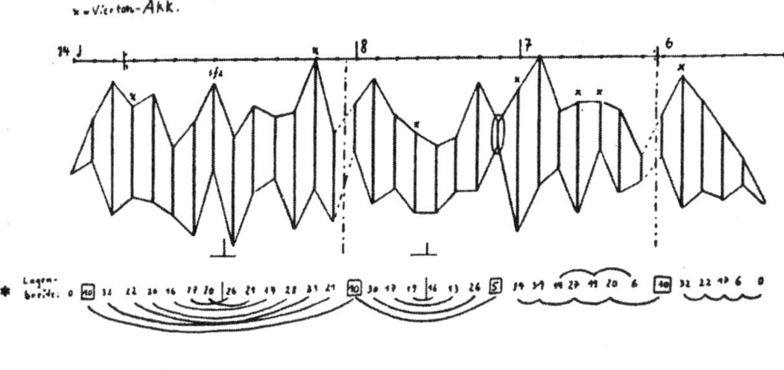

Tableau de Karlheinz Stockhausen pour le *Quatuor* de Webern, opus 28, 2e mouvement, 1e partie

Cette analyse du *Quatuor* de Webern en termes de densités aurait été sans doute étrangère à la pensée de Webern, qui envisageait surtout la superposition des voix selon une pensée polyphonique (quoique sérielle), plutôt qu'en termes de densités, ce paramètre si cher aux avant-gardistes darmstadtiens. Mais selon Boulez, cette infidélité aux intentions de Webern fait tout l'intérêt de l'analyse de Stockhausen. Dans un entretien publié en 2002, Boulez dit :

> […] je crois que les analyses tirées vers soi, quitte à être fausses, sont plus intéressantes que les analyses vraies. C'est l'exemple que j'ai souvent donné avec Stockhausen lorsqu'il a fait l'analyse du Quatuor de Webern sous l'aspect de la densité et de la statistique ; cela n'avait aucun sens par rapport à Webern, car il avait conçu son quatuor sous la forme du canon, et la densité était donc un résultat de l'écriture canonique ; mais c'était plus intéressant pour Stockhausen ![21]

En fait, Boulez envisage l'analyse comme un moyen de « piller » le passé pour découvrir des nouvelles voies pour l'avenir. Pour lui, le but de l'analyse est d'abord de trouver le « comment » d'une œuvre pour ensuite aboutir à la question plus difficile, celle du « pourquoi ». Dans un entretien de 1970 donné à Maryvonne Kendergi, Boulez déclare que l'analyse devrait viser la « dialectique » d'une œuvre, une formulation particulièrement limpide qu'il n'utilisera que rarement :

> Ce qui vaut la peine, c'est de voir la dialectique des événements, de se hausser au procédé général, de voir comment un compositeur est arrivé à formuler sa pensée par l'intermédiaire d'un tel système ; cela, c'est beaucoup plus riche de conséquences[22].

À en juger par les écrits de Boulez sur Webern, il est probable que, selon Boulez, la dialectique en question chez Webern concerne l'opposition entre l'univers ancien, contrapuntique, et les espaces sérielles nouvelles. Quoi qu'il en soit, Boulez, lorsqu'il analyse autrui, que ce soit Webern, Debussy, Berg ou Stravinsky, adopte une approche

---

21. Pierre Boulez, dans Philippe Albéra (dir.), *Pli selon pli de Pierre Boulez. Entretien et études*, Genève, *Contrechamps*, 2003, p. 11.

22. Pierre Boulez, *Points de repère*, Paris, Bourgois, 1/ 1981, 2/ 1985, p. 114.

que l'on pourrait qualifier de dialectique, à travers laquelle il cherche à identifier les éléments qui y sont mis en opposition.

La conception boulézienne de l'analyse est donc foncièrement opposée à celle mise en pratique par le musicologue : dans la façon boulézienne, qu'on pourrait qualifier d'« analyses-artistes », le compositeur ne s'intéresse qu'à ce qu'il peut utiliser, de ce qui l'inspire. C'est dans cette optique que Boulez cite Baudelaire, qui décrit ce phénomène dans son essai sur Delacroix. Baudelaire parle de « ce caractère double des grands artistes, qui les pousse, comme critiques, à louer et analyser plus voluptueusement les qualités dont ils ont le plus besoin, en tant que créateurs, et qui font antithèse avec celles qu'ils possèdent surabondamment »[23]. En donnant trop d'importance aux qualités dans l'objet analysé qui font défaut chez l'artiste-analyste, il dresse un portrait déformé de l'original. L'analyste professionnel, par contre, prétend à l'objectivité, avec tous les problèmes épistémologiques que cela implique. Même si son analyse peut être déconstruite *post facto* comme le produit d'une idéologie implicite, cela ne contredit nullement le fait qu'il *vise* l'objectivité au niveau de ses intentions. Chez l'artiste-analyste, par contre, aucune prétention à l'objectivité n'existe.

Malgré d'importantes divergences, Nicholas Cook, dans son *Guide to Musical Analysis* (1987), s'accorde avec Boulez pour dire que la « valeur d'une analyse consiste en ce qu'elle fait pour l'analyste »[24]. Mais en faisant allusion aux analyses de Webern mais aussi celles de Debussy et de Stravinsky réalisées par Boulez et consorts dans l'après-guerre, il les décrit comme « spéculatives au point d'être irresponsables »[25]. C'est peut-être le pire épithète dont Cook puisse disposer dans un livre qui souligne le critère de « musicalité » comme condition *sine qua non* de l'analyse. Mais Cook reconnaît, bien sûr, que la fidélité à l'esprit de l'original n'était pas l'objectif principal de ces analyses, et que leur valeur réside ailleurs :

> Leurs analyses étaient bonnes, non parce qu'elles avaient une quelconque validité généralisables, mais parce qu'elles ont provoqué un jaillissement d'innovation créatrice au niveau du style musical. Brillantes, partisanes, et désespérément partiales, elles étaient tout sauf un commentaire objectif sur la culture musicale qu'un chercheur à but scientifique aurait tentés. Mais elles ont atteint quelque chose de plus capital que ce dernier : elles étaient une partie essentielle de cette culture[26].

Il s'ensuit que le fait d'aborder les analyses de Boulez et celles de ses collègues constitue un pas important vers la compréhension de leur langage musical en devenir, ainsi que les enjeux qui ont motivé leurs propres compositions musicales.

---

23. Charles Baudelaire, dans Boulez, *Points de repère*, p. 108.

24. « The value of an analysis consists in what it does for the analyst », Nicholas Cook, *A Guide to Musical Analysis*, Londres, Dent, 1987, p. 233. (traduction de l'auteur)

25. « Speculative to the point of irresponsibility », *ibid.*

26. « Their analyses were good, not because they had any generally applicable validity, but because they stimulated an outburst of creative innovation in musical style. Brilliant, partisan and hopelessly prejudiced, they were anything but dispassionate commentary on musical culture that a scientifically-minded investigator might have attempted. But they were something much more important : they were a vital part of that culture », *ibid.* (traduction de l'auteur)

L'ANALYSTE FACE À SES ŒUVRES : L'ŒUVRE « DIDACTIQUE »

Comment entreprendre une analyse d'une œuvre de Boulez qui tienne compte des analyses faites par le compositeur lui-même? Conscient des études dont ses compositions font souvent l'objet, le compositeur devient alors, dans ses œuvres, une sorte de professeur. Il produit ainsi une « œuvre didactique », c'est-à-dire une œuvre fabriquée expressément pour récompenser celui qui l'examine attentivement, ou qui fournit des indices pratiques à l'intention de l'analyste. Même si Boulez, comme l'a démontré Bennett dans des propos déjà cités, tend à cacher les structures sous-jacentes dans ses œuvres, le compositeur est également capable, dans ses moments plus généreux, de produire des œuvres didactiques, un terme employé par Boulez lui-même pour désigner certaines compositions de Webern :

> Il est d'ailleurs curieux de constater combien les œuvres les plus analysées, les plus regardées sont ce qu'on pourrait appeler les œuvres « didactiques » où les schémas sont les plus simples à établir. Et Webern, le Webern de la série, vient au premier rang [27].

Hormis Webern, l'autre modèle pour l'œuvre didactique boulézienne est certainement l'exemple de Messiaen, même si Boulez ne le reconnaît pas explicitement. En effet, Messiaen publie, à l'âge de trente-six ans, *Technique de mon langage musical* (1944) où il fournit les « clefs » de son langage musical, en donnant des références concrètes à des œuvres spécifiques. Mais plus important encore, l'impulsion didactique chez Messiaen le poussait jusqu'à être « graphiquement didactique » lorsqu'il inscrit au-dessus des portées les modes et transpositions employés dans la pièce, comme par exemple dans les *Vingt regards de l'enfant Jésus* (1944).

Quoi qu'il en soit, dans certaines de ses œuvres, Boulez a perfectionné cette vocation didactique de l'œuvre en composant des œuvres qui *forment* l'auditeur et l'analyste. C'est ainsi que Boulez a tendance à « annoncer » de façon assez évidente une cellule privilégiée ou une série génératrice de l'œuvre, comme dans *Rituel*, *Messagesquisse*, *Dérive 1*, *Anthèmes* ou encore *Répons*. Certains indices dans l'œuvre, y compris dans l'aspect graphique de la partition, sont conçus à l'intention du seul l'analyste. De plus, certains symboles dans la partition ne sont pas là pour indiquer comment interpréter la musique dans le cadre d'une exécution de l'œuvre : elles ont une vocation *purement* analytique, se référant apparemment aux matrices précompositionnelles.

Deux exemples suffiront pour illustrer ce phénomène. Assez anciens, ils tendent à montrer que la volonté didactique est un trait qui remonte à loin dans l'œuvre de Boulez, et ne sont pas seulement l'expression de sa deuxième période, beaucoup plus accessible que la première. Ainsi, le premier exemple est tiré de la cadence pour piano qui se trouve au début d'*Éclat* (1965) : la première phrase se termine par un accord de six notes à la limite de l'inaudibilité (*pppp*), après lequel le pianiste enfonce la pédale à *sostenuto* jusqu'à la fin de la cadence :

27. Boulez, *Leçons de musique*, *Points de repère III*, p. 72-73 (Boulez souligne.)

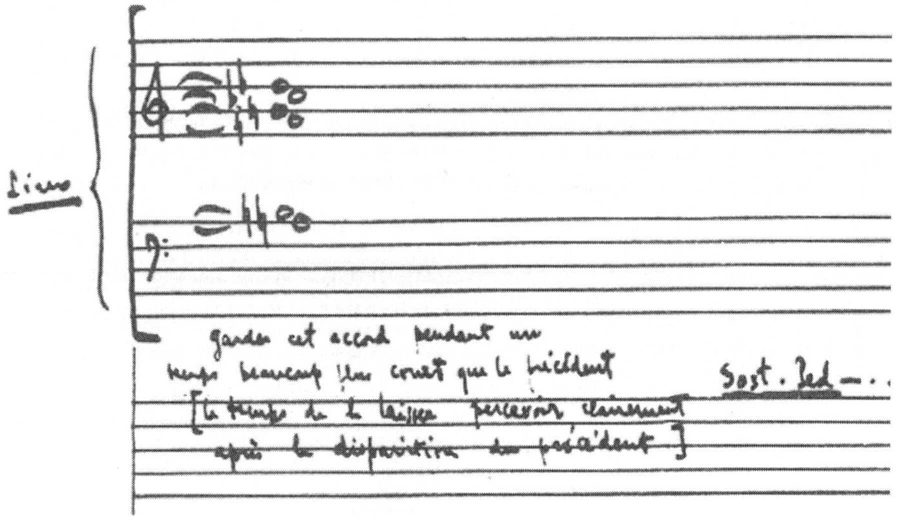

Pierre Boulez, *Éclat* (1965), l'accord résonant dans la cadence pour piano d' *Éclat*; une mesure avant chiffre 2 ; © Copyright 1965 by Universal Edition (London) Ltd., London/UE 17746

L'objectif étant que toutes les fois où le pianiste joue une des notes de l'accord, l'accord entier sonne grâce à la résonance sympathique des cordes ouvertes. Or, dans la suite de la cadence, Boulez place, cette fois, les signes de résonance (notés entre crochets à coté des notes de l'accord) à chacune de leur apparition :

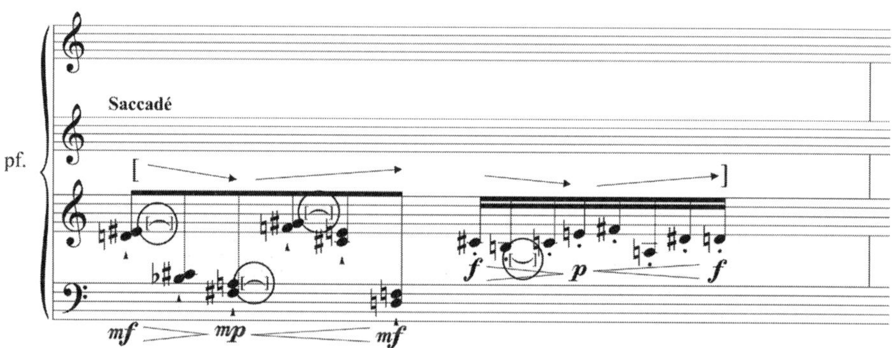

Pierre Boulez, *Éclat* (1965), signes de résonance dans la cadence d' *Éclat*; six mesures après chiffre 2 © Copyright 1965 by Universal Edition (London) Ltd., London/UE 17746

Ces symboles ne peuvent pas être considérés comme des *prescriptions* qui induisent un certain type d'exécution, puisque, une fois la pédale *sostenuto* enfoncée, les notes de l'accord résonnent automatiquement. Par contre, l'analyste, quant à lui, peut tirer profit de ces symboles : dans un petit livre consacré à une analyse détaillée d'*Éclat*, Olivier Meston (2001) se sert de ces symboles pour trouver la clef de la structure sérielle à l'œuvre dans cette cadence. C'est comme si Boulez s'adressait à l'analyste à travers ces signes de résonance. Ce ne serait pas la première fois que Boulez cherche à communiquer avec l'analyste de cette façon. Un autre exemple se trouve dans le premier mouvement du *Marteau sans maître* (1954) : celui-ci contient de courtes lignes verticales (encerclées dans l'exemple suivant) dans chacune des parties, suggérant une segmentation des notes :

Pierre Boulez, *Le Marteau sans maître* (1955), barres verticales dans, 1 er mouvement, m. 1-3. © Copyright 1954 by Universal Edition (London) Ltd., London/PH398

Or Lev Kobliakov (1990), dans son étude rigoureuse du *Marteau*, exploite la présence de ces symboles pour découvrir des « champs harmoniques », déduits des produits de la multiplication de classes de hauteurs qui ont servi de matériau de départ pour ce mouvement[28].

Ces deux petits exemples suffiront à démontrer que l'une des façons dont Boulez communique avec les analystes se situe à travers la notion d'œuvre didactique : les analyses *de* Boulez, autrement dit les œuvres de Boulez, restent attentives à cette volonté de didactisme. Il est probable aussi qu'à travers ces indices, Boulez essaie l'impossible : influencer la réception de son œuvre. Pourquoi serait-ce impossible ? Parce que, selon Borio, une génération de compositeurs-analystes ne manquera pas de s'approprier le

28. Lev Kobliakov, *Pierre Boulez : A World of Harmony*, New York, Harwood, 1990, p. 10. Ces traits verticaux sont également visibles sur le fac-similé de la partition reproduite dans Pascal Decroupet (éd.), *Pierre Boulez. Le Marteau sans maître*, fac-similé de l'épure *et de la première mise au net de la partition*, Veroffentlichungen der Paul Sacher Stiftung, Londres, Schott, 2005, p. 211-215.

passé en étudiant Boulez, en le « mutilant », en le « falsifiant », de la même manière que Boulez et Stockhausen ont *mutilé* et *falsifié* leurs propres modèles… Malgré les indices « didactiques », une œuvre est une forme symbolique : une fois mise au monde, son créateur en perd le contrôle ; de nouvelles configurations sont nées de la rencontre entre l'œuvre et celui qui cherche à la comprendre. Mais on ne reprochera pas au compositeur d'avoir au moins essayé…

MÉMORIALE (…EXPLOSANTE-FIXE…ORIGINEL) (1985) : TRAJECTOIRE FORMELLE COMME ANALYSE ACOUSTIQUE

Composée en 1985, *Mémoriale (…explosante-fixe…Originel)* est une courte pièce d'environ cinq minutes qui nous donne la possibilité d'identifier un autre sens distinct du mot analyse, somme toute pertinent pour l'étude des œuvres de Boulez : il s'agit d'observer comment la trajectoire d'une œuvre est parfois conçue chez Boulez comme une analyse acoustique d'un son[29].

Mémoriale est l'une des rares pièces à avoir fait l'objet d'une analyse publique par Boulez lui-même. Le 23 mai, 1991, lors d'une tournée canadienne, Boulez a été invité par l'université McGill pour présenter l'œuvre. Un enregistrement de cet atelier, obtenu dans les archives Boulez à l'Université de Montréal, constitue donc une information « poïétique » fort précieuse ; Boulez, redoutant peut-être la « volonté de défaire l'œuvre », ne partage que rarement les détails de son atelier. Les commentaires qui suivent s'inspirent de certaines remarques faites par Boulez lors de cette conférence qui concernent le sens acoustique ou spectral du mot analyse : la décomposition d'un son complexe en ses parties constitutives fondamentales. L'intérêt croissant, chez Boulez, pour la science acoustique et ses applications en musique est évident. Il s'observe dès les premières propositions pour un centre de recherche sur l'acoustique formulée à la fin des années 1960 : celles-ci ont donné naissance à l'Ircam, en 1977, institut qui se consacre à la « coordination » entre l'acoustique et la musique. Dès lors, l'influence de l'expérience du traitement numérique du son sur son écriture instrumentale ira grandissant, quoique parfois d'une façon plus ou moins métaphorique. Ainsi, dans des œuvres des années 1970, tel *Rituel*, *Messagesquisse*, *Dérive 1*, *Anthèmes* et *Répons*, Boulez nous confronte à des techniques compositionnelles que l'on pourrait qualifier d'« unplugged electronics »[30] : des techniques d'écriture qui imitent plus ou moins fidèlement les outils

29. Pour une présentation plus détaillée *Mémoriale*, voir Jonathan Goldman, « Charting *Memoriale* : Paradigmatic Analysis and Harmonic Schemata from Boulez' "*…explosante-fixe…*" », *Music Analysis*, Vol. 27 (2008), n° 2-3, p. 217-252. Une analyse paradigmatique qui permet une audition de l'œuvre et accès à la partition de la flûte principale se trouve dans Nicolas Donin et Jonathan Goldman, « Charting the Score in a Multimedia Context : the Case of Paradigmatic Analysis », *Music Theory Online*, Vol. 14, n° 4, 2008, http://mto.societymusictheory.org/issues/mto. 08.14.4/mto. 08.14.4.donin_goldman.html.

30. Ou « dispositif électronique débranché », à l'instar d'une série de concerts télévisés produits par la chaîne de vidéoclip MTV dans les années 1990 qui s'intitulait « MTV unplugged », où les groupes invités abandonnaient leurs guitares électriques et autres instruments amplifiés pour livrer des interprétations de leur répertoire sur des instruments « acoustiques » (donc *débranchés*).

de traitement de son propres à l'électroacousticien (*frequency shifter*, *phaser*, *harmoniser*, echos, résonateurs, etc.). Dans l'exemple suivant, six moments capitaux dans le déroulement de l'œuvre effectuent une sorte d'analyse spectrale du timbre des instruments dans l'ensemble.

Il n'est peut-être pas ici utile de rappeler que *Mémoriale* (... *explosante-fixe* ... *Originel*) est issue d'une œuvre ouverte en hommage à Stravinsky composée par Boulez en 1972 sur deux pages pour instruments non spécifiés, et publiée dans la revue anglaise *Tempo*. Ce qui importe dans le cas présent est que *Mémoriale* a d'abord été conçue comme une pièce pour flûte solo : Boulez a entièrement composé la ligne de flûte avant de procéder à la composition des autres parties. À cette ligne de flûte, Boulez a ensuite ajouté deux cors et un ensemble à cordes : trois violons, deux altos et un violoncelle. Or la flûte joue une bonne partie de la pièce avec des trémolos (*flutter tongue*) et des trilles. Boulez construit avec ses trois groupes d'instruments (flûte solo, cordes et cors) une sorte de continuum de timbre, entre ce que l'on pourrait qualifier de sonorité « claire » et « voilée ». Pour Boulez, la sonorité des cors est d'une extrême clarté compte tenu de la limpidité de timbre (précis, concentré, sans vibrato). Quant à la flûte, avec son abondance de trilles et de trémolos, elle constitue un autre extrême, l'obscurité : la flûte revêt une sonorité voilée ou floue. L'imprécision des adjectifs ici employée est due au manque de vocabulaire pour décrire efficacement le paramètre du timbre. Quoi qu'il en soit, entre ces deux extrêmes, la transparence des cors et le flou de la flûte, les cordes occupent une position intermédiaire. Grâce à la variété de techniques de jeu et à leur disposition, les cordes sont susceptibles de fluctuer entre les deux extrêmes : de l'extrême clarté lorsqu'elles jouent en position normale et sans vibrato, à un timbre qui se rapproche du caractère flou du trémolo de flûte lorsqu'elles jouent des trilles *sul tasto* ou un trémolo *sul ponticello*. La trajectoire des six passages que nous examinerons se dessine comme un passage de la sonorité claire au timbre voilé. Il s'agit d'un passage marqué « lent » constitué d'accords soutenus, allant de deux accords à un maximum de sept en ordre quasiment croissant, se terminant sur un mi-bémol à l'unisson, la note centrale de l'œuvre, signifiant le « Es » du nom du Stravinsky dans le système allemand. Ces six sections sont espacées à travers l'œuvre, constituant les six moments qui articulent la forme en rompant avec le discours continu du reste de part l'extrême simplicité de la texture. Elles constituent ainsi des « signaux », selon la terminologie de Boulez, des espèces de bornes routières de la forme. Par ailleurs, la dernière occurrence, constituée d'un nombre maximal d'accords, soit sept au total, clôt la pièce. Ces six passages auraient alors une fonction que l'on pourrait qualifier de cadentielle. Dans ses passages, la flûte joue les notes supérieures en trille avec trémolo. Voici un exemple de la troisième occurrence du passage lent :

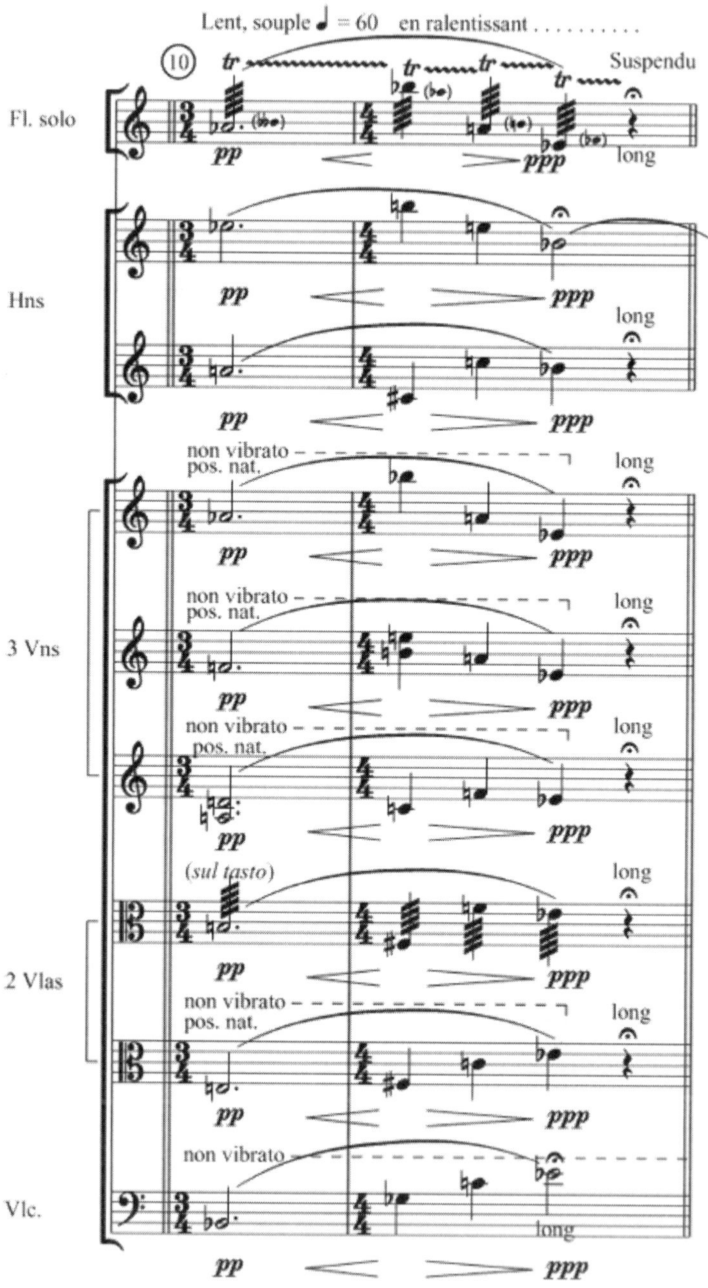

Pierre Boulez, *Mémoriale (…explosante-fixe… Originel)* (1985) : 3e occurrence de la section « lente », chiffre 10. © Copyright 1985 by Universal Edition A.G., Wien/UE18547

Dans cet exemple, toutes les cordes, sauf le premier alto, jouent sans vibrato. L'alto joue *sul tasto* trémolo. Nous avons choisi la troisième occurrence parce que, dans les deux premières, aucun des instruments à cordes ne joue en trémolo. Mettons en série chacune des six occurrences de cette section lente :

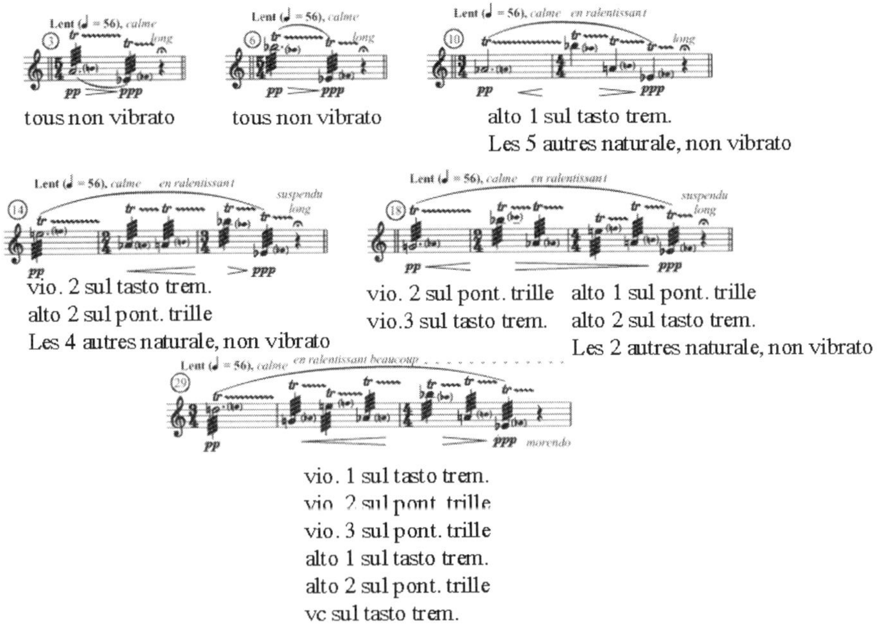

Pierre Boulez, *Mémoriale* : fonction « claire » à « voilé » dans les sections lentes. © Copyright 1985 by Universal Edition A.G., Wien/UE18547

Alors que la sonorité toujours « claire » des cors et celle, toujours « voilée » de la flûte solo ne changent jamais, les cordes passe d'une extrême clarté à un flou extrême…

Boulez, en choisissant l'instrumentarium de cette pièce, posait les cors et la flûte comme des antinomies sur le plan du timbre : grâce à une sorte d'analyse spectrale de ses sons, les cordes font une transition quasi continue d'un timbre à l'autre, à l'instar de ces échelles de timbres que les techniciens de l'Ircam essayaient de construire pendant un temps par des moyens informatiques. Par conséquent, le modèle de l'analyse spectrale pourrait être un point de départ fécond pour des analyses futures des œuvres de Boulez, même les œuvres purement instrumentales.

Conclusion

Pour conclure, nous souhaiterions résumer les différents sens du mot analyse que nous rencontrons dans l'étude des écrits et des œuvres de Boulez :

– Il y a d'abord l'analyse *selon* Boulez, où l'on préconise une analyse qui trace le labyrinthe qui relie l'idée à la réalisation d'une œuvre, à partir d'une étude des nombreuses déductions effectuées par le compositeur depuis une idée ou un geste initial. Ces déductions peuvent être de nature rationnelle ou irrationnelle, en raison de la présence d'« accidents » qui dévient du système ;

– Il y a ensuite une analyse *par* Boulez, qui est une fausse analyse parce qu'elle « mutile » son objet. Elle cherche une vérité personnelle en ouvrant des perspectives pour l'avenir, sans pour autant se soucier du problème, bien connu, de l'impossibilité de connaître les intentions réelles du compositeur;

– On procède également à des analyses *de* Boulez au cours desquelles l'analyste fait face aux œuvres de Boulez. Parfois, il s'agit d'analyser une œuvre didactique fabriquée, en quelque sorte, *pour* être étudiée : l'œuvre fournie des indices qui ne concerne que l'analyste. L'étude de Boulez peut également consister en la recherche d'exemples dans une œuvre qui incarne, concrètement, une idée qui n'est décrite que de façon abstraite et tout à fait générale dans ses maints écrits : des concepts comme « signaux », « enveloppes », « aura », etc.

– Enfin, l'exemple de *Mémoriale* montre un cas où le processus compositionnel imite la démarche de l'analyse acoustique.

À travers l'analyse partielle et partiale – le genre d'analyse que Boulez favorise –, l'analyste perçoit quelque chose sur le « comment » et le « pourquoi » de l'œuvre. Il restera toujours des éléments qui lui échapperont, parce que, au sein d'une œuvre, nous dit Pierre Boulez citant André Breton, il y a un « un infracassable noyau de nuit »[31]. La raison est sans doute reliée au caractère complexe des formes symboliques.

31. Pierre Boulez, *Points de repère*, I. *Imaginer*, Paris, Bourgois, 1995, p. 552.

QUATRIÈME PARTIE

ÊTRE COMPOSITEUR AUJOURD'HUI
ENTRETIENS

ENTRETIEN DE SOPHIE STÉVANCE AVEC LE COMPOSITEUR PHILIPPE LEROUX, MONTRÉAL, 22 AVRIL 2010

Sophie Stévance : La question de l'avant-garde a plusieurs fois été abordée dans le cadre de ce collectif. Y a-t-il une avant-garde possible, selon vous ?

Philippe Leroux : Je préfèrerais parler de « contemporanéité » plutôt que d'avant-garde. Ce que j'attends d'un compositeur, c'est qu'il nous propose d'entendre la musique d'une personnalité vivante, actuelle. Je ne cherche pas à savoir si ce compositeur possède un langage à la pointe ou à la mode, ou s'il est centré sur une esthétique ou une rhétorique ancienne. Je m'attache à la contemporanéité de sa pensée : si ce compositeur refait quelque chose qui a été pensée mille fois et déjà très bien réalisée, cela n'a, à mon sens, aucun intérêt. Par contre si, à travers sa musique, il évoque des problématiques actuelles qui sont les nôtres, je me sentirai concerné. Donc être d'avant-garde, ce serait peut-être « être contemporain de soi-même », comme l'écrivait Kierkegaard dans *Les Soucis des païens*.

SS : Et très justement, Kierkegaard avait ce souci du temporel – le croyant qui sait patienter, tandis que le païen se tourmente du lendemain et fonce tête baissée. Ainsi, suivant cette idée, toute recherche d'une avant-garde reviendrait à courir à sa propre perte. Mais tout de même, dans notre horizon musical, ne percevez-vous des compositeurs qui œuvrent dans le sens de la constitution d'une esthétique (et je ne parle pas nécessairement de la constitution d'une « école »), mais plutôt des compositeurs qui, sans se regrouper en « mouvement », composent avec des préoccupations et des perspectives communes ? Autrement dit, des lignes esthétiques fortes se dessinent-elles ?

PL : Oui, effectivement, il existe des courants naissants, en France notamment : je pense à la « musique saturée », qui regroupe des compositeurs comme Franck Bedrossian (né en 1971) ou Raphaël Cendo (né en 1975) : des œuvres telles que *Transmission* (2002), *Swing* (2009) de Bedrossian, ou *Introduction aux ténèbres* (2009) et *Action Painting* (2004) de Cendo, sont emblématiques de ce que l'on pourrait appeler le « saturationnisme », dont les sources d'expression proviennent tout à la fois de la musique, des arts visuels et de la poésie en vue d'une recherche énergétique profonde s'énonçant dans une sur-expressivité. Mais au-delà de cela, il faut bien avouer que la génération de compositeurs à laquelle j'appartiens est généralement indifférente devant le concept d'avant-garde. Il faut dire qu'une grande partie de l'avant-garde officielle de la seconde moitié du XXe siècle m'a semblé être une avant-garde « de surface », puisqu'elle fonctionne dans ses catégories sur une rhétorique ancienne du XIXe siècle. Cette tendance était très nette dans la musique sérielle, qui était une pensée de la note et de la paramétrisation, très éloignée en cela des problématiques vraiment contemporaines qui sont plus axées sur la notion de synthèse, de perception et d'écologie musicale. C'est ce qui fait qu'aujourd'hui, cette notion d'avant-garde me laisse indifférent. Par contre, ce qui me semble essentiel est le fait d'être pleinement dans son temps – être contemporain de soi-même, comme je le rappelais précédemment.

SS : Comment un compositeur peut-il alors s'inscrire dans cette contemporanéité ?

PL : Il peut commencer – et c'est là une simplicité élémentaire, qui relève du bon sens – de ne pas faire quelque chose qui a déjà été très bien fait. À certains concerts, il m'arrive d'entendre une sonate dans le style de Ravel, un concerto dans celui de Brahms, etc. Mais à quoi cela peut-il servir autrement qu'à des exercices d'écriture ? Quel est l'intérêt de cela ? En littérature, tout le monde rirait si un créateur (à part Borges, évidemment) ré-écrivait le Dom Quichotte, ou un livre dans le style de Flaubert. Bien sûr, si les compositeurs qui recourent à ces stratégies parviennent à en faire émerger la marque d'une profonde personnalité, là ça devient intéressant. Encore faut-il arriver à ce stade... Je ne crois pas pour autant qu'il faille tenter de recréer un degré zéro de l'écriture musicale, à la manière des avant-gardes historiques. Ce degré zéro n'existe pas, il est vain de chercher à renier son passé, sa culture et son conditionnement, mais par contre il peut être passionnant de les remettre en question.

On peut, comme je m'efforce de le faire, utiliser les pensées, les moyens et les outils de son époque. On peut faire avancer les choses sans nécessairement tout casser – ce geste d'adolescent mal dans sa peau. Cela était peut-être possible à l'époque de l'expansionnisme social, mais pas actuellement dans une période où notre problème n'est pas de créer de nouvelles machines ou de nouveaux besoins, mais plutôt de comprendre et de mettre en relation les éléments existants de ce monde dans lequel nous vivons.

SS : Pourriez-vous dégager de possibles enjeux esthétiques qui animent la vie musicale actuelle ?

PL : Je pense avant tout aux enjeux qui concernent la perception de la musique et ceux qui touchent à l'énergie liée aux gestes de production du son.

SS : C'est donc, dans un sens, la question plus générale du geste musical ?

PL : Oui, parce qu'on la retrouve chez de nombreux créateurs dont les esthétiques sont pourtant bien différenciées. Prenons par exemple des compositeurs comme Lachenmann, Aperghis et Grisey. Avec des méthodes totalement distinctes (qui pourraient laisser penser qu'elles s'opposent), ils se positionnent tous dans une problématique de renouvellement de la perception de la musique. Chez Lachenmann et Aperghis, il s'agit avant tout de « brouiller la perception » – donc tout ce qui relève du domaine du réflexe perceptif – dans le but de laisser naître un autre type de perception. Chez Lachenmann, l'attention de l'auditeur va porter sur le geste mécanique initial qui a produit le son. Chez moi, il s'agira aussi d'un geste, mais plutôt de celui qui aurait pu être à l'origine des sons ou des mouvements sonores que j'utilise, sans qu'il soit nécessairement celui d'un musicien sur son instrument. Ce peut être des gestes physiques ou des gestes psychiques. Alors que chez Grisey (et c'est aussi le cas de beaucoup d'autres compositeurs), il s'agit d'instaurer ou d'inviter à expérimenter un continuum perceptif. On observera un objet sonore de loin, comme une forme en soi, puis en s'approchant de cet objet peu à peu, en « zoomant », on sentira la qualité de sa matière et de ses constituants. Ces questions relèvent de la synesthésie, et notamment du rapport entre les domaines auditifs et haptiques. Musicalement, on en arrive à travailler sur plusieurs types de perception qui peuvent cohabiter, car l'on peut passer de l'une à l'autre au sein d'une même œuvre.

SS : Pourrions-nous alors parler, sur le même ton que Gilles Deleuze citant lui-même Henri Maldiney (dans Regards, Parole, Espace[1]*), d'un espace de création « tactile-optique » avec tout ce que cela implique en terme d'organicité ?*

PL : Oui, absolument ! Jusqu'ici en musique, on ne considérait guère cette restitution de l'être intérieur et de la vitalité des organismes sonores, à travers une forme et une ligne extérieure. Or il est tout à fait possible d'œuvrer dans un espace commun au deux types de perception. On a parfois reproché à ma musique l'utilisation de processus à découvert ou au contraire d'user d'un langage profondément discursif. Je conçois mes œuvres au sein d'un continuum entre perception haptique et logique d'articulation des évènements entre eux. Jusqu'à récemment, un compositeur devait se positionner soit du côté de la sémantique, soit du côté de la texture. Pourquoi les considérer comme étant antinomiques alors que ces deux éléments sont intrinsèquement liés à la perception ? Il y a là un enjeu extrêmement fort et profondément actuel que l'on retrouve, à travers des modalités différentes, chez plusieurs compositeurs.

SS : Et qu'en est-il de la production d'énergies, qui semble être fondamentale chez les compositeurs d'aujourd'hui ?

PL : Une tendance relativement récente de la musique contemporaine vise à ne plus cacher la façon dont la musique est faite, tant du point de vue de la production du son que de celui de la construction et de l'agencement des structures. Cela a engendré chez moi une période de création où tous les processus mis en œuvre étaient parfaitement détectables par l'auditeur. Cette lisibilité était tout à fait volontaire et liée à ce désir, en art, de ne plus dissimuler ce qui fait l'œuvre, qu'il s'agisse de la confection du son ou de sa construction. On a vu ce même phénomène en architecture, avec les tuyaux apparents du Centre Georges-Pompidou de Renzo Piano et Richard Rogers, ou encore dans le cinéma de Fellini ou d'autres cinéastes, lorsque la caméra change de point de vue et filme l'équipe de tournage en train de tourner.

---

1. Paris, L'âge d'homme, 1994, p. 195. Voir également Gilles Deleuze, *Francis Bacon, Logique de la sensation*, Paris, La Différence, 1981, rééd. Paris, Seuil, 2002, p. 81.

SS : N'y a-t-il pas là un procédé de mise en abîme visant à la démultiplication des processus ?

PL : Oui, mais il s'agit avant toute chose d'une nécessité de démystifier la notion de travail, comme si dans les périodes précédentes, le travail de l'artiste était nécessairement quelque chose d'impur. L'œuvre devait arriver « toute-faite », comme un bel objet qui n'aurait demandé ni sueur ni persévérance ni douleur. Dans l'imagerie collective d'antan, l'artiste ne devait pas montrer qu'il avait travaillé. L'œuvre musicale était supposée avoir été composée en une nuit, à la suite d'une fulgurante inspiration : une image d'Épinal. À présent, nous souhaitons montrer les différentes étapes qui président à sa naissance et à son existence. Nous n'avons rien à cacher : c'est une façon de purifier la notion d'œuvre, et aussi d'associer l'auditeur à son déroulement.

SS : C'est une sorte de révélation du « processus » intérieur, qui révèle que, finalement, la création est un parcours profondément humain…

PL : Oui, la musique est faite par des humains pour des humains, ce qui ne veut pas dire d'ailleurs qu'elle soit sans rapport avec la notion de transcendance. Elle se laisse traverser parfois par des forces qui lui échappent, mais elle révèle d'abord un processus humain intérieur et organique, dans la production du son instrumental comme dans le décryptage cérébral et corporel du phénomène musical. Ce processus est d'ordre gestuel. Tout phénomène sonore est produit par un mouvement, qu'il soit humain ou animal – on parlera dans ce cas de geste – ou encore produit par un objet. Quand nous écoutons une musique, notre cerveau, comme notre corps, cherche à décrypter le geste ou le mouvement initial qui a produit le son. La musique est en quelque sorte une succession de substituts gestuels (pour employer un terme du compositeur de musique électroacoustique Denis Smalley), qui vont du geste primordial qui a créé le son (le frottement de l'archet, par exemple) jusqu'à un son qui va imiter le geste de l'archet, puis un autre qui mime le son qui a imité le son du geste de l'archet. On arrive alors à cette mise en abîme que vous évoquiez tout à l'heure. Aussi loin soit-on, on peut toujours relier les énergies sonores entendues dans une musique aux mouvements initiaux qui les ont produits ou auraient pu les produire. Et ces données énergétiques et gestuelles, on peut les utiliser comme des éléments compositionnels. On travaillera dans ce cas avec la qualité d'énergie des sons et ses variations dans le temps, icônes des gestes initiaux producteurs de son.

Ces éléments peuvent être travaillés dans des contextes et selon des modalités très différentes, mais ce qui rassemble finalement les pratiques portant sur ce type de travail, c'est de mettre en lumière l'énergie, et le rapport au geste qui a produit le son.

SS : Mais au-delà d'un changement de paradigme, ce besoin d'afficher le travail de l'artiste (qui dépasse la seule discipline musicale), ne pourrait-il pas être ramené à des questions, disons, plus pragmatiques : ne s'agit-il pas également de « montrer » aux organismes subventionnaires la vaste entreprise et le dur labeur que représente la fabrication d'une œuvre, justifiant alors un accompagnement financier ?

PL : Même s'il s'agit avant tout d'éclairer la relation auditeur compositeur, cette question de la production artistique, qu'il s'agisse d'œuvres plastiques ou musicales, a une analogie très forte avec le phénomène social de production du travail. Il est effectivement important de poser ces problèmes d'ordre matériel, car la réalité et l'existence des compositeurs, leur manque de statut social par exemple, sont des questions importantes.

SS : J'en arrive donc à vous demander si être compositeur au XXIe *siècle serait, selon vous, une « vocation » ou une « profession » ? Je fais évidemment référence aux catégories que la sociologue de l'art Nathalie Heinich distingue notamment dans son livre* Être écrivain *(Paris, La Découverte, 2000). Alors que de l'activité vocationnelle, l'artiste agit par seule nécessité intérieure, à partir de son talent individuel (lequel n'est pas justifié par un quelconque diplôme et n'est pas considéré comme une source de revenu), le terme « profession », qui suppose cette fois une qualification institutionnelle, la maîtrise technique de son art acquise par le travail, désigne une activité qui s'exerce contre rétribution. Cette question vous invite donc surtout à nous éclairer sur la manière dont il est possible d'appréhender cette coexistence entre deux états (vocation et profession), plutôt que de préférer l'une ou l'autre. Autrement dit, la composition, en tant qu'art, est-elle conciliable avec un traitement marchand ?*

PL : Les deux co-existent, mais il y a des limites dans un sens comme dans l'autre. L'œuvre d'art ne doit pas devenir un « objet » d'art. Bien sûr, l'inspiration est une force indispensable, il faut aller puiser très loin au fond de soi-même ou de ce qui nous entoure si l'on veut écrire une musique authentique. Mais à quoi servirait tout ce travail s'il n'avait pas une « fonction » ? Pour moi c'est celle qui consiste à mettre en mouvement intérieur les êtres. Si la musique naît du geste de production du son ou de mouvements mécaniques ou psychiques, on peut alors imaginer que l'auditeur puisse entrer dans une logique comportementale qui n'est pas la sienne. Il existe alors une fonction « expérientielle » de la musique qui se déroulerait dans un « espace transitionnel », au sens de Donald Winnicott. Un lieu paradoxal et intermédiaire entre le moi et le non-moi, le dedans et le dehors, l'intérieur et l'extérieur. La fonction de l'œuvre est alors d'être un lieu d'expériences multiformes où peuvent se rejoindrent compositeurs et auditeurs. De ce point de vue, l'œuvre possède une fonction sociale, et il est tout à fait normal que le compositeur puisse gagner sa vie en pratiquant son art. C'est une question de perspective, mais la musique, bien que de façon moins immédiate, a autant d'importance que la médecine… Le compositeur a une fonction sociale. Ça ne veut pas dire qu'il doive tout attendre de la société et devenir un assisté, mais il doit pouvoir gagner sa vie avec la composition s'il reste dans l'invention, dans la pure création, s'il conserve une certaine exigence, s'il ne considère ni fait de son œuvre un objet.

SS : Quelles sont alors les possibilités qui s'offrent aujourd'hui au compositeur pour être joué ? Si la relation avec les interprètes est plus que jamais nécessaire – les musiciens de L'Itinéraire l'ont définitivement démontré depuis les années 1970 –, comment créer ces liens, tisser des réseaux ailleurs que dans les institutions ?

PL : La première chose que doit faire un compositeur est d'aller rencontrer les instrumentistes, parce qu'ils sont au cœur de la vie musicale. À peine sorti du conservatoire de Paris (j'avais alors vingt-cinq ans), j'ai reçu plusieurs commandes – de Radio France, de l'INA-GRM, du ministère de la culture français et de l'ensemble Intercontemporain. Puis quasiment plus rien au niveau institutionnel pendant six ou sept ans ! J'ai alors rencontré des musiciens et travaillé avec eux. Cela me permettait d'approfondir ma connaissance organologique, et lorsqu'ils aimaient les œuvres que je leur proposais, ils les jouaient et les faisaient connaître… Le contact avec les musiciens instrumentistes ou chanteurs, au-delà d'une grande qualité de relations humaines m'ont aidé à traverser cette période difficile. Dans ce travail de proximité avec les ensembles et les solistes, je pense notamment au percussionniste Jean Geoffroy, à la soprano Donatienne Michèle-Dansac, au saxophoniste Claude Delangle, ou encore au compositeur Philippe Hurel et son ensemble Court-Circuit. Ils m'ont beaucoup aidé et énormément appris. Être compositeur est un métier difficile, il faut savoir bien s'entourer.

SS : Oui, c'est un métier difficile, mais ne l'est-ce pas encore davantage pour les compositrices ? Le monde de la musique ne leur a pas facilement laissé leur place. Quel est votre sentiment sur la situation des compositrices aujourd'hui ?

PL : Je pense sincèrement que cela doit être difficile d'être une femme dans la société dans laquelle on vit, qui est une société où domine, mais cette fois de façon insidieuse car inconsciente, le mythe de la femme-objet… Il n'y a qu'à regarder ce qui nous entoure – Internet, publicité, télévision, tous les médias en général… On en arriverait même à se demander si ce mythe n'a jamais été aussi fort ! Mais en ce qui concerne plus particulièrement les lieux que je connais le plus, qui sont les structures liées à la composition, les lieux de production, il y a certes toujours cette chape de plomb qui pèse sur elles, mais les femmes ont leur place. Par contre, dans le milieu des interprètes, sans trop vouloir m'avancer, il me semble que ce doit être plus difficile que pour la composition. Il faut dire que les interprètes sont visibles, alors qu'en ce qui concerne les compositeurs, on attend d'eux l'œuvre, voilà tout. La mise en place du système d'audition derrière paravent est révélateur d'une certaine forme de discrimination à l'égard du sexe féminin dans l'interprétation, donc dans le monde de la musique. Quant aux œuvres des compositrices, elles sont soumises aux mêmes procédures de diffusion, du moins je crois.

SS : Alors comment fonctionne, concrètement, la vie musicale ? Comment se passent les commandes et les résidences de compositeurs ? Comment les compositeurs sont-ils appelés (ou comment faut-il faire pour être appelé) ?

PL : Il y a autant de parcours possibles qu'il y a d'individus. Je dis souvent à mes étudiants de ne pas hésiter à mettre en place leurs propres structures avec leurs amis musiciens – groupes, ensembles, réseaux, etc. – car il faut être joué. Il est essentiel d'entendre sa musique. Boulez et Schaeffer n'ont rien fait d'autre en créant le Domaine musical, le Groupe de Recherche Musical, l'Ircam, L'Ensemble Intercontemporain, de même que les musiciens de L'Itinéraire et avant eux Schœnberg…

SS : Finalement, pour être appelé, recevoir des commandes, il faut être joué…

PL : Oui, mais il faut surtout écrire… de la belle musique ! Par le mot belle, j'entends : passionnante, puissante, authentique et proposant quelque chose de neuf (je ne dis pas à la mode). Avoir de bonnes relations, un réseau, ne suffit pas. La carrière des compositeurs, qui bénéficient de ces relations pour de mauvaises raisons, ne dure pas sur le long terme.

Je suis, dans mon genre, une sorte de « puriste ». Je répète sans cesse à mes étudiants : « Écrivez des chef d'œuvres, c'est la seule possibilité de percer dans le métier ». Mais j'entends « chef d'œuvre » au sens de compagnonnage qui remonte au Moyen Âge, au sens de « Devoir », de « travail de réception ». Pour devenir initié, il faut passer par toute une série d'exercices techniques, physiques et moraux. L'aspirant compositeur doit donc faire ses devoirs pour ainsi acquérir ce savoir-faire professionnel avant d'être reçu par les pairs. Faites des œuvres magnifiques, que les gens soient saisis d'étonnement et que les musiciens aient envie de défendre votre musique. C'est là où il faut mettre toute son énergie : dans la composition elle-même, et ne faire rien d'autre que conduire son œuvre et être attentif et au monde qui nous entoure. C'est cela aussi composer, aller jusqu'au moment où la pièce est jouée et puisse être reçue par d'autres.

SS : Oui, mais il y a des réalités matérielles qui peuvent parfois être péniblement surmontables... à moins d'être rentier, comme c'était souvent le cas il fut un temps...

PL : L'essentiel de l'activité du compositeur est d'écrire de la musique. Ensuite, il faut accompagner son œuvre le plus loin possible dans le monde, mais cela doit se faire dans cet ordre. Si l'on fait l'inverse, si l'on commence en mettant toute son énergie dans la création et l'entretien d'un réseau relationnel et institutionnel, c'est perdu. Pour subsister financièrement, c'est parfois difficile, mais en ayant peu d'exigences de ce côté, on y arrive quand même.

SS : Qu'est-ce que serait alors pour vous, Philippe Leroux, « composer au XXIe siècle » ?

PL : Ce serait travailler en fonction d'enjeux généraux qui sont ceux de notre époque et de notre génération, imaginer des catégories de pensées musicales nouvelles, en ayant une bonne connaissance de celles qui existent déjà, faire une synthèse ou du moins essayer de dégager des archétypes des musiques déjà existantes à la lumière de notre désir nouveau.

SS : Mais n'en a-t-il pas toujours été question ?

PL : Oui, mais il faut pouvoir repérer ces archétypes, sentir la portée des modèles, se les approprier et leur donner un éclairage nouveau. Il ne s'agit pas de copier l'ancien. Survient alors le problème délicat qui est de discerner ce qui distingue l'archétype de l'habitude...

SS : ... Et dont on aurait plus conscience tant ces modèles sont « incorporés », pour reprendre un terme issu de la sociologie de domination de Bourdieu ?

PL : C'est là une entreprise difficile, car reconnaître ce qui nous domine, tous les implicites de la pensée, c'est regarder de quoi nous sommes faits, et c'est le premier pas vers l'affirmation d'une pensée neuve.

SS : Les ressources technologiques peuvent-elles aider à cette quête d'une pensée neuve ? Sinon, quelles seraient, selon vous, les limites des outils technologiques en matière de composition musicale ?

PL : Pour ma part, je travaille la composition mixte (mélange instrumental ou vocal et électronique), purement instrumentale ou vocale et électroacoustique pure, (le goût m'en a été donné dans ma formation avec Pierre Schaeffer). La technologie est un outil fantastique. En même temps il ne faut pas en être dupe, elle possède ses limites ! Les techniques du *delay*, de *reverb*, d'écho, de *phasing* ont déjà… soixante-dix ans ! Tout cela avance extrêmement lentement. Mais malgré tout c'est un univers passionnant. Notamment la question du renouvellement du sonore par l'électronique, aussi bien par la création de nouveaux sons que par le traitement du son. Un autre apport remarquable est d'ordre conceptuel. L'électroacoustique et l'utilisation des nouvelles technologies mettent en lumière de nouveaux paramètres musicaux, par exemple la notion d'énergie des sons ou l'idée de Zoom temporel. En réalité l'électronique n'apporte pas elle-même de concepts nouveaux : c'est l'homme et sa sensibilité en évolution qui les amènent. L'intuition de Varèse concernant « le son à l'envers », concept dont on connaît aujourd'hui la portée, est survenue en même temps qu'il devenait possible techniquement de le réaliser. L'apport le plus important, à mon sens, de la technologie, est qu'elle permet de suspendre les affects traditionnels liés au son. Tous les concepts qu'elle met à jour auraient pu exister sans l'électroacoustique, mais celle-ci a permis que nous entendions et percevions des phénomènes déjà connus sous un autre angle tout à fait différent. C'est une matière humaine qui nous est livrée sans affect. Et cela vaut de l'or, en permettant à des pensées neuves d'émerger.

SS : Par conséquent, pensez-vous que le fait d'exploiter les nouveaux outils offerts par la fée électricité viendra, à terme, remplacer la composition musicale instrumentale ?

PL : Non, pas du tout. Ou alors c'est déjà fait… car la technologie est partout, dans le disque, dans le micro discret à l'opéra, dans le métro, au café… Mais par exemple : peut-on imaginer qu'un jour les gens cessent de chanter ? C'est impossible ! La voix est le premier et le dernier instrument. C'est un instrument qui se renouvelle sans cesse. Je le dis sans arrêt à mes étudiants dans mes classes de composition : la technologie n'est pas une fin, c'est un moyen.

SS : Mais on ne peut pas nier cette forte présence des technologies dans la création, et son importance chez les étudiants en composition… Dans pareil contexte, pensez-vous que les cours d'écriture instrumentale, d'harmonie, de contrepoint, et d'orchestration soient toujours aussi indispensables à la formation de l'étudiant ? Une bonne formation de compositeur passe-t-elle par une connaissance accrue du langage musical déployé au cours des différentes périodisations de l'histoire ?

PL : L'orchestration est très importante, elle permet de découvrir rapidement des techniques qu'on pourrait mettre des années à découvrir seul. On fait l'ébéniste, l'artisan en apprenant à orchestrer. C'est une des bases solides que le compositeur peut acquérir. L'écriture, quant à elle, permet de développer l'oreille, de penser des stratégies harmoniques dans le temps, mais on en fait probablement trop pendant ses études. En France, dans les conservatoires, il peut y avoir jusqu'à huit ans de cours d'harmonie ! Huit ans dans une vie, c'est beaucoup ! Pour quelle raison ? Il y aurait tellement d'exercices de composition complémentaires à faire : réaliser une texture dans le style de Ligeti, prendre en dictée une pièce électroacoustique et l'écrire pour orchestre ou ensemble instrumental. Ces exercices sont pédagogiquement fabuleux. Je l'applique dans mes cours de façon très ciblée. Lorsque je m'aperçois qu'un étudiant a besoin d'un exercice, je lui en fabrique un sur mesure. On gagne un temps précieux, et ce savoir est définitivement acquis. L'apprentissage de l'électroacoustique et de ses différents techniques me semble aussi indispensable, car tout notre imaginaire sonore est façonné par le son électrique, en premier lieu le disque.

SS : Pouvez-vous nous parler de votre enseignement de la composition ?

PL : L'enseignement de la composition ne se situe pas dans la transmission d'un savoir, mais dans une expérience à communiquer. Enseigner la composition, c'est avant tout essayer de transmettre un geste qu'il soit technique ou de l'ordre de la pensée. Richard Wagner s'est formé en s'appropriant un geste d'écriture : celui de la *Neuvième* de Beethoven qu'il a recopié à la main. La musique et sa création se matérialisent dans un mouvement. Le rôle du professeur est d'aider à délier ces mouvements intérieurs. Ensuite, d'un point de vue plus pragmatique, on peut aider quelqu'un à acquérir une méthode, des techniques et l'aider à construire son discours de façon à ce qu'il soit intelligible. Personnellement, j'incite mes élèves à cultiver le doute et à prendre des risques, tout en ne perdant pas de vue la réalité du sonore ou le rapport à l'instrumentiste afin de l'aider à s'accomplir plutôt que de le mettre dans une situation d'échec.

SS : Je ne peux pas m'empêcher de penser à Brian Ferneyhough et ce stress qu'il cultive chez le musicien par sa recherche de l'injouable…

PL : Je ne me situe pas du tout dans ce courant de pensée.

SS : Il s'agit donc de prendre conscience que cette musique va être jouée, et donc écoutée…

PL : Tout à fait. On peut tenter de se positionner comme le premier écoutant. Pour ma part, j'écoute sans arrêt mes œuvres au moment où je les compose. Je me réserve des moments dans la journée et me positionne le plus possible en tant qu'auditeur. J'essaye de faire abstraction du fait que c'est moi qui ai écrit cette musique. C'est évidemment un exercice difficile, voire impossible à réaliser, mais il est essentiel d'essayer car cela aide beaucoup à la remise en question et à une juste relation avec ceux qui écouteront cette musique.

SS : Quels conseils donneriez-vous aux jeunes musiciens qui souhaiteraient se tourner vers des études en composition ? Quels outils intellectuels et méthodes de travail leur conseilleriez-vous ?

PL : Quelques conseils dans le désordre : faire de l'écriture (mais deux ou trois ans), de l'analyse (c'est très important, car c'est là que l'on rentre dans la « cuisine » des œuvres), de la musique électroacoustique (absolument, pour former son oreille et développer son imagination). En effet, j'ai reçu de nombreux étudiants qui viennent uniquement de la musique instrumentale. Il leur manque souvent une culture du son, que possèdent paradoxalement la plupart des gens qui écoutent du rock ou de la variété, car il y a dans ces domaines de très fortes exigences sur la qualité du son enregistré ou électronique. Il ne faut se fermer à aucune influence. L'orchestration est aussi importante, je l'ai dit, ainsi que de s'ouvrir à d'autres disciplines : la philosophie, les mathématiques…

SS : Notamment pour engager des collaborations…

PL : Il est bon que le compositeur puisse multiplier les expériences avec le théâtre, la danse, le cinéma… C'est à travers des disciplines connexes que le compositeur va pouvoir non seulement puiser son inspiration, mais également structurer sa pensée, se mouvoir à l'intérieur d'un cadre théorique senti et solide. Et puis il y a les rencontres, la musique n'a-t-elle pas pour but d'établir une relation avec le monde ?

ENTRETIEN DE SOPHIE STÉVANCE AVEC LA COMPOSITRICE ISABELLE PANNETON, MONTRÉAL, 27 MAI 2010

Sophie Stévance : Que signifie, pour vous, composer au XXIe siècle ?

Isabelle Panneton : Est-ce différent de composer au XXe ou au XIXe siècle? Fondamentalement, la composition reste ce qu'elle a toujours été : un travail d'élaboration avec des sons. Les nouveaux outils informatiques, certes, élargissent le champ d'exploration, mais ne résolvent pas les problèmes inhérents à la composition : ils les déplacent ou les reconduisent.

SS : En tant que compositrice de musique instrumentale, n'avez-vous jamais été attirée par la composition à partir de sons générés par des sources différentes des instruments acoustiques ?

IP : Oui, et j'ai adoré l'expérience. J'ai notamment travaillé avec Yves Daoust et Micheline Coulombe St-Marcoux, à une époque où la technologie en était à ses balbutiements. On procédait nous-mêmes aux branchements, et ce travail artisanal était très intéressant. Je ne me suis pas engagée vers la composition mixte, parce que le mélange ne me satisfaisait pas entièrement d'un point de vue sonore (cette gêne que je ressentais alors était peut-être due au fossé qui séparait les sources, mais ce n'est plus le cas aujourd'hui). Toutefois, cette expérience, qui m'a forcée à m'extraire de la partition, à me « déraciner » des hauteurs en manipulant une matière concrète, a profondément influencé ma façon de composer de la musique instrumentale : j'ai pu acquérir une plus grande liberté intérieure dans la manipulation de mon propre matériau. Paradoxalement, et c'est très personnel, ce qui m'a ramenée à la composition instrumentale, c'est que le matériau fixé sur support me paraît moins malléable que le matériau associé à une organisation précise des hauteurs : dans ce dernier, j'entrevois beaucoup plus facilement les développements et les ramifications possibles. Les contours d'une idée peuvent sans cesse être repris et redéfinis au fur et à mesure que la partition évolue, pour devenir complètement autre chose. Ma pensée s'exerce plus « naturellement » dans ce contexte.

SS: Pensez-vous que le fait d'exploiter les nouveaux outils offerts par la fée électricité dans le domaine de la composition musicale viendra, à terme, faire disparaître la musique de concert?

IP : En aucun cas. La musique instrumentale offre une banque de sons vertigineuse. Je n'imagine pas un seul instant que les musiciens acceptent un jour de se priver de cette richesse ! De plus, l'occident a mis au point un système de notation qui s'est développé au fil du temps et qui a permis aux compositeurs d'élaborer des discours extrêmement raffinés, complexes et transmissibles. Sans le relais que constitue la partition, comment aurait pu naître le système tonal et tout le répertoire qui vient avec ? L'écriture strictement instrumentale, à même l'abstraction dont elle procède, demeure un processus fascinant et exigeant. En outre, la matérialité de l'œuvre, si précise fut-elle lorsque l'on cherche à l'entendre intérieurement, demeure en décalage avec la plénitude de la réalisation sonore : même après avoir noté nos idées avec exactitude, il reste une part d'impondérable. C'est pourquoi le lien avec les interprètes est essentiel ! Avec les échantillonneurs, les étudiants peuvent assurément avoir une bonne idée de ce que donnera la réalisation sonore d'une partition, mais cela reste loin de la réalité et à maints égards, c'est même trompeur. Le travail avec de vrais instruments ouvre donc un espace inépuisable et complexe. Par ailleurs, l'utilisation de logiciels d'assistance à la composition et des appareils de traitement du son dans la musique instrumentale ne modifie pas le sens originel de la composition, comme je l'ai mentionné au début de cet entretien. Cet art touche à des questions de cohérence, d'organisation, de langage, il prend appui sur un travail soutenu d'intériorisation.

SS : Serait-ce alors pour vous le sens de la composition musicale ?

IP : J'associe la composition – comme d'ailleurs l'ensemble du travail créatif, quels que soient le matériau ou le support choisis – à un mouvement assez pur de l'âme. J'ai récemment écouté à la radio l'écrivain français Daniel Pennac qui, en réponse à une question qu'on lui posait, « Vous sentez-vous écrivain ? », réfutait la pertinence de la question, considérant qu'« être écrivain », c'est *être* dans le mouvement de l'écriture : « quand j'écris, je me sens comme une baleine dans l'océan ». Cette phrase m'a frappée. Composer, c'est se sentir bien dans l'élaboration d'un univers sonore. Il faut aimer la matérialité du son sous toutes ses formes. C'est peut-être un peu romantique comme conception, mais c'est le sens que je donne à l'acte de composer.

SS : Puisque vous évoquer ce cheminement vers la « pureté », que pensez-vous alors des ruptures provoquées par l'avant-garde musicale du XXe siècle ?

IP : Nous profitons aujourd'hui des retombées de ces bouleversements de l'écriture provoqués par la seconde école de Vienne et par celle de Darmstadt. Les compositeurs associés à ces écoles ont servi de catalyseurs : ils ont permis à la musique d'émerger hors du système tonal et entraîné une mise en question de tous les aspects du discours musical. Ces avant-gardistes ont, en leur temps, créé leurs lois, leurs systèmes et même leurs institutions. Il fallait être « absolument moderne »... À présent, les compositeurs échappent à cette « directive » et ont retrouvé une certaine forme de liberté. Cela me paraît particulièrement évident chez des compositeurs de la génération qui suit la mienne, comme

Ana Sokolovic, Yannick Plamondon, André Ristic, Maxime Mckinley, Analia Lugdar ou Nicolas Gilbert. Ce sont des compositeurs pour qui les frontières ont déjà explosé : pour cette raison, ils ne s'empêchent pas d'aller puiser dans le répertoire du passé, de s'inspirer du folklore ou du vérisme, par exemple.

SS : Il n'y aurait donc plus d'avant-garde possible aujourd'hui selon vous ?

IP : Je dirais plutôt qu'une avant-garde n'est plus nécessaire dans la mesure où il n'y a plus de tradition à briser : les compositeurs aujourd'hui vont librement chercher leur matériau, et je suis même agréablement surprise d'entendre émerger, à travers des œuvres électroacoustiques, mixtes ou instrumentales, autant d'archétypes qui reviennent – ceux-là même qui ont été tant décriés, tant interdits. On se situe aujourd'hui dans « L'après-rupture » [1], expression que j'ai utilisée pour dire que la notion de rupture a laissé place à des notions de transformations, de renouvellement et d'ouverture. Ce qui me laisse aussi penser qu'il n'y a plus d'avant-garde c'est qu'il n'y a plus de bataille, de mouvements solidaires pour défendre une esthétique nouvelle et ainsi se positionner comme pionnier. Est-ce relié? Je l'ignore, mais on sent généralement chez les jeunes compositeurs une grande distance avec leur matériau : ce qui permet des musiques plus ludiques, qui explorent plus allègrement, sans trop de « censures », des territoires nouveaux.

SS : Si une avant-garde n'est plus envisageable, est-il tout de même possible de dégager des lignes de force, une mouvance de compositeurs proches esthétiquement qui animent la vie musicale actuelle ?

IP : Peut-être, mais ce n'est pas flagrant à mon sens. Je ne vois pas d'école, au sens de rassemblement autour d'un projet esthétique (ou politique) commun. Je vois plutôt une diversité de tendances et des œuvres dont le langage puise à des sources variées. Il y a peut-être l'approche spectrale (un formidable élargissement de la « palette » des hauteurs et des timbres) qui a influencé et continue d'influencer de nombreux compositeurs. Autrement, dans ce contexte de multiplicité des approches, des systèmes, des choix esthétiques, l'enseignement doit insister sur la nécessité d'être exigeant, rigoureux, de questionner tous les aspects du travail de création. Je le mentionne aussi parce que (est-ce un effet des simulations par ordinateurs ?) les jeunes compositeurs sont parfois trop vite satisfaits.

SS : En filigrane, on vous sent sensible et émerveillée par la diversité de la création musicale de vos contemporains. En quoi votre esthétique de créatrice pourrait-elle s'inscrire dans cette contemporanéité ?

IP : Dans la mesure ou mon travail reste ancré dans l'organisation des hauteurs et la nécessité que celle-ci induise dès le départ un sens du mouvement, et dans la mesure où je ne fais pas appel aux outils informatiques pour traiter le son, mon esthétique ne s'inscrit pas vraiment dans cette contemporanéité. Chez de nombreux compositeurs, avec ou sans l'aide des technologies, d'autres paramètres prennent en charge ce « sens du mouve-

1. Isabelle Panneton, « L'après-rupture », *Circuit, musiques contemporaines*, Vol. 7, n° 1, 1996, p. 29-33.

ment » (textures, timbres, intégration de matériaux sonores hétéroclites, juxtaposition de densités). D'autres élaborent leur musique en superposant les niveaux de lecture ou en transférant des « codes de fonctionnement » issus d'autres formes d'art.

SS : Vous ne vous sentez donc pas « contemporaine » ?

IP : Pas du tout.

SS : … Plutôt romantique, voire classique étant donné votre passion pour Haydn ?

IP : Oui, totalement. Ma rencontre avec Haydn a été décisive. Mais son influence a émergé bien après mes années de formation. Avant lui, j'ai été marqué par Couperin et Rameau. J'en parle dans un article intitulé « À la manière des préludes non mesurés »[2] à propos de mon œuvre *Trait, Écart et Réparties* (1982-1984) où je m'efforçais de faire sonner les couleurs harmoniques, qui constituent la base même de mon langage. Dans cette pièce, on entend le travail d'écoute que j'ai effectué et ce qui va donner le sens du mouvement. Mais le trait ou les motifs mélodiques n'étaient pas encore structurants. Mon écriture s'est transformée lorsque j'ai découvert, chez Haydn, le parfait équilibre de l'œuvre dans l'activité de l'ensemble des paramètres : l'accentuation, les couleurs harmoniques, le rythme, les mouvements mélodiques, les silences, etc. Il y a là un travail de sculpture, un relief extrêmement affûté, ainsi qu'un grand nombre d'aspérités, si je puis dire, dans un langage harmonique aérien qui agit comme un filtre et un liant à la fois. Tous les paramètres sont activés dans sa pensée et dans sa manière de façonner la pâte sonore. On ne peut donc pas dire que je me situe dans la contemporanéité… et pourtant…

SS : … et pourtant, en tant que compositrice, vous restez porteuse de quelque chose de votre époque…

IP : En effet, c'est pourquoi la question de se sentir, ou non, contemporain est un non-sens. Je n'ai jamais cherché à me situer ni dans la tradition ni dans la rupture. Je suis tout simplement aux prises avec mes idées et mes insatisfactions, mais sans que cela ne m'empêche d'être à l'affût, de m'imprégner de découvertes et de recevoir des chocs à l'écoute de certaines œuvres de mes collègues. C'est à travers cette écoute, consciente et inconsciente, que chacun appartient à son époque et peut en témoigner dans ses œuvres. L'un de mes étudiants m'a fait découvrir, il y a quelques années, un propos de Marguerite Yourcenar qui considère un livre, même le plus personnel, comme une œuvre en partie collective. Ainsi, tout ce qui nous traverse de notre entourage, de nos lectures, tout ce que nous sentons ou pressentons nourrit le travail de création. Et elle terminait avec ceci : « Nous sommes tous trop pauvres pour vivre uniquement des produits de ce lopin d'abord inculte que nous appelons moi »[3].

2. Isabelle Panneton, « À la manière des préludes non mesurés », *Circuit, musiques contemporaines*, Vol. 8, n° 1, 1997, p. 27-30.

3. Marguerite Yourcenar, citée dans Georges Jacquemin, *Marguerite Yourcenar*, Lyon, La Manufacture, 1985, quatrième de couverture.

SS : Qu'en est-il de sa situation actuelle ? Quelles sont les possibilités concrètes (comme l'Internet) pour un compositeur d'être joué aujourd'hui ?

IP : En effet, de nombreux compositeurs se font connaître par l'Internet. Ils créent leur site Web, tentent d'établir des liens avec des interprètes, font circuler leurs partitions et certains reçoivent en retour des commandes d'œuvres. Laurent Aglat, l'un de mes anciens étudiants, a même mis en ligne son propre système de composition : il invitait d'autres compositeurs à écrire une œuvre à partir de la « banque » de sons qu'il avait conçue et qu'il mettait à leur disposition. En fait, ce compositeur se servait des interprètes en amont de l'œuvre, pour constituer des échantillons ou des objets sonores ayant déjà un profil et parfois une structure avec lesquels il s'amusait, littéralement, comme on joue avec les pièces d'un puzzle. Autrement, pour en revenir à votre question, la possibilité d'être jouée par des interprètes demeure restreinte : c'est le rôle des professeurs d'inviter les étudiants à entrer en contact avec des ensembles et des formations ouvertes à la musique actuelle, car c'est aussi à leur contact qu'ils acquièrent du métier.

SS : Comment cette aide se matérialise-t-elle ?

IP : À Montréal, nous avons un réseau d'interprètes installés dont il faut profiter : entre autres, l'ECM+ (Ensemble contemporain de Montréal), le NEM (Nouvel ensemble moderne), le Quatuor Bozzini, le trio Fibonacci, la SMCQ (Société de musique contemporaine du Québec) : ces ensembles souhaitent tisser des liens avec les compositeurs, ils viennent vers nous, ils considèrent les projets qu'on leur soumet. Le rôle du professeur est de sensibiliser les étudiants à cette présence des interprètes et de leur importance dans la diffusion de leurs œuvres, mais aussi de les introduire dans le milieu, de les recommander. Je n'hésite jamais à leur ouvrir des portes quand je juge que c'est pertinent : je décroche mon téléphone et envoie les partitions de mes étudiants. Cependant, je regrette de ne pas voir davantage les étudiants en composition assister aux concerts !

SS : Ils se privent alors de la part relationnelle si dynamique qui semble essentielle dans la carrière du musicien...

IP : Oui, et cela pose un problème. Ils se plaignent du désintéressement du public dans les salles de concert, mais eux-mêmes participent à cette désaffection... Est-ce par manque d'ouverture aux autres ? Ou parce qu'ils sont très captifs devant un écran d'ordinateur qui donne accès, il faut bien le dire, à tellement de sources d'information, de logiciels, d'outils susceptibles d'assister leur travail de création ? Mais établir et entretenir les relations avec le milieu de la création musicale est primordial si l'on souhaite s'engager dans ce métier, et c'est essentiel au dynamisme et à la vitalité du milieu, comme vous le dites si bien.

SS : J'ai rencontré le compositeur Sylvain Pohu, directeur artistique du groupe de jazz contemporain [iks][4] *: il représente, à mon sens, un formidable exemple de compréhension – donc de réussite – du métier de compositeur en parvenant à créer et à diffuser ses œuvres par le truchement des subventions, des commandes et des collaborations avec les interprètes du milieu. Le compositeur doit donc savoir « gérer sa carrière », avec un projet qu'il saura étoffer, articuler et présenter... dans les règles de l'art...*

IP : Ce métier nécessite, en effet, de nombreuses qualités qui dépassent le seul cadre de la création en tant que telle. Se rendre présent et avoir confiance, c'est essentiel. C'est la nouvelle réalité du compositeur dans laquelle il faut pouvoir s'inscrire et s'épanouir, même si le temps passé à s'occuper de « sa carrière », c'est du temps que l'on ne passe pas à composer !

Certains ont eu des initiatives fructueuses, comme Sylvain Pohu dont vous venez de parler, qui a fondé *[iks]*. Du côté électroacoustique, Georges Forget a mis sur pied, avec quelques collègues, le collectif *Point d'écoute,* tout simplement parce qu'ils avaient du mal à faire programmer leur musique par les organismes déjà existants. Lors de leur série *Con sordino*[5] cette année, j'ai pu entendre des musiques fascinantes : ces jeunes ont réussi à créer leur propre créneau. Enfin, Stacey Brown, étudiante au doctorat, a participé cette année à un concours de composition de la Société de Musique des Universités Canadiennes et remporté le premier prix, ce qui lui a valu une création à Régina et de nouveaux contacts avec des interprètes. Bref, on peut bien sûr compter sur les organismes subventionnaires, qui délivrent des subventions et des commandes, mais c'est insuffisant par rapport aux besoins réels du milieu : il faut donc « se prendre en main » si l'on souhaite évoluer dans ce métier.

SS : La réalité des compositrices est-elle la même que celles des compositeurs ? En tant que compositrice née en 1955, vous êtes-vous heurtée à des réticences lors de vos années de formation ? Quel est votre sentiment sur la situation des femmes compositrices à notre époque ?

IP : Dans mes années de formation, j'ai reçu un très bon soutien de la part de mes collègues et professeurs. Là où j'ai, par contre, ressenti une certaine méfiance (pour employer un euphémisme), c'était lors de mes cours de direction d'orchestre et lorsque j'ai improvisé sur scène. On était à la fin des années 1970. J'étais perçue comme une bête curieuse de la part du public et de mes collègues masculins.

Il y avait peu de compositrices à l'époque où j'ai entamé mes études en musique (en piano), et donc peu de « modèles » féminins. Mais toute jeune, ma découverte des *Concertos Brandebourgeois* de Bach et du *Concerto n° 2* de Brahms m'a empêché de dormir pendant des mois ! C'est donc la musique qui est venue me chercher, bien plus qu'un modèle humain, qu'il soit homme ou femme.

4. http://www.iksperience.com

5. Titre par lequel le collectif voulait se démarquer de la série *Élektra* où l'on distribue des bouchons pour les oreilles en début de concert car ils sont toujours diffusés à très haut niveau sonore (ça fait partie du « concept »).

SS : Et une fois sortie du conservatoire ?

IP : Au milieu des années 1980, j'ai dû affronter certains préjugés, certains commentaires désobligeants ou déplacés. Et je ne suis pas la seule ! À cette même époque, une collègue compositrice a entendu, à propos de l'une de ses pièces (réussie, on le comprendra...), qu'elle était « virile »... De même, Micheline Coulombe St-Marcoux m'a confié avoir été traitée « d'hystérique » parce qu'elle composait de la musique « contemporaine »... Ce genre de considérations (qui peuvent être dirigées à l'endroit d'œuvres d'hommes, d'ailleurs), témoignait de la difficulté d'aborder la musique des femmes avec une terminologie... musicale ! Qu'est-ce qui fait qu'une partition soit réussie ou non ? Sa cohérence, sa structure, ses couleurs harmoniques ! Aujourd'hui, les choses ont assurément évolué. Mais je peux quand même témoigner d'avoir entendu à quelques reprises, récemment, des commentaires littéralement misogynes proférés à l'encontre d'œuvres de compositrices. On sent que certains hommes ont encore du mal à admettre qu'une femme ait atteint un haut niveau de création.

SS : Ces compositrices peuvent-elles devenir des modèles pour la jeune génération de compositrices ?

IP : Un jour viendra où il y aura tellement de compositrices qu'elles deviendront des modèles positifs (bien que je pense que le meilleur modèle qui soit reste les œuvres... mais je comprends l'importance des personnalités sur le développement des plus jeunes). Cependant, le malaise est profond. J'ai l'impression que ce qui bloque encore les compositrices, c'est l'image qu'elles ont d'elles-mêmes. Elles assument avec difficulté le travail de création ; elles ont du mal à en faire une priorité dans leur vie, même si personne aujourd'hui ne leur conteste ce droit. C'est sans doute lié à l'éducation, à l'environnement, à la société et à d'autres facteurs intégrés, mais en discutant avec les hommes, on comprend rapidement que la maison pourrait s'écrouler, ils ne bougeraient pas de leur table de composition ! La plupart ne sacrifieront pas leur temps de création au quotidien de la vie.

SS : Pouvez-vous nous parler de votre approche de l'enseignement de la composition ? Quels sont les profils d'étudiants que vous accueillez ? Que leur enseignez-vous ?

IP : Il faut se rendre compte que la plupart des étudiants qui se présentent à l'admission sont imprégnés, à 98%, de la musique pop-américaine, des influences jazz, etc. Quelque soit le langage des candidats, notre travail est de déceler les talents, les capacités à sortir des sentiers battus. Toutefois, nous nous heurtons à un problème majeur : l'horizontalité de leur culture générale. Certes, ils ont entendu parler des musiques du monde, d'un peu de musique classique, mais leur savoir manque de profondeur et d'assise historique. C'est une situation assez généralisée aujourd'hui. On souhaiterait leur faire découvrir le XXe siècle, mais aussi toute l'histoire de la musique... et de la littérature, et de la peinture, et du cinéma, etc. Notre rôle est donc d'ouvrir des portes, de couvrir un vaste répertoire, de sensibiliser à l'étendue de ce qu'il y a à découvrir et pas seulement dans le domaine musical. Il faut absolument qu'ils rencontrent la modernité des compositeurs comme Machaut, Monteverdi ou Beethoven. L'originalité n'est pas qu'une question de langage : c'est aussi une question de pensée ! Tout ceci pourrait frôler le cliché, mais force est de constater que nous perdons de plus en plus certaines bases, ainsi que la capacité d'analyse. Je m'en rends compte lorsque je demande à mes étudiants d'analyser leurs propres œuvres : la plupart du temps, ils se trouvent un peu désemparés et je n'obtiens que des réponses vagues. J'interviens alors, car je cherche à les accompagner en réagissant sur le mouvement général de leurs œuvres, en les questionnant sur divers aspects, en les aidant à mieux définir leur recherche et leur langage. Je cherche aussi à leur donner confiance, à comprendre leurs motivations pour mieux les encadrer.

SS : Pensez-vous que, dans la situation actuelle de la musique et de la composition, les cours d'écriture instrumentale, d'harmonie ou de contrepoint soient toujours aussi indispensables à la formation de l'étudiant ?

IP : Oui, ces cours sont toujours aussi essentiels, car ils permettent avant tout d'accéder au répertoire. Je rappellerai juste que Gilles Tremblay, qui était mon professeur, avait décidé d'abandonner, au Conservatoire de Montréal, les cours d'harmonie et de contrepoint, dans la mouvance de la rupture d'avec le système tonal. Quelques années plus tard, il s'est évertué à les réintégrer ! Pourquoi ? Parce qu'il ne pouvait plus, dans ses propres cours, faire référence à l'Art de Monteverdi, de Mozart ; ses étudiants ne le suivaient pas. Et pour cause, l'écriture développe un degré raffiné de compréhension de tout ce qui conduit le discours musical – on ne saurait s'en passer dans nos cours d'analyse musicale. À un niveau encore plus élémentaire, le simple fait que les étudiants soient obligés de prêter attention, dans un contrepoint à deux voix, à des rapports de consonance/dissonance, tension/détente, forme leur écoute, leur oreille. Cela peut même être extrapolé en électroacoustique, où des rapports de densité ou de textures peuvent créer le sens du mouvement. Au bout d'un mois de contrepoint, je peux assez facilement détecter, après avoir constaté la capacité de mes étudiants à jongler avec les contraintes, qui sera compositeur ou qui ne leur sera pas.

SS : Quels conseils donneriez-vous aux jeunes musiciens qui souhaiteraient se tourner vers des études en composition ? Quels outils intellectuels et méthodes de travail leur conseilleriez-vous ?

IP : La pratique d'un instrument et la découverte, par l'audition et l'analyse, du plus vaste répertoire possible, en allant vers leurs éblouissements. Les meilleurs étudiants en composition sont les plus curieux à cet égard. Et enfin, l'ouverture aux recherches actuelles en recherche-création. Le colloquium développé par Caroline Traube à la Faculté de musique de l'Université de Montréal travaille en ce sens : il réunit étudiants compositeurs, interprètes et même musicologues en les invitant à venir présenter leur démarche, sous forme de conférence d'une heure, suivie d'un débat. Ce colloquium est d'ailleurs ouvert au public. C'est une formule pédagogique très complète, car en plus de pouvoir présenter leur démarche et leurs œuvres, d'analyser, de découvrir le répertoire et des approches nouvelles, les participants peuvent se mettre en contact avec d'autres musiciens. Tout ceci constitue, à mon sens, une véritable école de composition.

LISTE DES CONTRIBUTEURS

Stéphane ALTIER est compositeur (PhD en composition, Royal Academy of Music, Londres, 2005; Postdoctorat à l'Université de Montréal). Il a collaboré avec le Philharmonia Orchestra (dirigé par Martyn Brabbins), le Luxembourg sinfonietta (dirigé par Marcel Wengler), le Manson Ensemble (dirigé par Pierre-André Valade, Simon Bainbridge et James McMillan), l'Ensemble de Musique Contemporaine du Conservatoire du Québec (dirigé par Véronique Lacroix) et les BBC Singers (dirigés par Ronald Corp). Ses œuvres ont été entendues à Londres et Canterbury (Angleterre), mais aussi lors de concerts et festivals en France, Hollande, au Luxembourg, en Croatie, au Danemark, en Norvège, Suède, Espagne, Australie, Japon, Canada et Nouvelle-Zélande.

Marie-Hélène BERNARD est doctorante en musicologie à l'Université Paris IV Sorbonne (sous la direction de François Picard et Makis Solomos), et a pour sujet de thèse: *Les compositeurs chinois contemporains: « Résider, résonner, résister »*. Elle a publié plusieurs articles autour de cette problématique: dans la revue *Filigrane n° 5*, dans la revue *Études chinoises* (vol. XXVI, 2007), dans la publication de l'OMF, *Influences et modèles* (n° 35, 2008), dans la publication de l'OMF, *Musique et arts plastiques: interactions* (n° 6, 2008), dans les actes du colloque EMS-08. Compositrice, elle a été lauréate de « La Villa Médicis hors les murs », en 2003, et a mené plusieurs projets de création avec des instrumentistes traditionnels chinois. Elle a été conseillère musicale pour l'exposition du Centre Pompidou « Alors la Chine? » et a produit de nombreux documentaires radiophoniques pour France-Culture (Chemins de la musique, ACR...)

Jérôme BLAIS (jeromeblais.ca) est, depuis 2004, professeur de composition et de théorie musicale à l'Université Dalhousie, à Halifax. Après des études en Théorie musicale à l'Université McGill, il a complété, à l'Université de Montréal, en 1995 une maîtrise en Techniques d'écriture à l'Université de Montréal, puis, en 2004, des études de doctorat en composition avec Michel Longtin et Reno De Stefano. Sa musique a été interprétée par plusieurs groupes professionnels, dont l'Ensemble contemporain de Montréal, l'ensemble Musica Nova, le Quatuor de saxophones Quasar, le Quatuor à cordes Bozzini, l'ensemble Bradyworks, ainsi que les ensembles Array Music et Continuum de Toronto. Il travaille également comme pianiste et improvisateur, notamment avec le saxophoniste Jean-Marc Bouchard.

Bruno BOSSIS est agrégé et Maître de conférences en analyse et informatique musicale à l'Université Rennes 2, chercheur associé au laboratoire MIAC, chargé de cours et chercheur permanent à l'Université Paris-Sorbonne (Paris IV), laboratoire OMF/MINT. Bruno Bossis collabore avec des institutions comme l'Inria, l'Unesco, le Ccmix, le Grm et l'Ircam. Membre du bureau et trésorier de la Société Française d'Analyse Musicale, il a également participé à la fondation de la revue d'analyse en ligne *Musimédiane*. Il est l'auteur de nombreux articles portant sur la musique électroacoustique et d'un livre sur *La voix et la machine, la vocalité artificielle dans la musique contemporaine* (Presses Universitaires de Rennes, 2005).

René BRICAULT est titulaire d'une maîtrise en ethnomusicologie de l'Université de Montréal. Il est à la fois actif comme musicologue et signe notamment des articles et des critiques de disques publiés dans *La Scena Musicale*, et comme bassiste au sein de diverses formations de musique populaire. Boursier du Conseil des Arts et des Lettres du Québec et de l'Office Franco-Québécois pour la Jeunesse, récipiendaire de nombreux prix, il s'est notamment produit au Québec, en France et au Maroc. Il se consacre également à l'enseignement de la musique.

Pierre Albert CASTANET est compositeur, performeur et musicologue spécialisé dans le domaine de la musique contemporaine. Professeur à l'Université de Rouen (département de musicologie) où il dirige le Département de Conception et Mise en Œuvre de Projets Culturels, P.A. Castanet enseigne également au Conservatoire National Supérieur de Musique et de Danse de Paris ainsi qu'à la Cité de la Musique (Collège de la musique contemporaine, Paris). Ses ouvrages musicologiques et ses publications discographiques ont obtenu de nombreuses récompenses, notamment le Prix des Muses, de l'Académie Charles Cros, le Prix Artisjus (Budapest) ou le Prix CIMAC (Venise).

Ariane COUTURE est doctorante à l'Université de Montréal, boursière du Conseil de recherches en sciences humaines du Canada et pianiste de formation. Sa thèse, qu'elle réalise sous la direction de Michel Duchesneau et Jean Boivin, explore une nouvelle tangente de l'histoire et de l'esthétique musicale québécoise avec un intérêt marqué pour la création, la promotion et la diffusion de la musique contemporaine au sein des Sociétés québécoises de musique contemporaine de 1966 à 2006. Ariane Couture est également coordonnatrice de l'Observatoire interdisciplinaire de recherche et de création en musique (OICRM) depuis 2006.

Georges DIMITROV est compositeur et artiste montréalais. Il poursuit des études de doctorat à l'Université de Montréal sous la direction d'Isabelle Panneton et Jean-Jacques Nattiez. Il se consacre à tous les styles de composition, classique, contemporaine, pop, rock ou électronique, ainsi qu'à la musique de film. En plus de figurer dans plusieurs courts métrages, ses œuvres ont été présentées à la Société des Arts Technologiques de Montréal ou dans des maisons de la culture de la Ville de Montréal. En 2009, il a remporté le concours de composition de l'Université de Montréal pour l'Atelier de Musique Contemporaine (dirigé par Lorraine Vaillancourt). Il est chargé de cours à l'Université de Montréal depuis 2004 et enseigne l'écriture et l'analyse musicale.

Hugues DUFOURT est compositeur, musicologue et philosophe français né en 1943. Directeur de recherche au CNRS depuis 1985, il se consacre à la composition et à l'enseignement et est l'auteur d'importants articles réunis pour la plupart dans *Musique, pouvoir, écriture* (Christian Bourgois, 1991). Ses œuvres lui ont valu de nombreux prix et ont été jouées partout dans le monde.

Jonathan GOLDMAN a complété des études de premier cycle en philosophie et en mathématiques à l'Université McGill. Il obtient une maîtrise puis un doctorat en musicologie de l'Université de Montréal en 2006 sous la direction de Jean-Jacques Nattiez consacré à la forme dans la pensée et les œuvres de Pierre Boulez. Il est professeur adjoint d'histoire de la musique à l'Université de Victoria et signe la préface aux *Leçons de musique* (2005) de Boulez. Il prépare actuellement un ouvrage sur la musique et les écrits de ce compositeur (à paraître aux Cambridge University Press). Jonathan Goldman est également rédacteur en chef de la revue *Circuit – musiques contemporaines*.

Philippe LEROUX est compositeur, professeur invité à la Faculté de musique de l'Université de Montréal. En 1978, il entre au Cnsm de Paris dans les classes d'Ivo Malec, Claude Ballif, Pierre Schaeffer et Guy Reibel et obtient trois premiers prix. Durant cette période, il étudie également avec Olivier Messiaen, Franco Donatoni, Betsy Jolas, Jean-Claude Eloy et Iannis Xenakis. Pensionnaire à la Villa Médicis de 1993 à 1995, il est l'auteur d'une soixantaine d'œuvres pour orchestre symphonique, acousmatiques, vocales ou de musique de chambre. Régulièrement diffusées en France et à l'étranger, ses œuvres ont notamment été commandées par le Ministère français de la Culture, l'Orchestre Philharmonique de Radio-France, la Südwestfunk de Baden Baden, l'IRCAM, l'Ensemble Intercontemporain, l'Ensemble 2e2m, le Nouvel Ensemble Moderne de Montréal ou l'Ensemble San Francisco Contemporary Music Players. Il est récipiendaire de nombreux prix, tels le prix de la meilleure création musicale contemporaine de l'année 1996 pour son œuvre *(d')ALLER*, le prix SACEM des compositeurs, le prix Paul et Mica Salabert pour son œuvre *Apocalypsis* ou le prix Arthur Honegger de la Fondation de France pour l'ensemble de son œuvre. Il publie de nombreux articles sur la musique contemporaine, donne des conférences et cours de composition dans des lieux tels que l'Université de Berkeley, Harvard, l'Université de Columbia, le Conservatoire Royal de Copenhague, l'Université de Toronto, le Conservatoire Américain de Fontainebleau, les Cnsm de Paris et de Lyon ou le Domaine Forget au Québec.

Isabelle PANNETON est compositrice, professeure titulaire à la Faculté de musique de l'Université de Montréal. Après des études de piano et trois années d'études en sciences (1975), elle entre au Conservatoire de musique du Québec, à Montréal, où elle suit les cours de Magdeleine Martin, Andrée Désautels, Gilles Tremblay, Micheline Coulombe Saint-Marcoux, Yves Daoust et Clermont Pépin. Elle obtient successivement plusieurs Premiers Prix : contrepoint (1977), harmonie (1979), fugue (1980), analyse (1981), composition (1984). Récipiendaire du Conseil des arts du Canada et du Gouvernement du Québec, elle part étudier avec le compositeur Philippe Boesmans (1984-1987) et assiste en 1986 aux séminaires de composition à l'IRCAM. Elle approfondit alors les œuvres de Tristan Murail, Wolfgang Rihm, Michael Levinas et Marco Stroppa. Isabelle Panneton a composé une trentaine d'œuvres largement diffusées dans le monde entier (Canada, Angleterre, Suisse, Australie, France, Autriche, Belgique). Elle a collaboré aux revues *Sonances*, *Circuit*, *MusicWorks* ou l'*Encyclopédie de la musique au Canada*, et siège depuis 1996 au conseil artistique de Société de musique contemporaine du Québec. Elle est compositrice agréée du Centre de musique canadienne.

Hyacinthe RAVET est sociologue et musicologue de formation, Maître de conférences à l'Université Paris-Sorbonne (Paris IV). Elle se consacre à la sociologie de la musique et des arts, des professions culturelles et à l'analyse des rapports de genre. Elle travaille actuellement sur la mise en place d'une interprétation musicale par un chef et des musiciens, et sur les femmes chefs d'orchestre. Parmi ses récentes publications, signalons : « Devenir clarinettiste. Carrières féminines en milieu masculin » (*Actes de la Recherche en Sciences Sociales*) ou « L'interprétation musicale comme performance : interrogation croisées de musicologie et de sociologie » (*Musurgia*). Elle a co-dirigé un ouvrage à paraître chez L'Harmattan (*25 ans de sociologie de la musique en France. Ancrages théoriques et rayonnement international*).

Sophie STÉVANCE est musicologue (Doctorat à l'Université de Rouen; Postdoctorat à l'Université de Montréal), Professeure associée et invitée à la Faculté de musique de l'Université de Montréal, altiste et artiste lyrique de formation (1er Prix de Perfectionnement du Conservatoire). Elle s'intéresse à l'interdisciplinarité (*Duchamp, compositeur,* L'Harmattan, 2009; Prix de l'Académie Charles Cros, 2010), à la recherche-création (*Tessier... L'Itinéraire du timbre;* Prix de l'Académie Charles Cros, 2006), à l'histoire et l'esthétique des musiques émergentes (*Musique actuelle,* livre à paraître aux PUM), ainsi qu'à la place des femmes dans la création musicale. Elle signe également plusieurs articles (sur Canat de Chizy, Neuwirth, Scelsi, Dutilleux, Copland, Dalbavie, Tagaq...), recensions et notices biographiques (MGG, Éditions des Femmes). Elle se consacre actuellement à la *déterritorialisation* du chant de gorge inuit, ainsi qu'à l'analyse et la modélisation des interactions dans la *musique actuelle* au Québec. Sophie Stévance est également rédactrice en chef francophone de la revue canadienne de musique *Intersections*.

INDEX DES NOMS ET DES ŒUVRES

TABLE DES MATIÈRES